真空镀膜原理与技术

主　编　方应翠

副主编　沈　杰　解志强

科学出版社

北　京

内 容 简 介

本书阐述了真空镀膜的应用，真空镀膜过程中薄膜在基体表面生长过程；探讨了薄膜生长的影响因素；具体地介绍了真空镀膜的各种方法，包括真空蒸发镀、真空溅射镀、真空离子镀以及化学气相沉积的原理、特点、装置及应用技术等。力求避开烦琐的数学公式，尽量用简单的语言阐述物理过程。通俗易懂、简单易学。

本书可作为高等学校相关专业的本科生教材，也可用作研究生教材或相关行业工程技术人员的参考书。

图书在版编目(CIP)数据

真空镀膜原理与技术/方应翠主编. —北京：科学出版社，2014.2
ISBN 978-7-03-039898-7

Ⅰ.①真… Ⅱ.①方… Ⅲ.①真空技术-镀膜 Ⅳ.①TN305.8

中国版本图书馆 CIP 数据核字（2014）第 037572 号

责任编辑：余 江 张丽花/责任校对：张小霞
责任印制：张 伟/封面设计：迷底书装

科学出版社出版
北京东黄城根北街 16 号
邮政编码：100717
http://www.sciencep.com

北京盛通商印快线网络科技有限公司 印刷
科学出版社发行 各地新华书店经销
*
2014 年 2 月第 一 版 开本：720×1000 B5
2022 年 7 月第七次印刷 印张：14
字数：282 000

定价：55.00 元

（如有印装质量问题，我社负责调换）

前言

当块体材料一个维度的尺寸减小到微米尺度时，我们称之为薄膜材料，同样材料的薄膜与块体，其特性差别很大。为了更好地利用薄膜材料为人类服务，科研人员一直不断地进行科学研究，工程技术人员不断地将科学转变成生产力，提高人们的生活水平。

真空镀膜是一种制备薄膜的方法，是真空状态下在固体表面沉积薄膜的一种技术。由于所制备的薄膜具有纯度高、致密度高、膜与基体或工件结合力强等特点，同时由于真空镀膜方法可以制备自然界不存在的结构，如量子点、量子阱或超晶格材料等纳米结构，所以随着科技的发展，真空镀膜技术在国民生活、工业、国防和科研领域发挥越来越重要的作用。超大规模集成电路、平板显示、薄膜太阳能电池、有机发光显示、高硬度耐磨损刀具、装饰膜、催化薄膜等都可以用真空镀膜方法制备，而且有些膜只能用真空镀膜方法制备。

改革开放以来，我国科技以史无前例的速度发展，本科生的教学体系也发生了很大变化，教学课程数增多，每门课的学时数减少，以让学生在大学期间能接触到更多知识。“真空镀膜原理与技术”这门课在 20 世纪 80 年代，课堂教学为 64 学时，后来改为 48 学时，最近又改成 36 学时。为了更好地适应教学，教材内容必须适当精简，同时必须融进新的技术和原理，以适应新形势对人才的要求。

本着促进学科与课程建设，推进高等教育高水平、高质量的教材建设的宗旨，作者及团队成员编写了《真空镀膜原理与技术》一书，作为本科生教材，力求用简洁的语言、图和表阐述深奥的物理过程，同时涵盖真空镀膜技术最新发展。

本书由方应翠统稿，各章编写人员如下：第一章由方应翠、沈杰编写，第二章由沈杰、方应翠编写，第三章由沈杰、吴春艳编写，第四章由方应翠、余羿、李喜峰编写，第五章由方应翠、施戈编写，第六章由解志强（Zhiqiang Xie）编写。

主编方应翠是复旦大学物理电子学专业博士毕业，是中国科技大学凝聚态物理专业博士后，一直从事真空镀膜和薄膜科学方面的研究，同时执教“真空镀膜技术”15 年，在教学过程中不断思考，探索适应本科生教学的方式和内容。复旦大学副教授沈杰博士从事多年的薄膜物理研究，具有深厚的薄膜物理功底，尤其对蒸发镀不仅具有丰富的理论知识，而且具有较高的实验技能，负责薄膜物理和真空蒸发镀内容编写。解志强（Zhiqiang Xie）是美国内布拉斯加林肯大学（University of Nebraksa-Lincoln）电子工程系博士毕业，一直致力于各种先进材料的制备、性能研究及应用，现任职于美国美光科技（Micron Technology）公司，专门研究电介质薄膜的生长及其在半导体芯片中的应用，理论和实践经验的结合使他用独到的视角编写了化学气相沉积一章。中国科技大学副教授余羿是中国科技大学等离子体物理专业博士毕业，现在中国科技大学从事等离子体物理研究，负责编写等离子体物理相关内容。合肥工业大学副教授吴春艳是中国科技大学物理系博士毕业，一直从事脉冲激光沉积薄膜研究，负责脉冲激光沉积一节的编写。北京泰科诺公司施戈总工程师在工厂实地工作多年，熟悉多种溅射镀和离子镀设备。上海大学副教授李喜峰博士参与第四章编写。另外，中国科学院等离子体物理所吴斌博士提供了帮助。

本书编写过程中还走访了很多企业，拜访了业内知名人士。主编和中国真空学会薄膜专委会主任清华大学潘峰教授、长城钛金董事长王殿儒先生、北京联合大学王福贞教授、北京丹普表面技术公司总经理董琪先生、北京北仪创新真空公司舒波工程师、重庆金雅克公司薛海副总经理等深入探讨过相关问题，另外还得到企业家高健淋总经理的帮助。正因为他们无私的帮助，本书才能够顺利地编写，在此深表感谢。特别需要感谢的是三位资深审稿人，复旦大学章壮健教授、广东有色金属研究院袁镇海教授级高工和浙江大学王德苗教授，三位先生不辞辛苦，字斟句酌，以他们的智慧、深厚的知识底蕴和多年积累的经验，保证了本书的品质。研究生洪流、何金俊等同学完成了全书的插图工作。另外，本书引用了大量其他书籍、文献及网络中的知识，在此向具名及不具名的原作者们致敬，感谢他们的劳动，同时也希望他们能够理解我们对他们成果的引用。最后，对合肥工业大学各级领导给予的大力支持表示衷心感谢。我们相信本书能够为相关领域知识的传播和我国高级人才的培养做出一定的贡献。

由于真空镀膜涉及薄膜、物理、材料、真空、电子技术等专业知识，限于作者水平，书中不妥之处难免，很多问题可能阐述得还不太清楚，恳切广大读者指正和批评。

作　者

2013年12月于合肥

目　　录

第一章 真空镀膜概述

图 1-1 英国物理学家 William Robert Grove (1811—1896)

薄膜通常有液态和固态之分，液态薄膜如肥皂泡、油膜等，而本书将要讨论的是得到广泛应用的固态或固体薄膜，即呈固体状态的薄膜。固体薄膜种类很多，可以用物理或化学方法制备。一般认为用物理方法制备固体薄膜第一人是英国物理学家、全电池之父 William Robert Grove（图 1-1）①。1852 年，他在气体放电实验中观察到薄膜的沉积，并且研究了沉积物的特性。

1.1 固态薄膜简介

固态薄膜（thin solid film）通常指在一个维度上尺度小于 1μm，而在其他两个维度上不受限制的一种二维材料。设图 1-2（a）表示块体材料，其尺度在 *X*、*Y*、*Z* 三个方向上都不受限制；假设图 1-2（b）表示块体材料 *X* 方向尺度降到 1μm 以下，则如图 1-2（b）所示为薄膜。通常，固态薄膜是生长在固态基体上，形成的膜由基体承载，如图 1-3 所示。

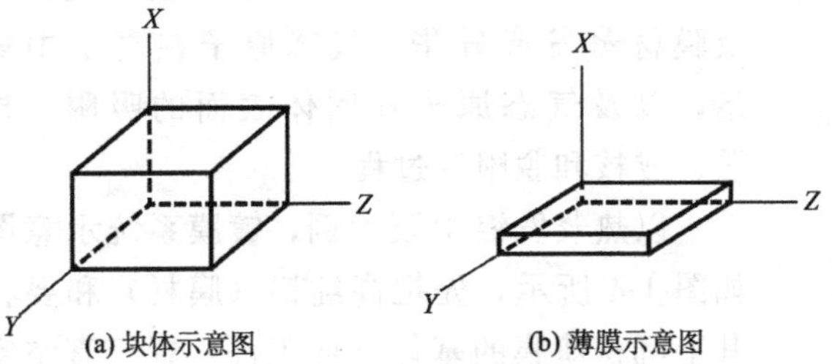

图 1-2 固态材料

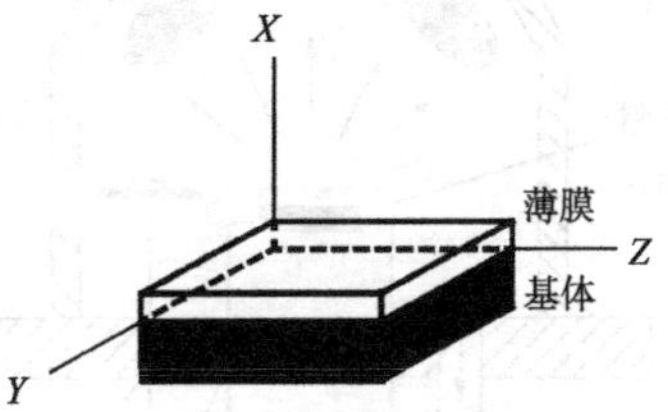

图 1-3 基体上承载薄膜示意图

块体材料的各种物理特性是指它单位体积所具有的性质，也即假定这些物理性质与体积无关，实际上只要所研究的物体的尺寸不太小，这样的假设就成立。但

① William Robert Grove 是英国的一名法官和物理学家，预测了能量守恒定律，并且发明了燃料电池，1852 年利用辉光放电制备了薄膜，这是人类最早的真空镀膜。

是，当有一个维度尺寸变得很小，致使其表面积和体积之比很大时，上述假设便不再成立。块体材料内部粒子各个方向受力均匀，但是对于表面来说，由于表面向外一侧原子排列中断，表面原子受力不同于体内，对于薄膜上下两个面距离很近，两表面层原子间相互作用使薄膜呈现出有别于块体的新特性。可以利用薄膜的这些新特性为人类服务，所以薄膜材料得到广泛的研究。薄膜的制备方法一直不断地发展，主要有物理和化学方法，常用的化学方法有电镀、化学镀、溶胶凝胶、LB (Langmuir-Blodgett) 技术[①]等，这些方法的共同特点是常压下通过湿化学反应获得薄膜，而物理方法主要指真空镀膜方法，是在真空室中通过物理或化学过程在固态基体表面沉积薄膜。

1.2 真空镀膜简介

真空镀膜是在真空环境中，将膜材气化并沉积到固体基体上形成固态薄膜的方法。真空镀膜是生长薄膜的重要方法，几乎所有类型的薄膜都可以用真空镀膜方法制备。

1.2.1 真空镀膜物理过程

真空镀膜基本可以分成“膜材气化”、“真空输运”和“薄膜生长”三个过程。在真空镀膜中，如果膜材是固态，那么首先需要采取措施使固态膜材气化或升华或经历一个类似“升华”的过程，变成气态，然后是气化的膜材粒子在真空中输运。输运过程中，粒子可能不经历碰撞，直接到达基体，也有可能在空间发生碰撞，经过散射，再到达基体表面。最后是粒子在基体上凝聚，生长成薄膜。所以，镀膜过程涉及膜材蒸发或升华、气态原子在真空中输运，以及气态原子在固体表面的吸附、扩散、成核和脱附等过程。

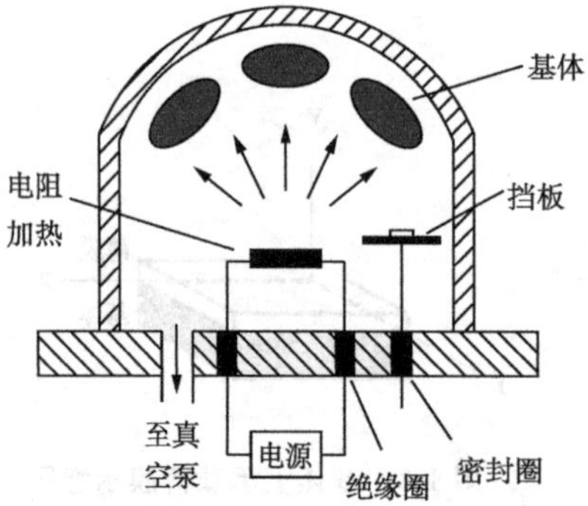

图 1-4　真空镀膜示意图

以热蒸发镀铝膜为例，镀膜系统示意图如图 1-4 所示，先把高纯铝（膜材）和要在其上沉积薄膜的基体（或工件）置于真空室内，将挡板转到膜材上方，然后把真空室抽到压强约为 10^{-3} Pa，再用电阻加热铝丝，使其受热蒸发；当蒸发稳定后，将挡板旋转

---

① LB 技术：利用分子活性在气液界面上形成凝结膜，将该膜逐次叠加在基体上而形成膜的技术，称为 LB 技术。该技术由 Katharine Blodgett 和 Irving Langmuir 于 1933 年发明，所以称为 Langmuir-Blodgett (LB) 技术。应用这一技术可以生长高质量、有序单原子层或多原子层 LB 膜。

开，让热蒸发出来的膜材原子穿过真空室，到达基体上形成薄膜。所以，真空镀膜有三个基本要素：真空室、膜材和基体。

1.2.2 真空镀膜的分类

根据膜材从固态变成气态方式的不同，以及膜材原子在真空中输运过程的不同，真空镀膜基本上可以分成①真空蒸发镀、②真空溅射镀、③真空离子镀、④真空化学气相沉积镀四大类型。前三种方法称为物理气相沉积（physical vapor deposition，PVD），后一种称为化学气相沉积（chemical vapor deposition，CVD）。

真空蒸发镀是利用外界提供的热量使膜材受热液化后气化，或直接气化成气态，沉积到基体上形成薄膜的技术。根据热量来源不同，分为电阻蒸发镀（resistance heating evaporation）、电子束蒸发镀（electron beam (EB) -coating）、脉冲激光蒸发镀（pulsed laser deposition，PLD）和感应加热蒸发镀（Induction-heated evaporation）等。

真空溅射镀是在真空条件下，通过气体放电产生氩离子（Ar^+），利用带正电荷的氩离子轰击带负电位的靶材，使靶材发生溅射，溅射出来的原子沉积到基体表面形成薄膜的一种技术。真空溅射镀派生出很多种类，如直流溅射二极、三极和多极溅射，以及偏压溅射、射频二极溅射、平衡和非平衡磁控溅射镀膜等，其中，得到广泛应用的是磁控溅射镀膜，包括直流平面磁控溅射镀、柱状靶磁控溅射镀、非平衡磁控溅射镀、脉冲直流磁控溅射镀、射频磁控溅射镀及中频磁控溅射镀等。磁控溅射镀膜在大面积平板玻璃镀膜行业发挥着重要作用。掠射角沉积（glancing angle of incidence deposition，GLAD）[1]是新近开发的一种新技术，能够增加薄膜中的多孔度，减小膜材密度，在很多领域有独到的应用。

在真空离子镀中，膜材由固态变成气态的方式如同蒸发镀或如同溅射镀，但是气态膜材在随后输运过程中与工作气体一起参与辉光放电，部分被离化成离子和电子，离子和中性粒子沉积到带负电位的基体上形成薄膜。离子镀包括等离子体离子镀、电弧离子镀和束流离子镀。初学者能很好地分辨蒸发镀和溅射镀，但是到离子镀一章时，有时分不清离子镀、蒸发镀还是溅射镀。其实，离子镀区别于蒸发镀和溅射镀的最典型特征是：①在离子镀中，气化的膜材原子经历一个离化过程；②在离子镀中，基体通常施加负偏压。满足这两个条件的镀膜基本上可以归类为离子镀，所以文献上把高功率（或高能）脉冲磁控溅射（high power impulse magnetron sputtering，HIPIMS）、活性蒸发镀（activated reactive evaporation，ARE）都归为离子镀。而等离子体激活的（plasma-activated ）高速离子镀又很容易让人把它们归为蒸发镀。不过，分类并不重要，重要的是认识镀膜过程的本质，合理地利用相应的技术制备出满足需要的优质薄膜。

还有一种镀膜方式称为真空化学气相沉积镀（CVD），所用的膜材多为气态，通过给基体加热或者通过辉光放电，使膜材分子或原子变成化学活性基团，促使反应物在基体表面上以较大的概率发生化学反应，形成所需薄膜。化学气相沉积镀有近常压 CVD、低压 CVD 和等离子体增强 CVD（plasma enhanced CVD，PECVD）及光 CVD。还有新近得到广泛研究和应用的原子层沉积（atomic layer deposition，ALD）技术，ALD 能够实现单原子层薄膜沉积。

现代镀膜技术不断发展，出现了由基本镀膜方法杂化而成的混合镀膜方式，如磁控溅射与电子束蒸发结合，磁控溅射与过滤的弧光放电镀膜结合，电子束与过滤的弧光放电镀膜结合，聚合物闪蒸与磁控溅射或蒸发镀结合等，这些杂化方式能镀出性能独特的多种薄膜。不过，不论是怎样复杂的混合镀膜系统，其基础都是 4 种基本真空镀膜方法，所以本书只介绍 4 种基础镀膜方法。

无机薄膜可用以上各种方法制备，但是有机物质由于熔点较低，最适合用真空蒸发镀和化学气相沉积镀，而不适合用真空溅射或真空离子镀，因为这些方法提供的能量太高，可能使有机分子裂解，同时离子轰击也可能会打断有机分子的键而破坏分子结构，所以基本不用。另外，还有在基体上沉积聚合物的真空镀膜方法，称为真空聚合物沉积（vacuum polymer deposition，VPD）技术[2]。

1.2.3 真空镀膜的特点

真空镀膜和其他镀膜方式相比较具有以下特点：

(1) 真空镀膜可以在固态基体上镀制金属、合金、半导体薄膜及各种化合物薄膜，薄膜的成分可以在大范围内调控。

(2) 真空镀膜可以镀制高纯度、高致密度、与基体结合力强的各种功能薄膜、电子薄膜、光学薄膜。特别是大规模集成电路、小分子有机显示器件、硅太阳能电池等很多器件所需的主体薄膜只能在真空条件下制备，其他制膜技术无法满足要求。

(3) 真空镀膜对环境的污染小，特别是 PVD 方法，对环境基本没有污染。用化学方法制备薄膜时，一方面膜自身受到制膜所使用的溶剂污染，性能降低，另一方面反应废弃物对环境也会造成污染。

(4) 真空镀膜的主要缺点是需要有真空设备，相对来说成本比较高。

1.3 真空镀膜技术的应用和发展①

从人类开始制作陶瓷器皿的彩釉算起，薄膜的制备与应用已经有一千多年的发展历史。从制备技术、分析方法、形成机理等方面系统地研究薄膜材料则起始于 20 世纪 50 年代。直到 20 世纪 80 年代，薄膜科学才发展成为一门相对独立的学科。促使薄膜科学迅速发展的重要原因是薄膜材料强大的应用背景、低维凝聚态理论的

---

① 真空应用的很多例子都选自于网站，因为具有普遍性，所以没有一一标明出处。

不断发展和现代分析技术分析能力的不断提高。

真空镀膜是在真空状态下镀膜，膜与基体结合力强，膜的纯度高，所以真空镀膜可以镀制优质薄膜。真空镀膜不仅可以镀制与固体材料成分相同的薄膜，而且可以镀制自然界不存在的物质，如量子点①、量子阱或超晶格材料②等，所以真空镀膜在国民生活、工业、国防和科研领域起着重要作用。以下举例说明。

1. 装饰薄膜

装饰薄膜广泛应用于灯具、眼镜、玩具、钟表、工艺美术品、各种饰品、家用电器、汽车等物品上，是普通群众最为熟悉的一类薄膜，图 1-5 给出一些实例。

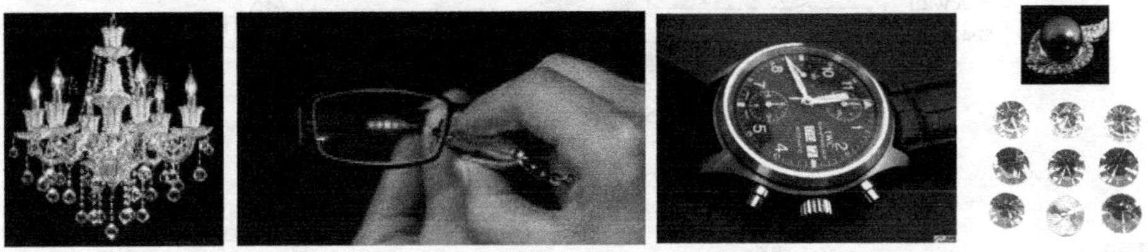

图 1-5　装饰膜应用举例

装饰镀中最常用的是塑料基体镀 Cr，使塑料金属化。Al 和 Ag 用于制镜行业。高熔点金属氮化物如 TiN、ZrN、TaN 等广泛应用于餐具、灯具及各种饰品表面。CrCN 和 TiCN、TiAlN 具有诱人的黑色，在各种个人数据产品如手机、计算机等外壳上有广泛应用。

2. 薄膜在集成电路方面的应用

可以说没有真空镀膜技术，就不可能有集成电路的飞速发展。图 1-6 是 Si 基集成电路示意图，除 p 型硅基体（p-wafer）外，其上分布的各种元件很多在真空环境下制备。薄膜集成电路所有组成元件全部由真空镀膜方法制备，如金属 Ag 或 Au 电极、由金属 Ni、Cr 或 Re 等构成的薄膜电阻；由 Ta_2O_5 构成的电容，以及薄膜电感、薄膜三极管等。图 1-7 是薄膜晶体管（thin film transistor，TFT）结构图，基体为玻璃，源极、漏极和栅极都采用真空镀膜方法制备。薄膜集成电路与硅基集成电路相比还有以下一些优点：

（1）在硅基集成电路中，由于各元件之间的寄生耦合而产生了寄生损耗，这在薄膜集成电路中不会发生，因为薄膜集成电路中所用的基体是玻璃或陶瓷，具有良好的绝缘性能。

---

① 量子点（quantum dot），是准零维（quasi-zero-dimensional）纳米材料，由少量原子所构成。粗略地说，量子点是三个维度的尺寸都在 100 纳米（nm）以下，其内部电子在各方向上的运动都受到局限，从而表现出与宏观物体不同的性质。

② 超晶格（superlattice），是两种不同组元以几个纳米到几十个纳米的薄层交替生长并保持严格周期性的多层膜。

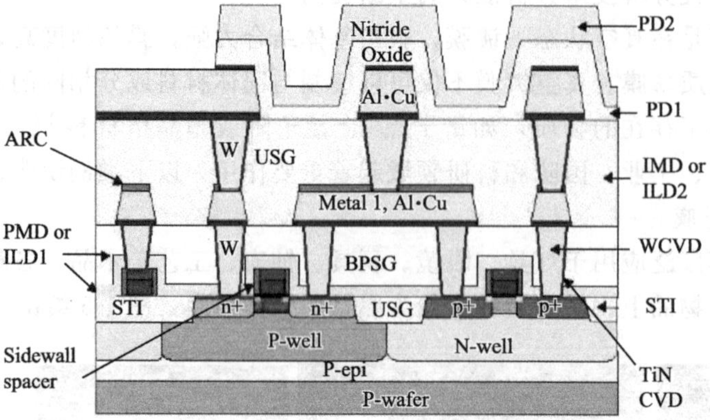

图 1-6　Si 基集成电路示意图

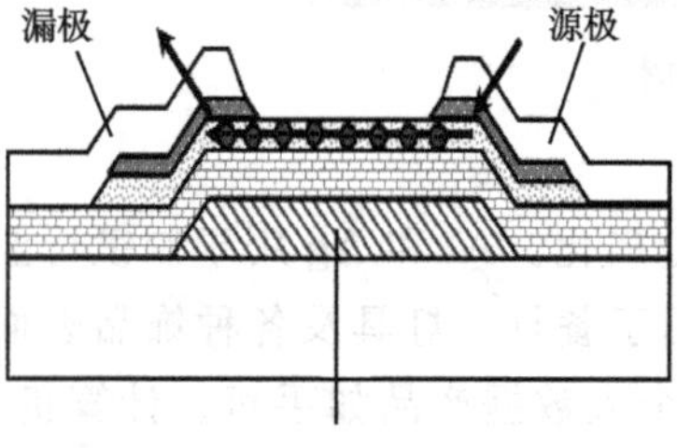

图 1-7　薄膜晶体管结构图

(2) 薄膜集成电路的制造只采用了单一的工艺过程，即真空镀膜，在膜沉积以后的退火、烘烤等工艺过程也是在相当低的温度下进行，一般只有 500℃，而对硅集成电路来讲，其处理工艺所需的温度约为 1000℃，在制造 Si 基集成电路过程中，需要反复的氧化，涂光刻胶、照相、显影、腐蚀、清洗和扩散，还需要真空镀膜来制造内部连线及接触点，而且上述每道工序都在不同的设备上完成，因此每一步都要小心控制和清洗。对薄膜集成电路来说，操作非常简单，对基片的操作控制只有两次，一次是向真空镀膜生产线的真空系统中放入基片，另一次是从中取出基片。

(3) 薄膜集成电路的基体很便宜，就是普通的玻璃或陶瓷，而硅基集成电路的基体却是高纯无缺陷的单晶硅。

应用薄膜元件的电子线路得到广泛应用，如电子开关系统、医学电子设备，将数字量转换为模拟量的梯形网络，以及一些数字、模拟和微波电路中。

3. 薄膜在光电显示器件中的应用

1) 透明氧化物导电薄膜

电极通常由金属材料制成，但是金属导电却不透明，而各种平板显示器件和太阳能电池等均需要透明电极。研究表明，向金属氧化物中掺杂相关元素制成的透明导电薄膜能满足既透明又导电的要求，通常透明导电薄膜要求平均透过率大于 80%，电阻率小于 $10^{-3}\Omega\cdot cm$。目前，得到最广泛应用的透明导电薄膜（transparent conductive oxides，TCO）是 ITO（Indium Tin Oxides，In_2O_3：Sn）薄膜和 FTO（SnO_2：F）薄膜。近年来，氧化锌掺铝（ZnO：Al），简称 AZO 或 ZAO 薄膜，也在不断开发，在触摸屏等领域已经得到广泛应用。透明导电薄膜还广泛应用于汽车、飞机挡风玻璃，以及建筑物幕墙玻璃、冷冻冰柜等，以实现节能。另外，过去十年，多元化合物如 Zn_2SnO_4、$ZnSnO_3$ 和 $MgIn_2O_4$ 等在 low-e 膜、电致变色窗等方面也有广泛的应用。大多数透明导电薄膜都是 n 型，研究人员最近开发出 p 型透明导电薄膜，如 $CuFeO_2$、$AgCoO_2$、$ZnIr_2O_4$ 和 $CuGaO_2$ 等，在 p-n 结二极管及太阳能电池上有潜在应用。

2）平板显示器件

平板显示器件（flat panel display devices）由集成电路和平板显示器构成，包括平板电视、平板电脑、电子书及手机等的显示屏，图 1-8 给出一些示例，如今的生活已经离不开这些平板显示器件。

图 1-8　平板显示器件示例

平板显示器主要有等离子体平板显示器、液晶平板显示器、有机发光二极管等。目前应用最为广泛的是液晶平板显示器，有机发光二极管正在得到大力开发，已有部分产品上市。另外，碳纳米管显示器件也在不断发展，有望成为新型显示器件。下面简单介绍各种显示器结构。

（1）液晶显示器件。

图 1-9（a）是液晶显示器件结构示意图。白光透过起偏器，变成偏振光，穿过电路板进入液晶。液晶的倾角由电信号控制，从而控制光的通量。透过的光经过不同的滤光片，变成不同的单色光，最后经过检偏器到达人眼。图 1-9（b）是平板显示器的薄膜电子元件电路图，主要由薄膜晶体管（TFT）、薄膜电容器和透明 ITO 电极等薄膜元件组成。如果没有透明导电电极，图像就不可能显示在显示屏上，也就没有平板显示器。

（2）有机电致发光二极管。

有机光发射二极管（organic light emitting diode，OLED）是一种将电能转换成光能的器件，也是一种全新的显示器件。有机发光二极管是多层薄膜结构，如图 1-10 所示。玻璃基体上依次沉积阳极（ITO 薄膜）、空穴输运层（TPP 分子）、发光层（$LiBq_4$ 分子）、电子输运层（AlQ 分子）和阴极（Al 膜）。对于小分子构成的发光二极管，每种膜都必须在真空条件下制备，器件制备好后要立即封装，否则水汽和氧气进入器件内部会导致器件性能很快损坏。当器件阴极和阳极之间加上电压后，电子-空穴对复合产生光发射，从玻璃侧射出，发射光的颜色由发光层分子决定。

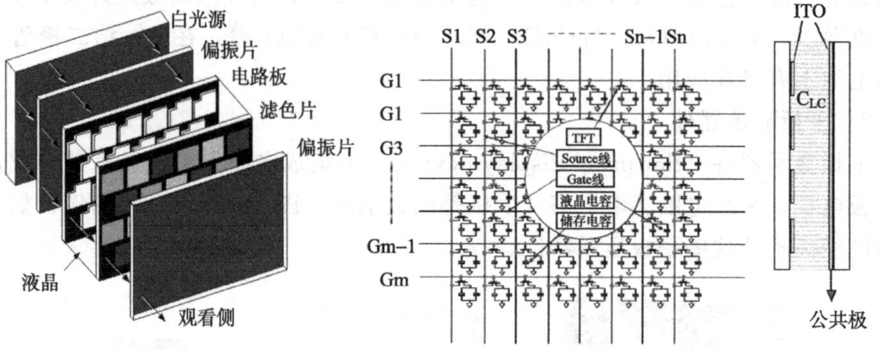

(a) 液晶平板显示器结构　　(b) 部分薄膜电子元件电路图

图 1-9　液晶显示器件结构图

OLED有许多优点，如全固态结构、自发光、发光效率高、亮度高、分辨率高、视角宽、响应速度快、低电压驱动及颜色丰富、大面积显示、柔性和灵活性大、工作温度范围宽、低温特性好、薄型化、电容小、重量轻、便于携带、制造成本低等，所以OLED受到全球广泛关注，发展快速。OLED已用于各种单色字符和数字、识别标签、彩色平板显示、数码相机、手机、个人数字电子助理（PDA）平板显示的背光源及移动通信等，并在全球卫星定位系统（GPS）和智能传输系统（ITS）中有应用前景。目前，已批量化应用的产品主要是单色显示板、表盘指示显示、多色手机显示屏等，图 1-11 是三星有机显示屏手机，有机显示比无机显示色泽度更好。

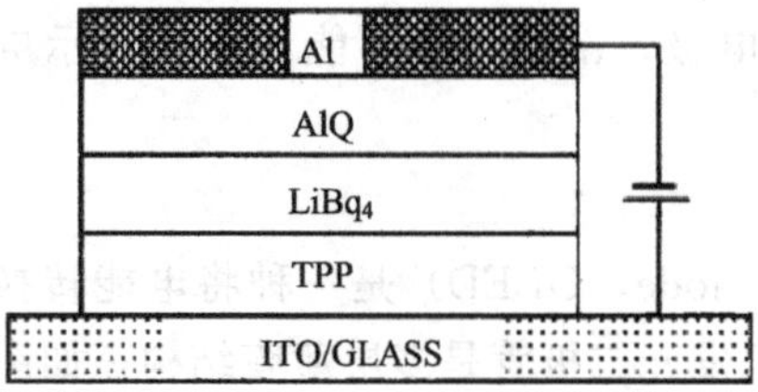

图 1-10　有机光发射二极管结构图

图 1-11　三星有机显示屏手机

3）太阳能电池

能源和环境问题是近十几年来世界关注的焦点，为了实现能源和环境可持续发展，世界各国都将光伏发电作为发展的重点之一。太阳能电池是将光能转换成电能的一种器件，太阳能电池种类很多，基本可以分成三代。单晶硅太阳能电池被称为第一代太阳能电池，目前转换效率高达 25%，但是单晶硅成本高，成本价达到 3 美元/Wp（Wp：每瓦），其制备过程及废旧终端产品处理对环境具有破坏作用。第二代太阳能电池主要包括碲化镉（CdTe）、铜铟硒/铜铟镓硒（CIS/CIGS）和非晶硅（a-Si）薄膜太阳能电池，太阳能转换效率分别达到：12%～17%、17%～20% 和 8%～12%，成本价达到 1 美元/Wp，所以与第一代太阳能电池相比，在市场上具有一定的竞争力。近年来，第三代太阳能电池得到迅速的发展，主要包括量子点、有机半导体薄膜太阳能电池和染料敏化太阳能电池等，太阳能转换效率达到 1%～5.7%、3%～8%和 6%～13%。图 1-12（a）是铜铟镓硒薄膜太阳能电池的结构，由 Mo 电极（背电极）、透明导电电极 ZnO：Al、不掺杂的 ZnO 层、n 型半导体 CdS、p 型半导体 $CuInGaSe_2$ 及金属电极接触线组成。

其工作原理是太阳光照在电池表面，穿过顶电极、缓冲层，被铜铟镓硒薄膜吸收，产生载流子。在内建电场的作用下吸收层接近硫化镉区域，不同电荷的载流子分离，负电荷走向顶电极，正电荷走向背电极，由此，太阳能便转化成电能。这个电池的所有组成元件皆用真空镀膜方法制备。图 1-12（b）给出一些太阳能电池应用实例。

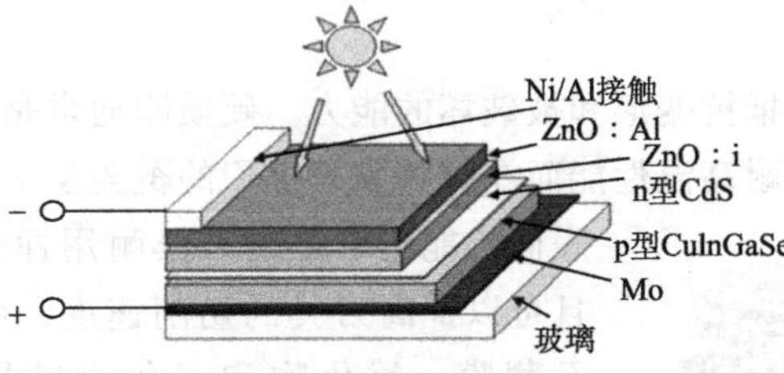

(a) 铜铟镓硒薄膜太阳能电池的结构示意图

(b) 太阳能电池应用实例

图 1-12　太阳能电池板结构与应用实例

4. 光学薄膜[3]

光学薄膜主要指镀在玻璃基体上的各种反射膜、增透膜和滤光片等，反射膜如家用镜子、汽车后视镜、头灯等，镜子的反射层一般用铝、铑或银。铑对可见光的反射率约为 80%，而且机械强度和稳定性好。铝的反射率高达 90%，但是铝的性能只能在洁净的环境中才能稳定。银很软，遇硫会变黑，但银在550nm波长处的反射率达到97%。

在光学仪器中，一般透镜所用玻璃的折射率为1.5～1.6，所以入射到透镜表面的光约有4%成为散射光，对一个透镜来说约有8%的光发生散射。现代科学仪器含有多个透镜，将会使入射光大量损失，有时能达到总能量的一半。为减少散射，可以在透镜表面镀上增透膜，如氟化镁，利用光在膜各表面上的反射光干涉相消原理减少入射光的反射，称为光增透。滤光片指仅让特定波长的光透过的光学元件，在玻璃表面制备特定顺序的薄膜，利用光的干涉原理制成的滤光片称为干涉滤光片。图1-13是一些光学薄膜元件实例。

图1-13 光学薄膜元件示例

5. 其他各种功能薄膜

1）硬质膜

薄膜的硬度指材料抵抗变形和被破坏的能力。硬质膜通常是指为了提高材料硬度、抗磨损、耐腐蚀和耐高温性能而在材料表面沉积的覆盖层。硬质膜沉积在刀具表面，能显著提高刀具耐用性，延长刀具寿命而且可以提高刀具的切削速度。硬质膜主要有金刚石薄膜、氮化物和碳化物镀层，如TiN、TiC、AlN等。另外，CrN、TiAlN、TiBC、TiBN及TiN/ TiBN/ TiN，SiC/Si_3N_4等膜层或膜系也得到广泛研究和开发。

图1-14 镀了硬质膜的滚刀

如图1-14所示为表面镀了硬质膜的滚刀。

2）润滑薄膜

MoS_2、MoS_2-Au和MoS_2-Ni等薄膜具有润滑特性，广泛应用于轴承及具有相对运动的部件，用于减小摩擦系数；W-C:H薄膜广泛应用于汽车发动机中。

3）生物医学

具有低摩擦系数的薄膜也应用于医学方面，如各种假肢上具有相对运动的位置处都沉积薄膜，以减小磨损，延长寿命。这样的膜主要有TiN、TiC、AlN、TiAlN和CrN等。另外，具有光催化特性的薄膜，如TiO_2薄膜应用于医疗器械，可以灭菌。

4）抗雾、自清洁玻璃

TiO_2薄膜在紫外光或短波长可见光辐照下具有亲水性，称光致亲水性[4]。在玻璃表面上沉积二氧化钛薄膜，可以制备抗雾玻璃，如图 1-15 所示。图 1-15（a）中，水滴在二氧化钛薄膜表面呈球状，表明薄膜表面为疏水性。经过紫外光（UV）辐照后，水滴在薄膜表面铺展开来，如图 1-15（b）所示，即紫外光辐照使薄膜从疏水性变成亲水性。当疏水性玻璃表面有水滴时，置于玻璃后面的字很模糊，如图 1-15（c）所示；当紫外光辐照使得薄膜表面变成亲水性时，置于玻璃后面的字清晰可见，如图 1-15（d）所示。这就是抗雾玻璃。抗雾玻璃广泛用于制作浴镜、游泳眼镜、汽车或飞机挡风玻璃和建筑物玻璃等。

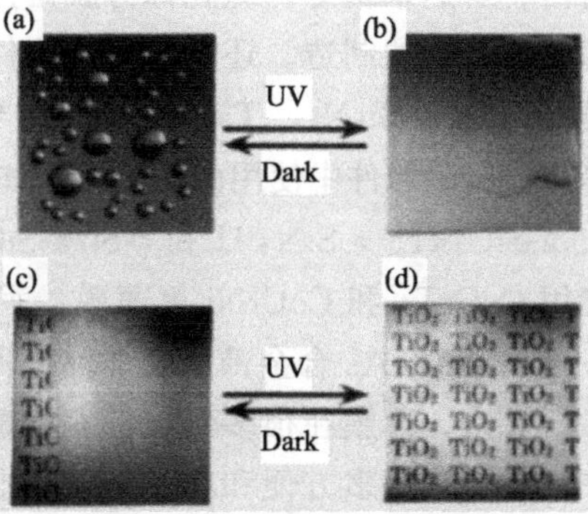

图 1-15　二氧化钛自清洁薄膜

另外，二氧化钛薄膜在紫外光辐照下具有催化性能，称光催化特性。光催化使得二氧化钛薄膜不仅能够杀死细菌，而且可以分解细菌。如果在玻璃或陶瓷表面沉积二氧化钛薄膜，这样的表面不容易被污染，即使被污染也比一般的玻璃更容易清洗，所以称为自清洁玻璃或陶瓷。另外，二氧化钛薄膜的光催化特性，使得纳米二氧化钛薄膜近年来广泛应用于废水处理、空气净化和杀菌除臭等方面。

5）幕墙镀膜玻璃

幕墙镀膜玻璃如图 1-16 所示，一般指在玻璃表面涂镀一层或多层金属、合金或金属化合物的薄膜。薄膜可以改变玻璃的光学性能，满足某种特定要求。镀膜玻璃主要分为热反射玻璃、低辐射玻璃（low emission）。热反射玻璃一般是在玻璃表面镀一层或多层诸如铬、钛或其化合物组成的薄膜。薄膜使产品呈现丰富的色彩，并且对可见光有适当的透射率，对红外线有较高的反射率，而对紫外线有较高吸收率，因此也称为阳光控制玻璃。低辐射玻璃是在玻璃表面镀制多层银、铜或锡等金属或化合物的薄膜，产品对可见光有较高的透射率，对红外线有很高的反射率，因而具有良好的隔热性能。

图 1-16　幕墙玻璃

另外，还有很多功能薄膜，它们在现代光电信息和通信中发挥着重要作用。砷化镓薄膜是一种重要的半导体材料，电子迁移率比硅大 5 到 6 倍，用于制备高速数字电子器件、微波器件。作为一种半绝缘高阻材料，可以用于制作集成电路衬底、红外探测器、光子探测器。砷化镓高频下噪音小，所以广泛应用于移动电话、卫星通信、雷达系统等。氮化镓薄膜是蓝光器件的主要材料，通过掺杂可以实现从红光到紫光器件的制造。还有半导体器件和集成电路中使用的掺杂多晶硅薄膜，介质薄膜如 SiO_2、Si_3N_4、Ta_2O_5 等，超导薄膜如 BiSrCaCuO、YBaCuO、TlBaCaCuO 等，光电子器件中使用的功能薄膜如 GaAs/GaAlAs、HgTe/CdTe、a-Si：H、a-SiGe：H、a-SiC：H、a-SiN：H 和 a-Si/a-SiC 等晶态与非晶态超晶格薄膜，计算机数据存储用 CoCrTa 和 CoCrNi 等薄膜，垂直磁记录用 FeSiAl 薄膜磁头，静电复印鼓用 Se-Te、SeTeAs 合金薄膜及非晶硅薄膜等。功能薄膜的应用举不胜举。

总之，薄膜在很多领域都发挥着重要作用，真空镀膜技术的开发和利用将给未来社会带来更多方便和利益，同时也促成其他科学的发展和进步。

1.4　真空镀膜系统[5]

真空系统是由真空元件组成的，用来获得并能够测量所获得真空度的抽气系统。真空元件主要有真空室、真空泵、管道、阀门、真空计和其他组成元件，如捕集阱、真空接头、储气罐及真空继电器等。真空镀膜系统是用来提供真空环境并实现真空镀膜功能的一种真空系统，图 1-17 所示为真空蒸发镀膜系统示意图，由镀膜室、管道、阀门、真空泵及真空计等组成。膜材和样品或工件置于真空室内，真空室连接有真空计、充气管道、抽气管道等。真空计有高低真空计之分，测量低真

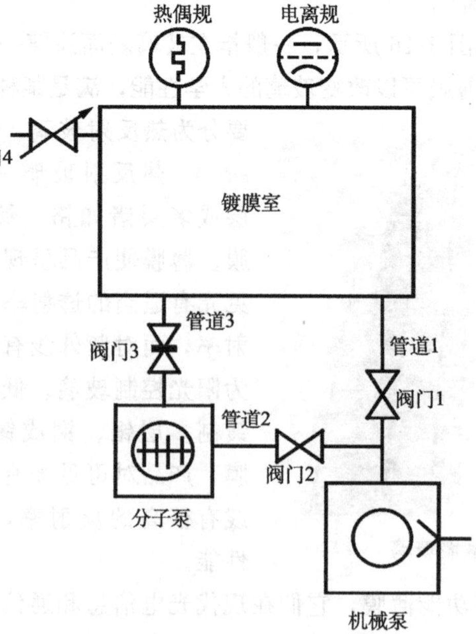

图 1-17　真空镀膜系统图

空的真空计称为低真空计，如热偶计；测量高真空的真空计为高真空计，如电离计。抽气管道有粗抽管道（管道1）、前级管道（管道2）和主管道（管道3）之分。阀门分为粗抽阀（阀门1）、前级阀门（阀门2）和主阀（阀门3）。真空泵也分为主泵（分子泵）、前级泵（机械泵）和粗抽泵（机械泵）等。真空室内部元件依不同的镀膜方式而不同，自第三章开始陆续介绍。本节介绍真空室外部元件，以便更好地认识真空镀膜系统。对于真空专业的同学来说，由于已经学习了前期课程《真空获得设备》、《真空测量与控制》和《真空系统设计》，所以本节可以跳过，直接进入第二章。

1.4.1 真空镀膜系统的基本概念

1. 真空度

真空度是衡量压强低于大气压的气体稀薄程度的物理量，在国际单位制中，其单位是帕斯卡（Pascal），简称 Pa，表示牛顿/米^2。常用的单位还有毫巴（mbar）、托（Torr），它们与 Pa 的关系是 1mbar ＝100Pa，1Torr ＝133Pa。现在人类能够获得的最高真空度约为 10^{-12}Pa。

根据气体在不同压强范围的不同特性，将真空范围划分成几个段，一个大气压（1atm＝101325Pa）到 10^{-12}Pa 分为粗真空（101325～1330Pa）、低真空（1330～0.13Pa）、高真空（0.13～1.3×10^{-5}Pa）、超高真空（1.3×10^{-5}～1.3×10^{-11}Pa）和极高真空（压强低于 1.3×10^{-11}Pa）。真空范围划分不唯一，工程上和学术上划分的真空范围略有差异。学术上通常认为达到 10^{-6}Pa 才为超高真空，但工程上通常认为低于 5×10^{-5}Pa 即为超高真空。

2. 极限真空度

被抽容器所能达到的最高真空度称为真空系统的极限真空度。由于真空系统由真空元件组成，真空元件连接处存在一定的漏气，同时真空元件及真空系统中的零部件会放出材料内部吸收和表面吸附的气体，再加上管道的流阻作用，所以真空系统的极限真空度低于泵的极限真空度。

3. 工作真空度

真空镀膜时需要将真空系统抽到接近极限真空状态，有些真空镀膜，如真空蒸发镀，可以在高真空或超高真空状态下镀膜，而有些镀膜方法，如溅射镀膜或离子镀等，则需要向真空室充入惰性气体或反应气体到 1Pa 左右，才可以进行辉光放电，并镀膜。不论镀膜过程如何，将镀膜时真空室内真空度称为工作真空度。

4. 前级泵

有些泵，如分子泵，排气压强低于一个大气压，所以分子泵无法将压缩的气体直接排到空气中，只能将气体排到其他泵的入口（如旋片泵），由旋片泵进一步压缩，使气体在旋片泵的出口处压强大于一个大气压，这时气体才能够将旋片泵的排气阀打开，排出到大气中。这时，旋片泵称为分子泵的前级泵。

5. 粗抽泵

有些泵，如溅射离子泵，正常工作的最高压强低于 1Pa，这样的泵必须先由其他泵，如旋片泵或吸附泵等将真空系统内压强从 1atm 抽到低于 1Pa 后才可以启动。这时，旋片泵或吸附泵称为粗抽泵。粗抽泵在主泵工作后即可以关闭。在旋片泵-分子泵系统中，旋片泵既是前级泵，又是粗抽泵，所以只要分子泵在工作旋片泵就一直工作。

1.4.2 真空泵[6]

真空泵的种类很多，根据工作原理分为机械泵、喷射泵、分子泵、吸附泵和低温泵等，这里介绍真空镀膜系统中常用的泵。

1. 机械泵

机械泵通常包括旋片泵、往复泵、滑阀泵、罗茨泵、螺杆泵和爪式泵等。这些泵都包含转子和容积腔，通过转子的旋转把气体从入口带到出口或利用偏心配置的转子和容积腔之间体积的变化压缩气体，并将气体排出。分子泵也是一种机械泵，但它与这些泵的工作原理不同，所以单列一种。

1）旋片泵

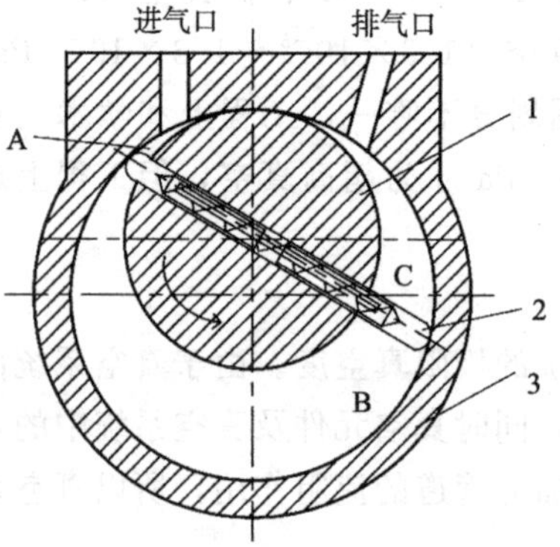

图 1-18　旋片泵工作原理图

1-转子；2-旋片；3-腔体

如图 1-18 所示，旋片泵主要有进气口、排气口、旋片、转子和定子（泵腔）组成。旋片把转子、泵腔和端盖围成的月牙形空间分隔成 A、B 和 C 三部分。转子按图中箭头所示方向旋转时，A 空间的容积增加，气体经泵入口被吸入，此时泵处于吸气过程，B 空间气体被封闭，C 空间的容积不断减小，气体被不断压缩，压强增加。当气体压强超过排气压强时，压缩气体推开泵油密封的排气阀（图中未示出），向大气中排气。在泵的连续运转过程中，不断地进行吸气、压缩和排气过程，从而达到连续抽气的目的。

旋片泵是最常用的一种低真空泵，常作分子泵、扩散泵或罗茨泵的前级泵。其缺点是有油污染，在对油污染要求较高的情况下，旋片泵逐渐被无油的干式泵代替。

2）滑阀泵

滑阀泵的工作原理如图 1-19 所示，滑阀泵由进气口、排气口、定子和转子组成，转子包括滑杆、滑环和偏心轮，转子的转轴偏心配置，但是与定子同心。滑阀的导轨固定在泵体上，并可以绕其自身中心轴摆动。滑阀杆可以在导轨中上下滑动和左右摆动。滑阀将泵腔分成 A、B 两个部分，如图 1-19（b）所示。当滑阀的驱动轴按逆时针方向转动时，A 腔容积不断增加，泵入口处气体经滑阀杆进入 A 腔。B 腔的容积不断减小，气体被不断压缩。当 B 腔内气体压强达到排气压强时，气体推开油封的排气阀，开始排气。在连续运转过程中，泵不断地进行吸气、压缩和排气，从而达到连续抽气的目的。

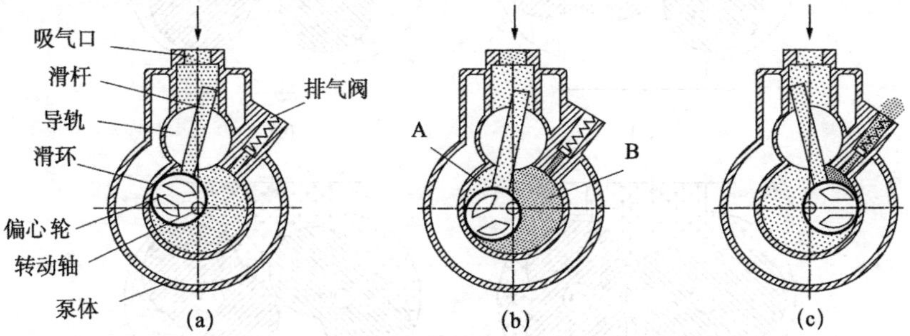

图 1-19　滑阀真空泵的工作原理

滑阀泵常作扩散泵或罗茨泵的前级泵，而且由于抽速大，所以通常用在大型真空系统中。滑阀泵的偏心轮要求较高，需要有好的质量平衡，否则噪音大而且影响使用寿命。

3）罗茨泵

罗茨泵是一种无内压缩的旋转变容式真空泵。如图 1-20 所示，由两个完全相同的转子和泵腔组成。两个转子朝相反的方向旋转，转子与转子之间，以及转子与真空室之间均保持小的间隙，由轴端齿轮驱动同步转动，实现吸气和排气。

罗茨泵清洁，无油污染，而且在较大压强范围内有较大的抽速，无摩擦磨损，往往用在前级泵和主泵之间，作为前级泵的增压泵使用。

2. 分子泵

分子泵是靠高速运动的刚体表面来携带气体分子，而实现抽气的一种机械真空泵，分为牵引分子泵和涡轮分子泵两种。牵引分子泵依靠高速刚体表面携带气体分子，按一定方向运动而实现抽气，其原理图和外形图分别如图 1-21（a)、(b）所示。

涡轮分子泵是一种超高真空泵，极限真空能达到 10^{-9} Pa。涡轮分子泵结构原理图如图 1-22 所示，由交替排列的静叶片和动叶片转子及其驱动系统组成。动、静叶轮几何尺寸相同，但叶片倾角相反。动叶轮外缘的线速度高达气体分子热运动速度（一般为 150～400m/s)。倾斜叶片的运动使气体分子不断从低压侧向高压侧输送，从而产生抽气作用。单个叶轮的压缩比很小，通常需要十多个动叶轮和静叶轮交替排列。

分子泵清洁，无油污染，而且抽速大，启动快，所以得到广泛应用。分子泵不能工作在近大气压强下，排气口压强也达不到大气压强，所以工作时需要前级泵和粗抽泵，经常与旋片泵或各类干式机械泵组合使用，用作主泵。

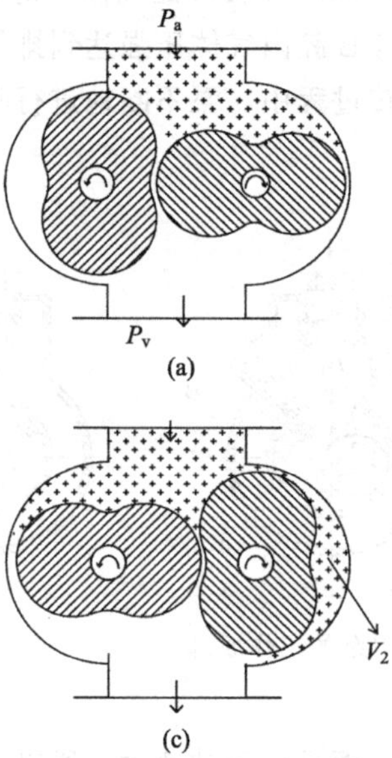

图 1-20　罗茨泵的工作原理示意图

P_a-入口压力；P_v-出口压力；V_2-泵腔容积

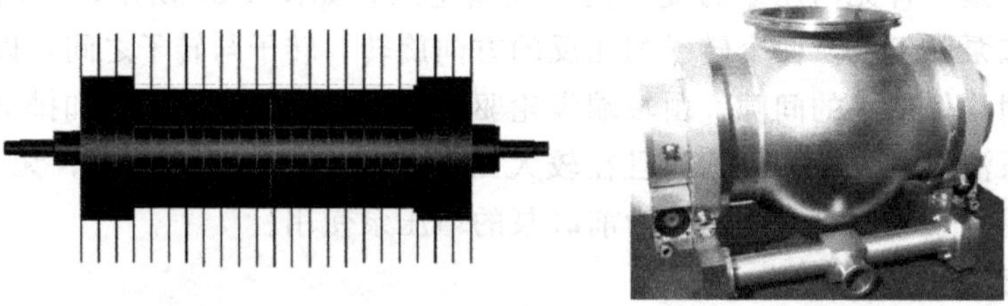

(a) 原理图　　(b) 外形图

图 1-21　径流分子泵①

3. 扩散泵

扩散泵是以扩散泵油为工作介质的一种蒸汽流泵，其原理图如图 1-23 所示。扩散泵由导流管、伞形喷嘴、泵壁和电阻丝组成。扩散泵工作压强低于 10Pa，也就是需要由其他泵先将真空室和泵内压强降低到 10Pa 以下，再用电阻丝加热泵油。由于泵内已经预抽真空，压强较低，故泵油可以在较低温度下蒸发。油蒸气经导流管 2 进入伞形喷嘴 3，油蒸气经过喷嘴时将压力能转化为动能，形成高速蒸气

---

① 由深圳摩尔公司提供。

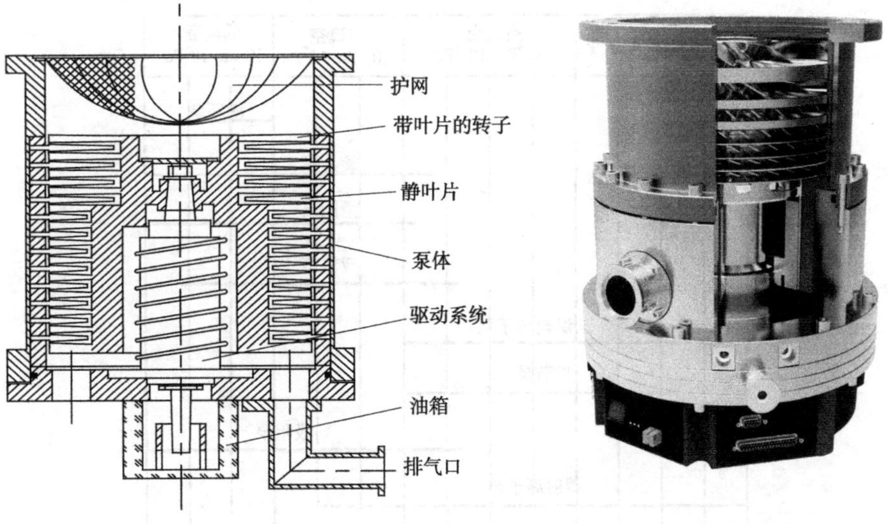

图 1-22 立式涡轮分子泵

射流。射流中分子密度非常低，射流上面的被抽气体因密度差很容易扩散到射流内部，并与工作蒸气分子碰撞，在射流方向上得到动量，从而被蒸气射流携带到水冷的泵壁上，这样在喷嘴和泵冷却壁之间形成了稳定的工作蒸气流。被抽气体在泵壁处从冷凝的蒸气射流中释放出来后堆积压缩，被下级的蒸气射流带走。经过这样的逐级压缩，最后被前级泵抽走。油蒸汽则在泵壁上被冷凝成油滴，沿泵壁回到油锅中循环使用。

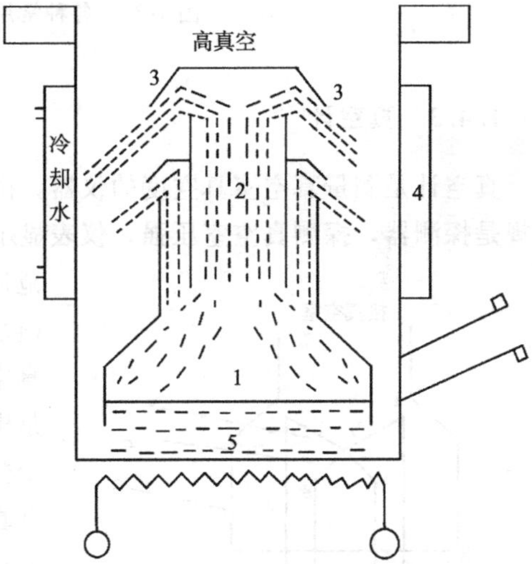

图 1-23 油扩散泵原理图

1-锅炉；2-导流管；3-喷嘴；4-冷凝器；5-扩散泵油

油扩散泵的优点是价格低，但是会有油污染，而且因为油需要加热到沸腾才可以形成喷射流，所以启动时间比较长。

另外，还有吸附泵，包括分子筛吸附泵和钛泵、溅射离子泵（$1\sim10^{-10}$ Pa）和低温泵（$10^{-1}\sim10^{-10}$ Pa）等各种泵，因为它们在真空镀膜中使用的少，所以在这里不作具体介绍。各种泵的使用范围如图 1-24 所示。

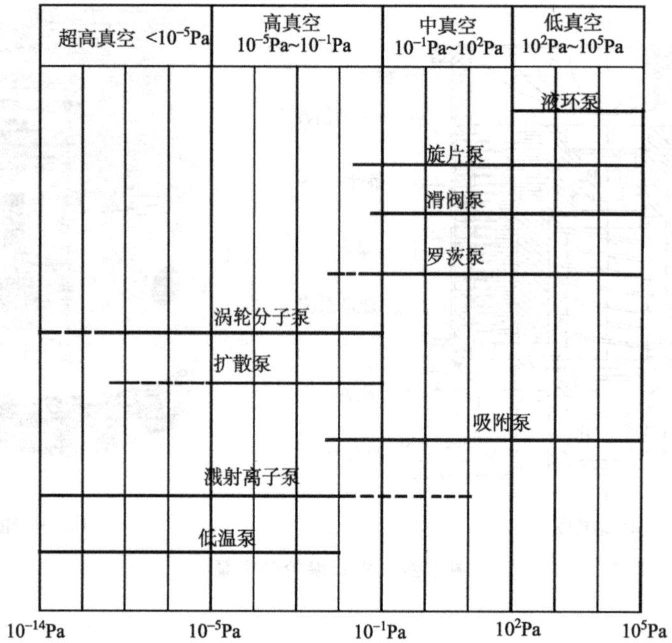

图 1-24　各种常用泵的使用范围

1.4.3 真空计[7]

真空计是测量真空室真空度的仪器，由真空规、测量电路和显示仪表组成。真空规是探测器，探测真空室压强，仪表显示所探测的压强。根据真空计探测的压强范围，真空计分为低真空计和高真空计（包括超高真空计）两大类，常用于测量低真空的规管是热偶规，测量高真空的规管是电离规，两个规管的仪表可以集成在一个数显仪器上，称为复合真空计。还有一种真空规，称为冷规，工作范围可以从 $0.1 \sim 10^{-11}$ Pa。

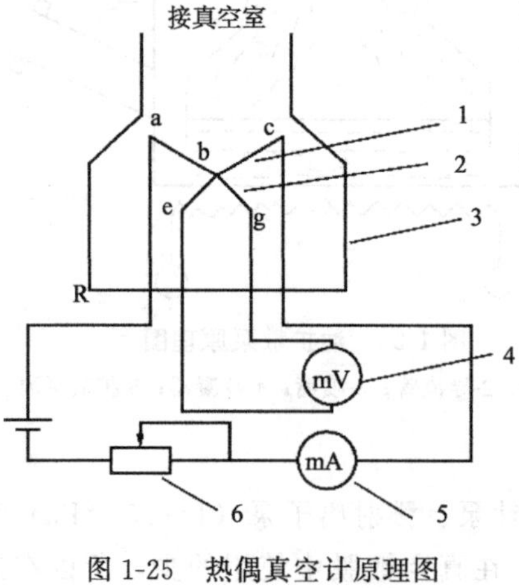

图 1-25　热偶真空计原理图

1-热丝；2-热电偶；3-管壳；
4-毫伏表；5-毫安表；6-限流电阻

1. 热偶规

热偶规是利用热电偶产生的热电势表征规管内压强的一种真空计，其原理图如图 1-25 所示。真空规管主要由热丝（a-b-c）和热电偶（e-b-g）组成，热电偶的热端和热丝相连，另一端（e，g）作为冷端引出管外，接至测量电热偶电势用的毫伏表。

测量压强时，规管的热丝通以一定的加热电流，在较低的气压下，热丝的温度取决于气体的压强，压强越高，气体输运的热量越大，热丝的温度越低，相应热电偶的电势越小。反之，压强越低，气体输运的热量越少，热丝温度越高，从而热电偶的电势越大。这样就可以通过热电偶电势的变化反映真空室内压强的变化。

2. 热阴极电离规

电离规的基本原理基于气体放电。采用一定的措施，使进入规管中的气体分子发生电离，形成电子和离子，收集其中的离子，形成离子流。在一定的压强范围内，气体压强越高，放电形成的离子流越大，即所产生的离子流与气体的压强呈正比关系，因此收集到的离子流大小可以反映真空室内压强。

热阴极电离真空规分为普通型热阴极电离真空规和 B-A（Bayard-Alpert）计，普通热阴极电离真空规的工作原理如图 1-26所示，由灯丝、加速极和收集极组成，其中灯丝接地，栅极呈网状，相对于灯丝加 200V 正电位，而收集极相对于灯丝施加 25V 负电位。

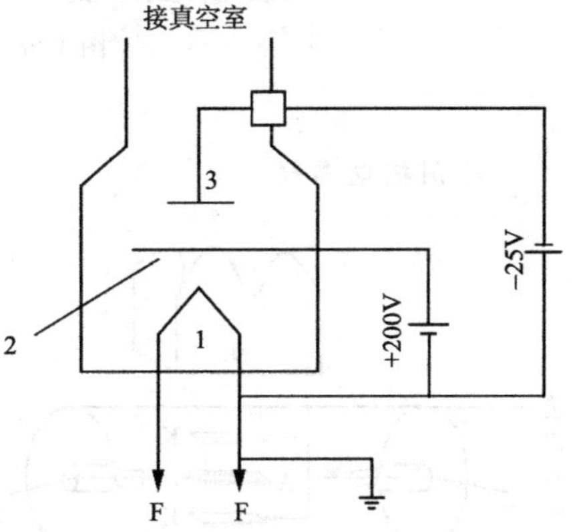

图 1-26　电离规原理图

1-灯丝；2-加速极（栅极）；3-收集极

工作时，灯丝 1 通电加热到高温后发射热电子，热电子向处于正电位的加速栅极 2 飞去，一部分被其吸收，另一部分穿出加速栅极空隙，继续向离子收集极 3 飞去。由于 3 是负电位，电子在靠近 3 时受到电场的推斥而返回，从而电子在灯丝和离子收集极之间的空间来回振荡，直到被 2 吸收为止。电子在飞行路程中不断和管内气体分子碰撞，使气体电离，产生的正离子被吸收极 3 收集，这样在回路中产生离子流。在一定压强范围内，离子流大小正比于气体压强。

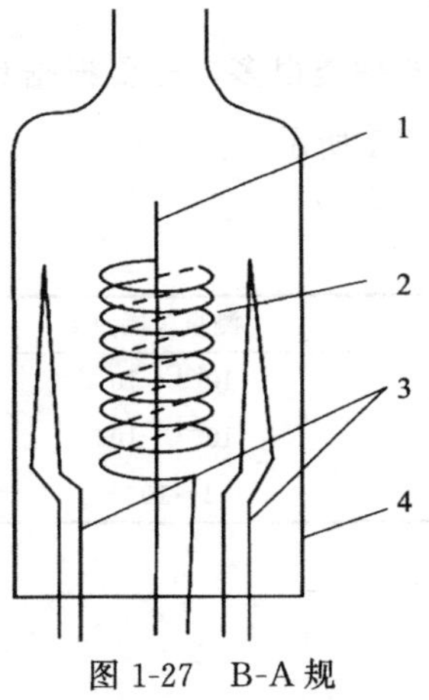

图 1-27　B-A 规

1-离子收集极；2-栅极；3-灯丝（2 根）；4-玻璃外壳

如果将收集极制成丝状，置于栅极的中心线上，而将灯丝置于栅极外层，如图 1-27 所示，这种规称为 B-A 型电离真空规。B-A 规能够将测量范围扩展到 10^{-10} Pa。

在实际使用中，可以将真空规的电极设置在玻璃管内，再将玻璃管接到真空室，如图 1-28（a）所示；也可以不用玻璃管，直接将电极定位在法兰上，通过法兰将电极与真空室连接起来，这种不带玻璃管的规管称为裸规，如图 1-28（b）所示。

(a) 带玻璃外壳的真空规

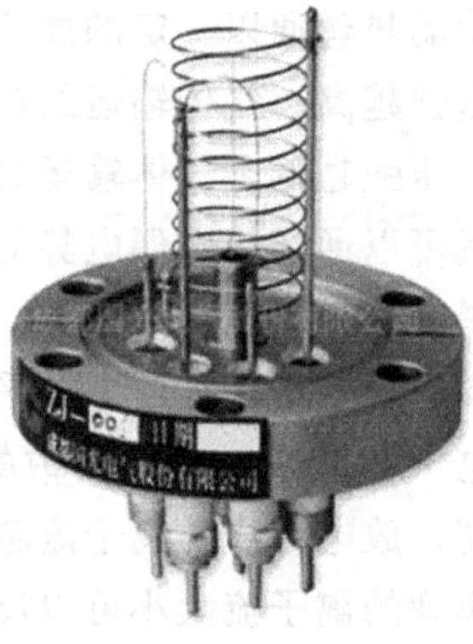

(b) 裸规

图 1-28 真空规外形图

3. 冷阴极电离规[8]

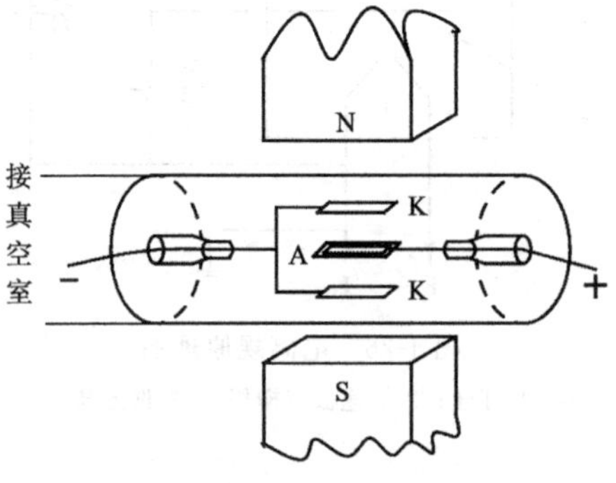

图 1-29 磁控放电真空规

A-阳极；K-阴极；N、S-磁极

如图 1-29 所示的冷阴极电离规又称为潘宁规，由块状阴极和框形阳极组成，外设磁场，磁场和电场方向基本平行。在阳极和阴极之间加有 2kV 的电压。在合适的真空度下发生辉光放电，测量电路中的电流与真空室内压强相关，根据电流可以推知真空室压强。这种规的测量范围为 $1\sim10^{-5}$ Pa。冷规没有灯丝，所以不怕暴露大气。冷规结构不断改进，现在已经能够测量到 10^{-11} Pa。

总之，规管的种类很多，需要根据具体的使用环境合理选择真空规。常用的规管测量范围如表 1-1 所示。

表 1-1 常用的规管测量范围

真空规名称	测量范围/Pa	真空规名称	测量范围/Pa
热偶规	$10^5\sim10^{-1}$	B-A 计	$10^{-1}\sim10^{-8}$
热阻规	$10^5\sim10^{-3}$	冷规	$10^{-1}\sim10^{-5}$
电离真空规	$10^{-1}\sim10^{-5}$	冷规	$1\sim10^{-11}$

总　结

本章学习了真空镀膜一般性过程及真空镀膜特点和分类，认识了真空镀膜发展及其广泛应用。为便于非真空专业同学更好地学习后续章节，本章介绍了真空及真空镀膜系统的基础知识，以及常用真空镀膜系统主要组成元件泵和真空规的原理、特点和应用。

参考文献

[1] Hawkeye M M，Brett M J. Glancing angle deposition：Fabrication，properties，and applications of micro-and nanostructured thin films. Journal of Vacuum Science & Technology A，2007，25 (5)：1317-1335

[2] Robbie K，Sit J C，Brett M J. Advanced techniques for glancing angle deposition. Journal of Vacuum Science & Technology B，1988，16 (3)：1115-1122

[3] 章壮健. 薄膜. 上海：复旦大学讲义，1985

[4] Zhang K X，Wang W，Zhao J H，et al. Hydrophilicity difference of TiO_2 thin films induced by different plasmas. 18th International Vacuum Congress，Beijing，2010

[5] 郭鸿震. 真空系统设计与计算. 北京：冶金工业出版社，1986

[6] 杨乃恒. 真空获得设备. 北京：冶金工业出版社，2001

[7] 干蜀毅，朱武. 真空测量与控制. 合肥：合肥工业大学出版社，2008

[8] 王欲知. 真空技术. 成都：四川科学技术出版社，1985

第二章 真空镀膜成膜过程①

真空镀膜有 3 个基本要素：真空环境、膜材和基体。真空镀膜过程基本可以分为膜材气化、真空输运和薄膜生长三个过程。其中，前两个过程因镀膜方式不同差异很大，将在后续章节中分别介绍；薄膜生长过程对不同镀膜方式来说基本相同。本章在介绍具体镀膜方法之前首先介绍真空镀膜成膜过程。

2.1 薄膜生长简介

真空镀膜中气化的膜材原子经过真空输运到达基体表面，将在基体表面形成所需的薄膜。原子到达基体表面后，其状态是怎样的呢？是停留在表面上，还是在表面运动？大量的实验研究表明，原子在到达基体表面后并不是停留在到达的位置处，而是在表面做各种运动，最终可能留在基体表面形成薄膜。图 2-1 表示了到达表面原子的各种运动状态。

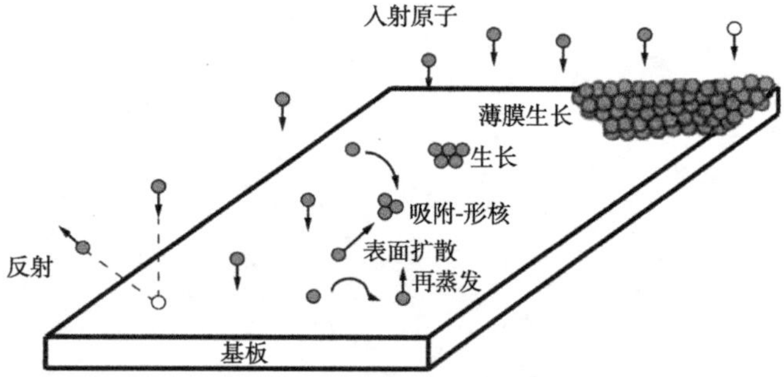

图 2-1 薄膜的形成过程示意图

射向基板表面的原子、分子与表面碰撞，其中一部分被反射，另一部分到达固体表面时与固体表面原子相互作用，在很短时间内失去垂直于固体表面的速度分量而不能离开表面，这些原子在自身所带能量及基板温度所对应的能量共同作用下，在基体表面做跳跃式运动，这个过程称为表面扩散（surface diffusion）或表面迁移（surface migration）。原子在扩散的过程中有可能从表面或从后续到达的原子那里获得能量而离开表面，这个过程称为脱附（desorption）。扩散的原子也可能吸附

① 本章涉及的内容是基础性知识，是多年的沉淀和积累，无法考证原始理论和图片出处，所以本章没标示参考文献。

(absorption) 在表面的某个点处，或遇到其他原子时，结合成原子对，并可能由于有其他原子的加入而进一步形成稳定的核 (core)，核逐渐长大形成岛 (island)，岛之间相互合并，最后形成连续的薄膜，这是最常见的岛状膜的生长过程。

2.2 固体表面

固体内部原子之间通过价键力相互作用达到平衡，而在固体表面，由于固体连续性被终止，表面原子朝固体内侧一面有原子键合，而朝向空间一侧没有原子键合，所以表面原子处于非平衡状态。不过，表面原子会调整各自的位置达到一个新的平衡状态，如图 2-2 所示，图 2-2 (a) 称为重构，图 2-2 (b) 称为弛豫。所谓的"重构"指表面原子与内部原子在深度方向距离不变，而表面原子之间的横向距离与体内不同。弛豫则指表面原子横向距离不变，但是表面原子层与块体内部原子层之间距离不同。发生重构或弛豫的表面会有部分剩余价键力，包括离子键力①，共价键力②和金属键力③，这些力是薄膜生长的重要力量。

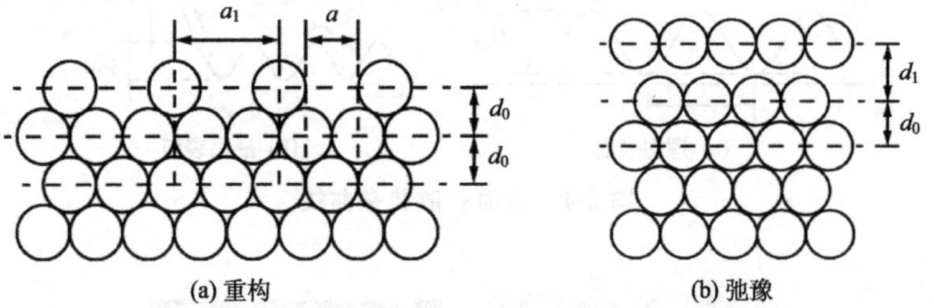

图 2-2　表面原子示意图

另外，上述表面是一种理想表面，真实的固体表面除非经过特殊处理，一般都不会是原子级平整完整无缺的平台表面 (terrace)，而是存在各种缺陷。缺陷处表面能高，到达缺陷处的原子基本上被限制而不能离开，从而对原子成核有很大影响，所以本节简单地介绍固体表面的一些知识。固体表面通常用 terrace-step-kink (TSK) 模型描述，如图 2-3 所示。表面存在台阶 (step)、弯折 (kink) 和点缺陷，点缺陷包括空位 (vacancy) 和顶戴原子 (adatom)，另外还有顶戴双原子 (ad-dimer) 和岛 (island) 等。

原子在表面扩散会受到表面的阻力，无缺陷表面扩散势垒 (用 Q_{dif} 表示) 均匀，如图 2-4 (a) 所示。如果表面有缺陷，那么表面缺陷处势垒较无缺陷处高，如图 2-4 (b) 所示，到达缺陷处的外来原子难以越过势垒 (Q'_{dif})，所以在表面扩散的

① 离子键力：存在于气体分子与金属表面之间。没有方向性、饱和性。
② 共价键力：存在于非金属原子与非金属表面之间。有方向性和饱和性。
③ 金属键力：存在于金属原子与金属表面之间。没有方向性和饱和性。

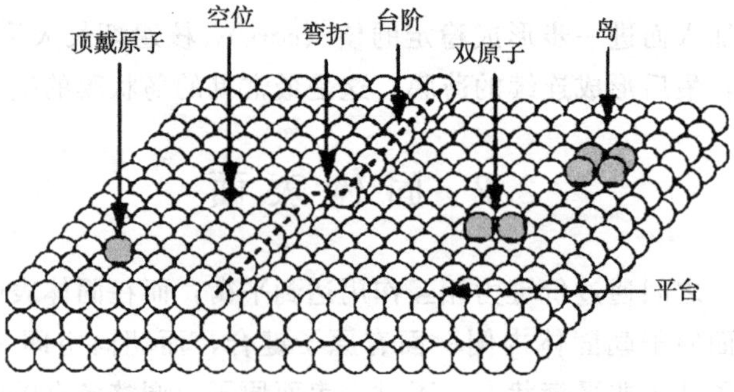

图 2-3　固体表面 terrace-step-kink（TSK）模型

概率减小，因此缺陷处通常是到达表面的原子最容易停留的地方。图 2-5 是用表面隧道显微镜（STM）观察到的到达表面的原子在表面上的状况，是无机原子沉积早期图像，可见大部分原子停留在点缺陷附近和台阶处。

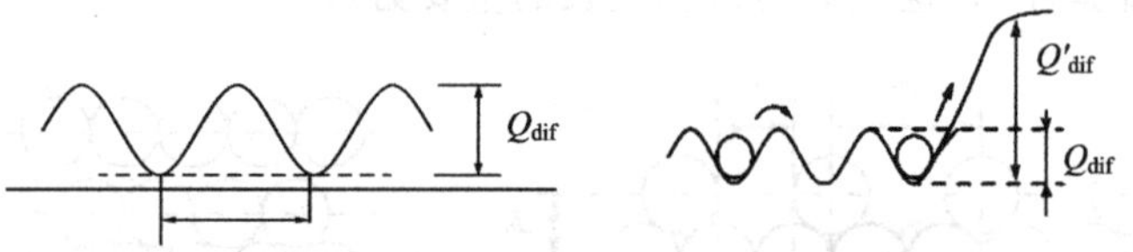

(a) 理想表面　　(b) 缺陷表面

图 2-4　表面扩散势垒曲线

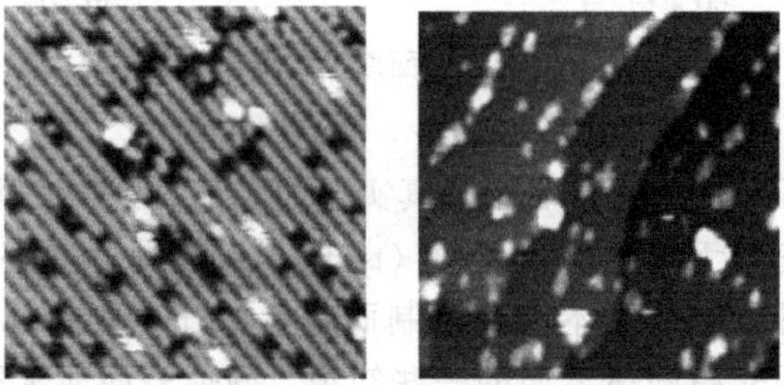

(a) 原子停留在点缺陷处　　(b) 原子停留在台阶处

图 2-5　固体表面成膜初期，表面原子扫描隧道显微图像

2.3　薄膜生长过程

如前所述，到达基板的原子可能由于失去垂直于基板方向的动量而不能离开表面，这些滞留在表面的原子并不是固定在表面不动，而是在表面做扩散或迁移运动，或者即使是被钉扎在某一点，原子也会振动和转动。在这个过程中，原子

有可能从表面脱附，也可能遇到其他原子，相互结合形成稳定的核，并进一步生长，最后形成连续的膜层。每个过程都伴随着能量的变化，下面从热力学角度进行分析。

2.3.1 吸附

吸附包括物理吸附和化学吸附，下面详细说明。

1. 物理吸附

物理吸附是指原子之间由于范德瓦尔斯(van der Waals)力的作用而发生的吸附。范德瓦尔斯力存在于任何原子之间，既可以发生在膜材原子与基体原子之间，也可以存在于膜材原子之间，因此物理吸附可以是多层吸附。由于物理吸附的吸附热比较小，一般为10kcal/mol左右，所以物理吸附容易被破坏。

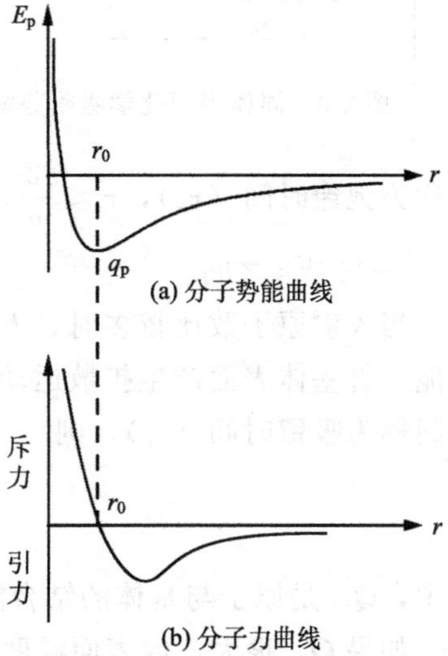

图 2-6 分子势能和范德瓦尔斯力

范德瓦尔斯力在远距离时为偶极矩吸引力，而近距离时表现为反抗穿透电子云排斥力，总的势能 E_p 随距离 r 变化关系如图 2-6（a）所示，而力随距离的变化如图 2-6（b）所示。

假设一原子从远处飞向表面，随着原子不断接近表面，其总的势能不断降低。设原子距表面距离为 r_0 时，受到的引力和斥力相等，势能达到最低值，这个位置就是原子在表面的平衡位置，原子将以这个位置为中心，如同一个谐振子一般发生振荡，如图 2-7 所示。这时，原子放出的总能量称为物理吸附热，使这个原子发生脱附的能量称为脱附能（E_d），物理吸附的脱附能与吸附热数值相当。

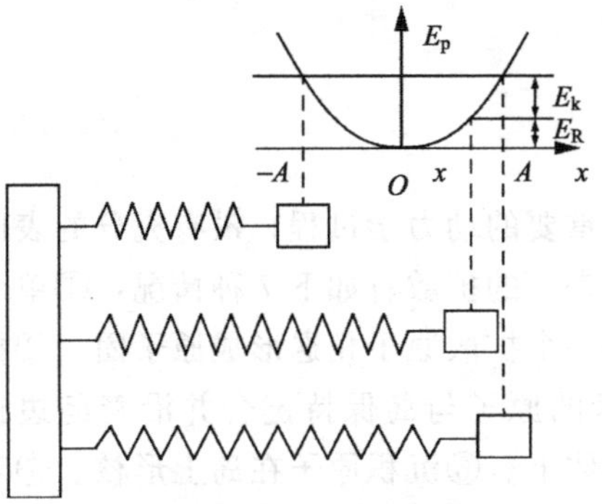

图 2-7 吸附在固体表面的原子振动模型

2. 化学吸附

化学吸附是吸附原子和固体表面原子之间由于剩余价键力的作用而形成的吸附，其特征是吸附原子与固体表面原子之间有电子转移或电子云重叠。化学吸附势能曲线如图 2-8 所示，当膜材原子到达基体表面时，首先发生的是物理吸附过程，如果原子经过物理吸附后仍然具有较大的能量，能够越过化学吸附势垒（E_a），就能够进入更加稳定的化学吸附状态，同时放出能量 q_c，q_c 称为化学吸附热。化学吸附热通常在100kcal/mol左右，所以化学吸附相当牢固。要使化学吸附的原子发生脱附，

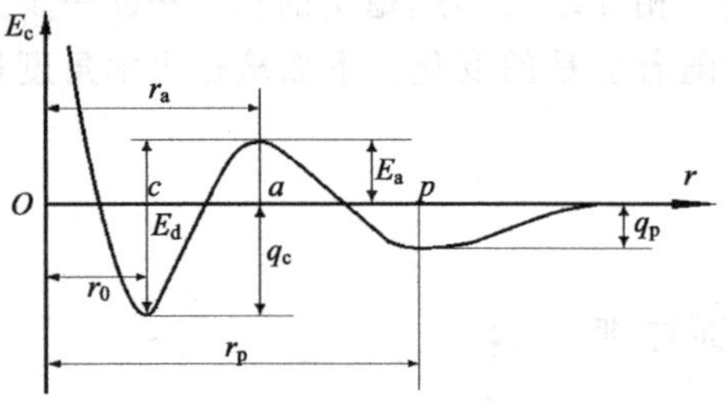

图 2-8　固体表面化学吸附势能曲线

提供的能量必须大于或等于 $E_d=q_c+E_a$，其中 E_d 称为化学脱附能，指吸附原子发生化学脱附所需的最低能量。

真空镀膜中要尽可能创造条件，使膜材原子与基体原子之间形成化学吸附，这样才可以形成附着力强的薄膜。

3. 吸留时间

入射原子与基体达到热平衡所需时间称为弛豫时间（τ_e），$\tau_e\leqslant\frac{2}{\upsilon}$，$\upsilon$ 为原子在基体表面振动或跳跃频率，τ_e 一般在 $10^{-13}\sim10^{-12}$ s 之间。

当入射原子数比较多时，入射原子在基体表面将失去它的绝大部分能量，这时只能沿着基体表面产生扩散运动，也有可能再次离开表面。原子在表面滞留的平均时间称为吸留时间（τ_s），则

$$\tau_s=\frac{1}{\upsilon}\exp\left(\frac{Q_{des}}{kT}\right) \tag{2-1}$$

式中，Q_{des}是原子与基体的结合能，k 是玻耳兹曼常数，T 为绝对温度。

如果 Q_{des}很大，或表面温度比较低，使 $Q_{des}\gg kT$ 成立，则 τ_s 很大，那么原子在表面滞留的时间比较长，原子离开表面的概率小。如果 $Q_{des}\sim kT$，则吸附原子在表面滞留的时间很短，有可能很快离开表面，使凝聚系数小于 1。Q_{des}值与化学脱附能 E_d 相等。

2.3.2　扩散和脱附

1. 表面扩散系数（D_s）

在薄膜生长过程中，原子扩散是一个极为重要的动力学过程，没有充分的表面扩散运动，就不可能获得均匀的薄膜。原子在表面的扩散有如下 7 种情况：①单个原子在基体表面上的扩散。②扩散原子与另外一个扩散原子相遇形成原子团。③扩散原子被基体上已存在的岛所俘获。④岛边缘的原子与岛保持键合并沿着岛边扩散。⑤直接沉积在岛上的原子扩散后再落到基体上。⑥沉积原子在岛上形核。⑦双原子（dimer）或多个原子组成的原子团在表面集体扩散。图 2-9 描述了部分情况。

如 2.2 节所述，表面上各点的能量状态并不一样，吸附的原子必须具有克服所在位置处表面扩散势垒，才有可能通过这个势垒，从而进入下一个吸附位。这个势垒的高度就是原子在表面做跳跃扩散所需要的激活能，称为扩散激活能（Q_{dif}）。对于平整表面，表面扩散系数（D_s）与表面扩散激活能之间的关系如下：

$$D_s=a^2\upsilon\exp\left(-\frac{Q_{dif}}{kT}\right) \tag{2-2}$$

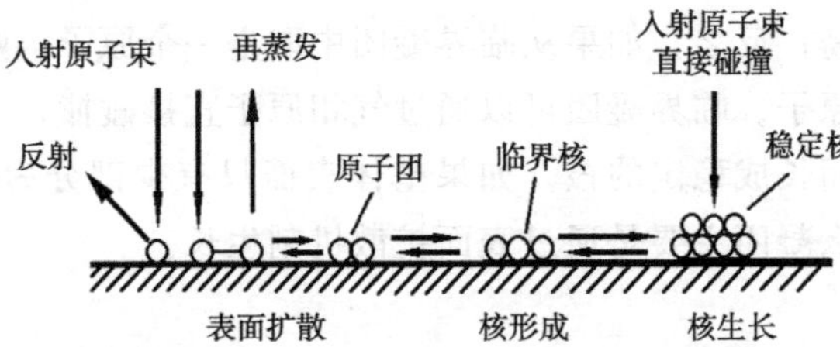

图 2-9 原子在表面扩散及薄膜生长过程

式中，a 为常数，表示两个吸附位之间的平均距离，由表面性质和状态决定；k 是玻耳兹曼常数，T 是绝对温度。根据式 (2-2)，表面扩散激活能越大，扩散系数就越小；表面温度越高，扩散系数越大。

2. 扩散长度 ($\bar{X}$)

根据扩散理论，原子在无缺陷表面停留期间，在表面做扩散运动的平均扩散距离可以表示为

$$\bar{X}=\sqrt{2D_s\tau_s}=\sqrt{2}a\ \exp\left(\frac{Q_{des}-Q_{dif}}{2kT}\right) \tag{2-3}$$

在成膜过程中，Q_{des} 和 Q_{dif} 起着非常重要的作用：Q_{des} 越大，原子在表面停留的时间越长，平均扩散距离也越大，而 Q_{dif} 越大，扩散越困难，所以平均扩散距离越小。Q_{des} 通常比 Q_{dif} 大，如图 2-10 所示。

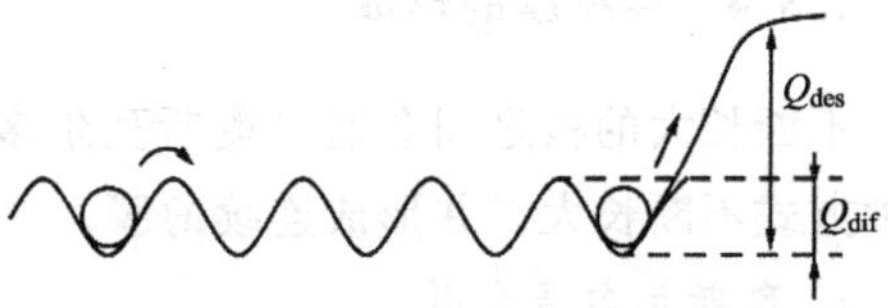

图 2-10 原子在表面扩散和脱附的能量示意图

3. 脱附概率

一个吸附原子重新蒸发的概率称为脱附概率 (ω)，则

$$\omega\propto\frac{1}{\tau_s}=\upsilon\exp\left(-\frac{Q_{des}}{kT}\right) \tag{2-4}$$

当金属原子吸附在金属上时，Q_{des} 很大，或是当温度 T 极低时，$Q_{des}\gg kT$，这时 ω 很小，所以原子重新蒸发的概率小，则容易成膜。有些基体，如玻璃和塑料，Q_{des} 很小，这时 ω 很大，原子重新蒸发的概率大，所以难以成膜。

2.3.3 成核

到达表面的原子在表面扩散，碰到其他原子时，形成原子对 (dimer)，再有一个原子加入就形成一个团簇 (cluster)。不论是原子对，还是原子团簇都有可能解离，但是当原子团的尺寸超过一定值后，就形成了不再解离的稳定核，这个尺寸称为临界直径 (critical diameter)，对应的原子团称为临界凝团。临界凝团指的是若

再有一个外来原子加入，则凝团变得更加稳定而不会解离，而且凝团越长越稳定，直到长大成永久的岛；反之，如果从临界凝团中取走一个原子，则凝团就倾向于解离，直到变成单个原子。临界凝团可以通过气相原子直接碰撞，或由表面吸附原子通过表面扩散加入而长成稳定的核。如果基体表面只有少部分为临界凝团所覆盖，如在成膜初期，那么凝团主要是通过表面扩散机制生长。

1. 成核密度

成核密度与原子在表面的扩散距离 X 有关，如果两个核的距离比原子在表面的扩散距离小，那么到达表面的原子不会再形成新的核，而是加入已经形成的核，促使核长大。这个过程在电子显微镜下就能看到。当两个核之间的距离比原子在表面扩散距离大时，到达表面的原子会形成新的核。

2. 临界半径

临界半径由膜材和基体性质决定，临界半径越大，成膜越困难而且膜越容易呈岛状生长；临界半径越小，成膜越容易而且膜越容易呈层状或接近层状生长。如在室温下，以 0.1nm/s 速率在玻璃上沉积银，临界半径约为 4.6nm。如果沉积钨，临界半径只有 0.13nm，所以钨比银更容易形成连续膜，形成的膜表面平整，粗糙度小，而银以岛状模式生长。

2.3.4 连续膜的形成

不断长大的核之间会通过奥斯瓦尔多（Ostwald）合并、凝团扩散合并和熔接三种方式不断长大，并形成连续薄膜。

1. 奥斯瓦尔多合并

设想在形核过程中已经形成了各种不同大小的许多核。随着时间的推移，较大的核依靠吸收较小的核而长大，如图 2-11（a）所示。在这个过程中，小核的原子

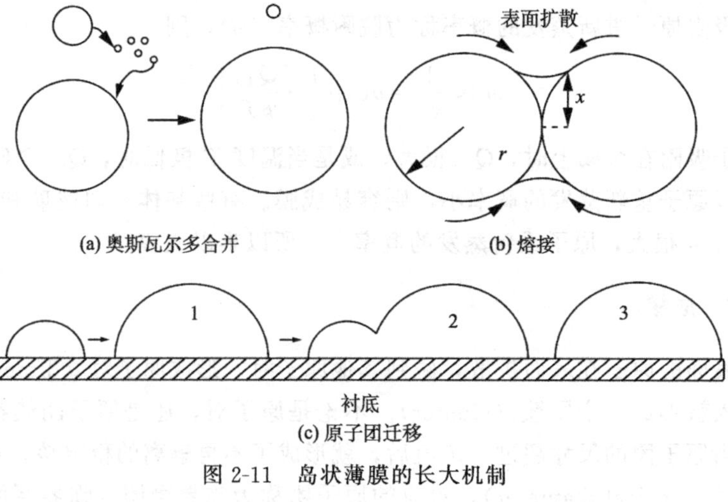

图 2-11　岛状薄膜的长大机制

不断扩散加入到大核中，这个过程称为奥斯瓦尔多合并。奥斯瓦尔多合并驱动力来自岛状结构的薄膜自动降低表面自由能的趋势。

2. 熔接

在极短的时间内，两个相邻的核心（通常大小相差不大）都通过原子扩散而实现两个核的直接接触，如图 2-11（b）所示。表面自由能的降低趋势仍是整个过程的驱动力。

3. 原子团迁移

在基体上的原子团还具有相当的活动能力，它们能够以一个整体在表面迁徙，如图 2-11（c）所示。场离子显微镜已经观察到含有两三个原子的原子团迁移现象，电子显微镜也观察到在基体温度不是很低的情况下，50～100 个原子组成的原子团在表面自由平移、转动和跳跃。原子团在迁移的过程中，遇到其他的原子团，就可能加入其中或与之合并，促使核长大。原子团迁移是由热激活驱动的，激活能与原子团半径 r 有关，r 越小激活能越低，原子团迁移越容易。

图 2-12 是实验中拍摄到的熔接过程，凝团的合并速度非常快。

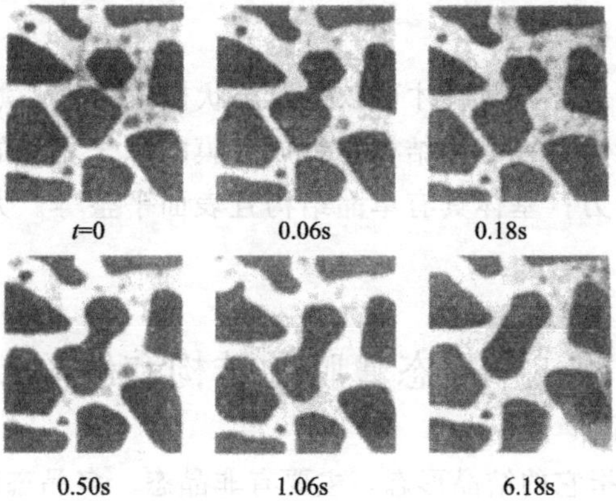

图 2-12　相邻核的熔接

2.4　薄膜生长的三种模式

前面以岛状膜为例，讨论了薄膜的生长，其实薄膜在基体上生长可以有 3 种方式，如图 2-13 所示。

（1）岛状生长（Volmer-Weber 机制）。当被沉积的原子或分子之间的结合能大于其与基体原子的结合能时，薄膜容易按岛状生长。金属在非金属基体上生长大多是这种模式。原子在基体表面先形成各个孤立的岛，随后这些岛不断长大、合并，形成连续的薄膜。

(2) 层状生长 (Frank-van der Merme 机制)。在合适的条件下，薄膜从形核阶段开始即采取二维扩展模式，原子沿基体表面铺开，一层生长完成后，再生长第二层，且一直保持这种层状生长模式。

(3) 先层状生长，再岛状生长 (Stranski-Krastanov 机制)。在初期生长阶段，原子按照层状生长，但是由于薄膜与衬底之间晶格常数不匹配，随着沉积的原子层数的增加，薄膜应变能（应力）逐渐增加。为了松弛这部分能量，薄膜在生长到一定厚度之后，生长模式转化为岛状模式。

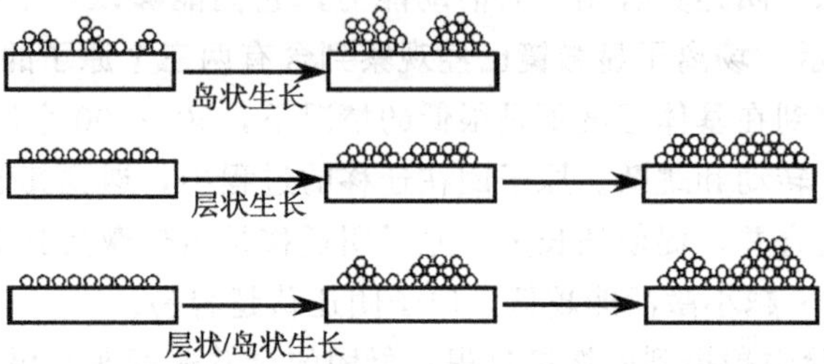

图 2-13　薄膜生长三种模式

必须满足一定的条件，薄膜才可以按照层状模式生长，如构成薄膜的物质与基体具有相似的化学性质或晶态结构；组成薄膜的原子之间的凝聚力小于它们同基板原子之间的结合力；基体具有单晶结构且表面平整等。大多数的薄膜都是按照岛状模式生长。

2.5　固态薄膜的结构和缺陷

薄膜的结构通常指它的结晶形态，主要有非晶态、多晶态和单晶态三种结构。

1. 单晶结构

单晶薄膜指组成薄膜的原子有序地周期排列。图 2-14 (a) 是单晶硅的模型结构图，每个硅与 4 个相邻的硅原子共价结合，键长和键角都固定，这样的微结构在空间重复排列，就形成晶态硅。图 2-14 (b) 是单晶二氧化硅的模型图，每个氧原子和两个硅原子结合，每个硅原子与 4 个氧原子结合，键长和键角都保持一定的值。单晶薄膜通常只有在单晶基体上才可以制备，并且对沉积温度和沉积速率有一定的要求，沉积速率小，基体温度比较高，原子才会有足够的时间迁移到合适的位置，形成单晶薄膜。

2. 非晶态结构

非晶态结构有时也称为无定形态或玻璃态结构，从原子排列情况来看，它是一种无序结构，图 2-14 (c) 是非晶态二氧化硅的模型图，尽管组成薄膜的原子种类与图 2-14（b）所示的相同，但是结构上，Si—O 键的键长和键角值都不是固定不变的。

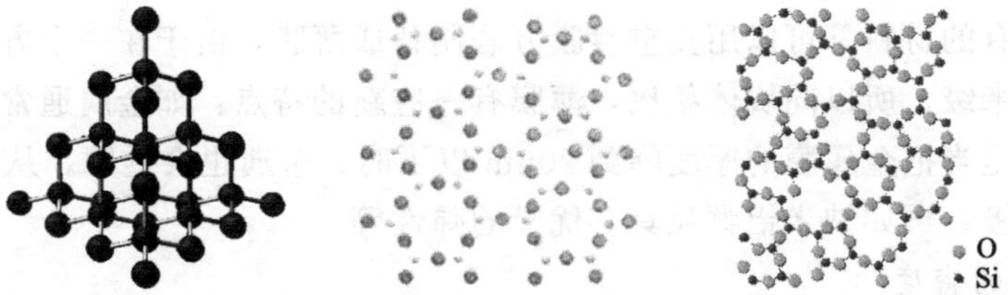

(a) 单晶硅　(b) 单晶二氧化硅　(c) 非晶态二氧化硅

图 2-14　薄膜晶体结构示意图

3. 多晶态结构

多晶态薄膜指原子只在局域内有序排列，而整体呈无序状态。通常岛状生长的薄膜都是多晶薄膜，由一个个大小不等的晶粒组成，晶粒之间有晶界。

简单地说，单晶薄膜的原子呈长程有序排列，非晶态薄膜的原子呈短程无序排列，而多晶态薄膜则是短程有序、长程无序状。

4. 薄膜缺陷

薄膜中经常会有缺陷，这种缺陷对单晶膜的影响比较大。晶态结构主要缺陷类型有点缺陷、位错、晶界和堆垛层错等。点缺陷分空位和填隙，空位指某个格点的原子缺失，如图 2-15（a）所示，而填隙是指在正常的晶格中有多余原子存在，如图 2-15（b）所示。另外，还有替位杂质和填隙杂质，替位杂质指其他非组成薄膜的外来原子取代了组成薄膜的原子，如图 2-15（c）所示。硅单晶掺杂硼元素，硼原子占据硅原子的位置，称为替位掺杂。填隙杂质指外来原子不是占据晶格原子的位置，而是填充在晶格原子间隙之中。

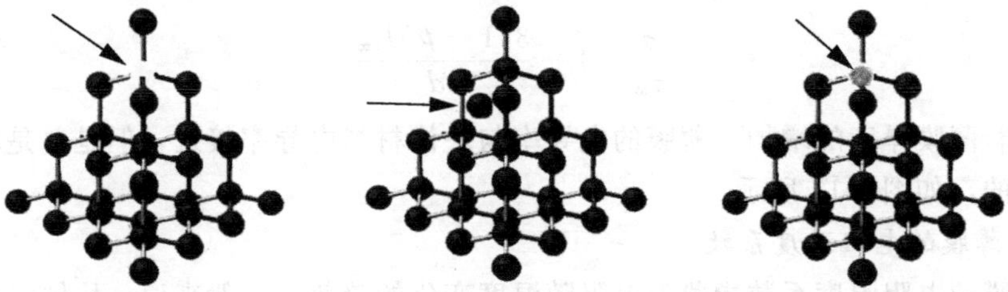

(a) 空位　(b) 填隙　(c) 替位杂质原子

图 2-15　晶态薄膜中点缺陷示意图

2.6 固体薄膜的性质

几乎所有的材料都可以用真空镀膜方法制备成薄膜，由于在一个方向上尺度降到微米或纳米级，所以同块体相比，薄膜有一些新的特点：如金属通常是导电而不透明的，但是当把金属膜的厚度降到 20nm 以下时，金属也会透明，从而可以用作透明导电电极；再如纳米铝颗粒具有优异的弹性等。

1. *薄膜的密度*

大部分薄膜都含有孔洞，如图 2-16（a）所示，所以薄膜密度比块体材料密度小。薄膜材料经过一段时间存储后，薄膜中的原子会调整位置，使孔洞减小或消失，膜变得更加密实，因此厚度也会相应地减小。如图 2-16（b）所示为蒸发形成的 Au 薄膜的电阻率和膜厚随时间的变化。

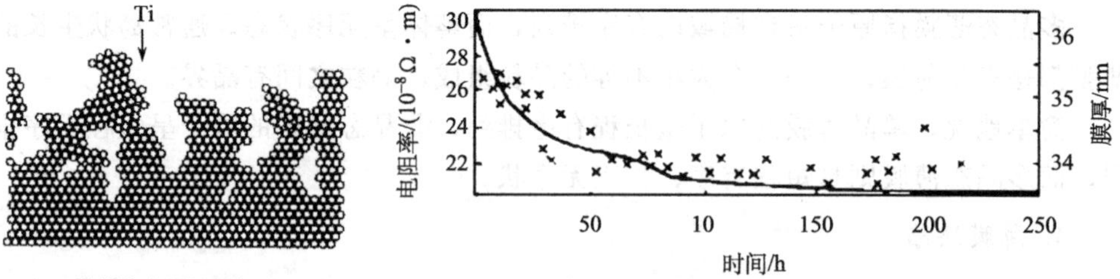

(a) Ti膜结构中孔洞示意图

(b) 蒸发形成的Au薄膜的电阻率和膜厚随时间的变化
— 电阻率；× 为膜厚

图 2-16 薄膜孔洞结构及孔洞消失过程中电阻率和膜厚的改变

2. *薄膜的电导率*

由于薄膜界面、晶粒界面散射，薄膜的电导率通常小于块体的电导率。假设 σ 和 σ_∞ 分别为薄膜和块体材料的电导率，d 表示薄膜厚度，L_∞ 表示块体材料的电子平均自由程，p 表示电子的镜向反射部分，那么它们之间有下列关系：

$$\frac{\sigma}{\sigma_\infty}=1-\frac{3(1-p)L_\infty}{8d} \tag{2-5}$$

随着薄膜厚度的增加，薄膜的电导率与块体材料电导率接近，但是总是小于块体材料的，如图 2-17 所示。

3. *薄膜的电阻温度系数*

薄膜的电阻温度系数指薄膜电阻随温度变化的趋势。一般来说，块体材料的电阻随着温度的升高而增大，电阻温度系数为正。但是，薄膜的电阻温度系数随着厚度的增加经历从负到正的变化。图 2-18 表示玻璃基体上蒸镀不同厚度的钛膜，其电阻随温度变化情况。纵坐标表示相对于室温（25℃）时电阻值的变化，对于30～40nm 的薄膜，随着温度的升高，温度系数为负，即随着温度的升高，薄膜电阻逐

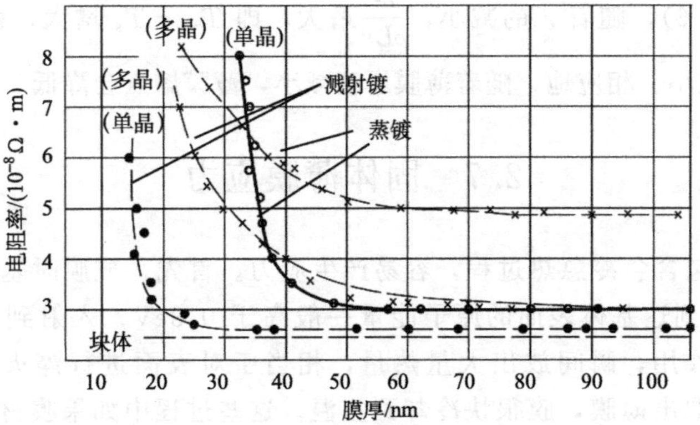

图 2-17 薄膜电阻率随薄膜厚度的变化

渐减小。对于 480nm 厚的薄膜，其温度系数为正，即随着温度的上升，薄膜的电阻不断增大。这是由薄膜的多孔结构决定的，膜越薄，孔洞效应越明显，如厚度为 30～60nm 的薄膜，随着温度上升，一方面电子运动速度会增加，另一方面薄膜中原子会调整自身位置，使膜趋向于致密，利于电子输运，所以电阻会减小，即电阻温度系数为负。对于厚膜，如厚度为 480nm，此时膜已经是连续膜，电子输运的通道畅通，升高温度，只会增加电子与晶格之间的碰撞概率，所以电阻会增加，电阻温度系数为正值。

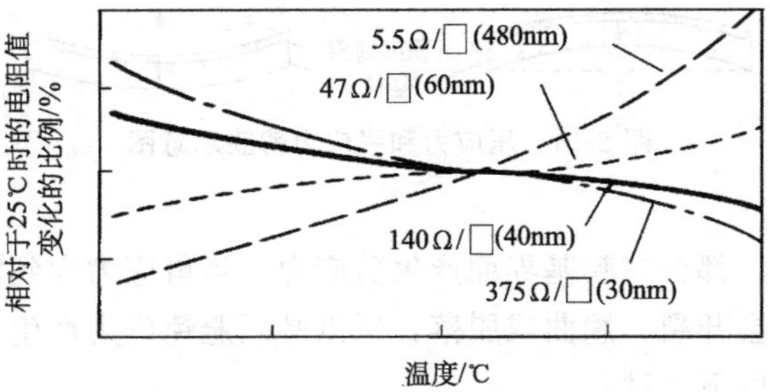

图 2-18 薄膜的电阻随温度的变化

4. 薄膜的熔点

薄膜熔点或燃点比块体材料低，设 T_s 和 T_m 分别表示小球和块体熔点，ρ 表示固体密度，L 表示溶解热，r 表示小球半径，ε 为液相-固相界面能，它们之间有下述关系：

$$\frac{T_m - T_s}{T_m} = \frac{2\varepsilon}{\rho L r} > 0 \tag{2-6}$$

根据式（2-6），随着 r 的减小，$\frac{2\varepsilon}{\rho L r}$增大，即 $T_m - T_s$ 增大，由于 T_m 不变，所以 T_s 不断减小。相应地，随着薄膜厚度减小，薄膜熔点会降低。

2.7 固体薄膜应力

真空镀膜包含急冷急热过程，容易产生应力。首先，成膜时基体温度一般低于 1000℃，而到达基体表面的原子能量一般高于 0.3eV，入射到基体表面的粒子与表面相互作用，瞬间放出大量热量，相当于对表面进行淬火。其次，成膜后，从真空室取出薄膜，膜很快冷却到室温。这些过程中如果膜材和基体的热膨胀系数不同，就会产生热应力。再者，在成膜过程中，包含核或凝团的合并过程。合并时膜表面能减小，表面积缩小，但是由于膜材原子与基体原子之间的相互作用，基体会阻止膜材的凝聚和收缩，从而产生应力，有些书称此种应力为淀积内应力。另外一种淀积内应力指由于高能粒子轰击基体或膜，造成膜永久变形而产生的应力。最后，薄膜暴露大气时由于氧化作用，也会产生应力，称为附加内应力。

应力分成压应力和张应力，具有压应力的薄膜有沿薄膜表面伸张的趋势，使基体向外凸起；具有张应力的薄膜有沿薄膜表面收缩的趋势，而使基体凹陷，如图 2-19 所示。

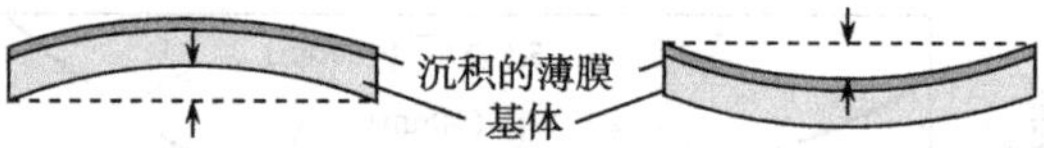

图 2-19　压应力和张应力薄膜示意图

不论何种应力，都会在膜基界面产生剪应力，当剪应力大到能克服膜基界面间的附着力时，膜就会开裂、翘曲或脱落，所以必须避免应力产生。一般来讲，减小应力的方法主要有以下 4 种：

（1）合理选择基体温度，减小热应力影响。

（2）合理选择沉积速率，以使沉积的粒子携带的能量能够很快散掉，如果膜导热性能比较好，则沉积速率可适当增大。

（3）真空度要适当地高，否则残余气体会被埋入薄膜中，形成针孔或孔洞，暴露大气后，应力增加。

（4）成膜后采取保温措施，或进行热处理，可以有效消除附加内应力。膜形成后，等膜冷到室温再暴露大气，或对薄膜进行保温热处理，让薄膜中原子调整位置，都可以减小应力。

2.8 薄膜与基体的附着力

要获得高质量的薄膜，膜与基体的结合力必须牢固，即薄膜对基体的附着力必须大。影响附着强度的因素很多，提高附着强度的方法主要有以下5种：

(1) 提高基体表面清洁度。基体表面清洁度是影响膜基附着力的关键因素之一。2.9节专门讨论这个问题。

(2) 减小膜的应力。如前一节所述，膜的应力过大时，膜就会开裂、翘曲或脱落，所以必须减小应力。

(3) 适当提高基体温度。提高基体温度，不仅可以减小应力，还可以增强膜基结合力。加热基体一方面增加基体原子的活性，另一方面促进膜基界面原子扩散。这两种方式都可以增加膜与基体的附着强度。

(4) 提高表面活性。对于清洁的基体，如果由于基体本身的性质决定了膜和基体结合力弱，那么可以在成膜前对基体进行表面处理。如用氩离子轰击基体表面，氩离子轰击不仅除去表面吸附物和氧化层，更重要的是在表面形成悬挂键，这些悬挂键具有很强的活性，使得到达表面的原子易于与基体牢固结合，从而提高膜对基体的附着强度。

(5) 在基体上打底膜。对于上述情况，还可以选择打底膜的方式。如在玻璃基体上沉积银膜，由于玻璃与银之间结合力弱，难以形成附着强度高的膜，那么可以先在玻璃表面镀一层铬膜，再在其上沉积银膜，这样由于银膜与铬膜、铬膜与玻璃之间结合力强，使得银牢固地吸附在基体上。

2.9 基　体

1. 基体表面性能对成膜的影响

从前面的分析可以看出，基体本身对薄膜与其附着力有重大影响，基体表面Q_{des}和Q_{dif}决定了吸附时间、扩散长度和脱附概率。原子与基体的结合能（Q_{des}）大，原子在表面吸附时间长，才有可能遇到其他原子形成核，或加入到已经形成的核，促使核长大，利于成膜。但是，如果Q_{des}太大，则不利于大颗粒岛状膜形成。如在玻璃上沉积铝，由于铝与玻璃中的氧有化学作用，故Q_{des}大；金属原子沉积在金属基体上时，由于金属原子之间亲和力大，所以Q_{des}大，在这些情况下都不容易形成大颗粒岛状膜。另外，到达表面的原子在表面扩散，最容易被表面缺陷所捕获，因为这些区域不仅表面价键力大，而且扩散势垒Q_{dif}高，原子到达那里就难以离开，所以原子最先在表面有缺陷的地方沉积。因此，镀膜过程中需要合理处理基体。

对于特定的基体，对成膜影响最大的是基体表面的清洁度。基体在制备或机加工过程中会有油污染，即使是经过去油去脂处理的基片，裸露在大气中，也会有水蒸气、有机物和灰尘的污染。另外，硅或金属表面会有疏松的氧化层。这些污染物及疏松的氧化层降低基体表面 Q_{des}，使得膜和基体的附着力弱，膜容易脱落。基体表面吸附的油脂及油脂吸附的气体在真空室中是一种气源，破坏真空环境。所以，基体放进真空室之前必须进行严格的去油、去污和脱水处理。

2. 基体清洗方法

基体的清洗方法有很多种，而且不同的基片需要用不同的方法清洗，真空镀膜中常用的有下面一些方法。

1）化学试剂清洗

一般的基体都可以用化学试剂清洗。先用洗涤剂去油，然后对于金属基体用弱酸或弱碱浸泡，而对于玻璃则用王水浸泡，取出后再用大量的蒸馏水或去离子水冲洗，最后用氮气或电吹风吹干，储存于干净的容器中备用。

2）真空烘烤

对于用化学试剂清洗过的基片，特别是金属或合金基体，在存储过程中，表面会有吸附物，最好在真空室内镀膜之前，对之烘烤，使其表面吸附的气体解吸。

3）真空离子轰击

对于干净的金属基体，其表面有一薄层氧化物，可以采用辉光放电方法清洗，即在真空室中。充入 Ar 气，进行辉光放电。利用辉光放电产生的 Ar^+ 离子轰击基体表面，把表面吸附物及氧化层一起溅射掉，并通过抽气系统抽走。

4）紫外线或臭氧清洗

紫外线和臭氧可以分解有机物，从而可以有效地除去基体表面吸附的有机物。只要在镀前，将基片放进专用设备中，用紫外线或臭氧辐照几分钟即可。

清洗后的基体严禁用手直接接触，因为手指上的油脂和有机物会污染基体。实验人员必须戴上清洁的一次性塑料或橡胶手套，才可以接触基体。基体清洗好后最好是立即放入真空室中或清洁的储物盒中。

3. 三种常用的基体清洗程序

1）硅片

工业上集成电路使用的硅片清洗程序非常复杂，实验室中如果在硅基片上镀膜，可以将硅片置于浓硫酸和双氧水（2∶1 体积比）中，80℃煮 5～10min，待混合液冷却后，取出硅片，并用大量蒸馏水或去离子水冲洗，再用丙酮和酒精依次超声 5～10min，最后用氮气或干净的空气吹干即可。

2）玻璃基体

先用洗涤剂去污，然后用大量温度为 80℃左右的蒸馏水或去离子水冲洗，去除残留洗涤剂，再用丙酮和酒精分别超声 10min，最后用氮气或电吹风吹干即可。或用王水浸泡 24 小时，然后取出，用大量蒸馏水或去离子水冲洗，晾干即可。

3）金属基体

弱盐酸浸泡，取出后，用大量蒸馏水冲洗，吹干。再用丙酮和酒精依次超声

5～10min 即可。

总　　结

本章介绍了有关“表面”的基础知识，学习了膜材原子在基体表面运动及形成连续薄膜的过程，讨论了薄膜应力产生的原因及减小的方法，探讨了薄膜附着强度及提高附着强度的方法，最后强调了基体清洗的重要作用，并列举了常用清洗方法。这些基础知识和技术对于如何控制和优化镀膜参数，获得优质薄膜具有重要的指导意义。

第三章 真空蒸发镀膜

真空蒸发镀膜是最古老的真空镀膜技术之一，指在真空中，利用热能加热膜材，使膜材气化，在基体上形成薄膜的方法。关于真空蒸发镀的起源有不同的说法，爱迪生（Thomas Alva Edison）于 1884 年申请的一个关于“加热到炽热（heating to incandescence）”的专利被认为是蒸发镀的起源，其实爱迪生在这个专利里并没有提到真空蒸发镀。1887 年，R. Nahrwold 报道了真空中升华铂制备铂膜，有人认为这才是蒸发镀的起源。随着科学和技术的发展，蒸发镀的方式不断改进，由最初始的电阻蒸发镀发展出电子束蒸发镀、感应加热蒸发镀和脉冲激光蒸发镀等各种新型蒸发镀技术。同时，电阻蒸发镀也在不断改进，在分子束外延薄膜及有机薄膜制备方面发挥着重要作用。

3.1 真空蒸发镀膜原理

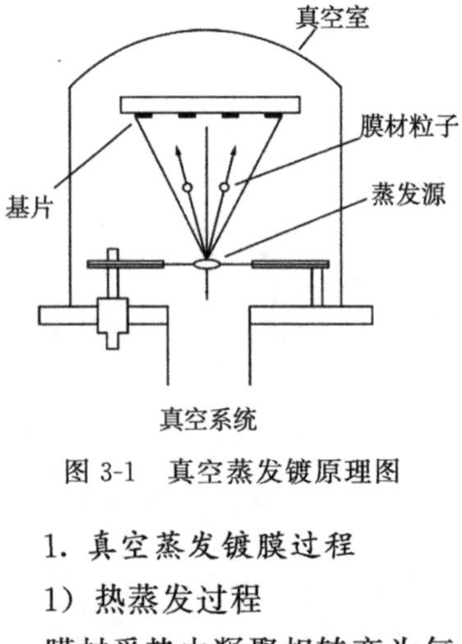

图 3-1 真空蒸发镀原理图

第一章提出真空镀膜有三个基本要素：真空度、膜材和基体，三个基本过程：膜材气化、气化的膜材原子在真空室内输运和膜材原子在基体表面成膜。对于具体的蒸发镀来说，其原理可以用图 3-1 表示，真空室中膜材置于蒸发源内，基片（或基体）放在基片架上，当真空室抽真空到 10^{-3}Pa 时，给蒸发源提供热量，膜材因温度升高而蒸发，蒸发出来的分子或原子将沿直线到达基体，并在基体表面吸附凝聚，形成薄膜。

1. 真空蒸发镀膜过程

1）热蒸发过程

膜材受热由凝聚相转变为气相的过程称为气化。一般认为膜材饱和蒸汽压为 1Pa 时对应的温度称为该膜材蒸发温度。

2）气化的原子在真空室内输运

从蒸发源蒸发出来的膜材粒子在真空室内飞行，到达基体表面的过程称为输运。膜材原子或分子从蒸发源出来时带着蒸发源提供的能量，在输运过程中，膜材原子或分子可能与真空室内残余气体原子发生碰撞而损失能量，不能到达基体或到达基体后不能形成高质量的膜，所以真空室的真空度必须足够高，以使平均自由程足够大，减少碰撞散射。一般来说，真空室压强需要低于 10^{-3}Pa。

3）蒸发原子在基片表面上沉积

一般来说，基板温度远低于蒸发源温度，而分子或原子从蒸发源蒸发出来，离开蒸发源时具有蒸发源的温度，这些分子或原子到达基板表面时将释放大量的热能，在很短的时间内与基体达到温度平衡，自身直接从气相转变到固相，凝聚在基体上成膜。其中，包含气态原子在基体表面凝聚、成核、核生长及形成连续薄膜等过程，这些在第二章已经阐述过，不再重复。

2. 真空蒸发镀中的真空度

真空蒸发镀膜过程中的真空度有如下 4 个作用。

1）增大平均自由程（λ）[1]

根据气体分子运动论，对于 25℃空气，气态原子的平均自由程 λ 和所处环境的压强 P 之间有下面关系式：

$$\lambda \approx \frac{0.667}{P} \tag{3-1}$$

式中，压强的单位是 Pa，平均自由程的单位为 cm。

如果真空室真空度不够高，膜材原子的平均自由程就小，膜材粒子在从蒸发源到基体的输运过程中，会和大量气体分子或原子碰撞而失去能量，到达基体时不足以形成稳定的化学吸附，从而与基体之间不能形成附着力强的薄膜。

在蒸发镀膜中，基片与蒸发源之间的距离称为蒸距，用 L 表示。假设单位时间从蒸发源出来的分子数为 N_0，无碰撞达到基体表面的分子数为 N，那么它们之间有下列关系：

$$\frac{N}{N_0} = \exp\left(-\frac{L}{\lambda}\right) \tag{3-2}$$

根据式（3-2），当 $L=\lambda$ 时，无碰撞到达基体表面的分子数约占总分子数的 37%。假设 $L=30$cm，当 $L=\lambda$ 时，真空室内真空度约为 2×10^{-2}Pa，即当真空室压强为 2×10^{-2}Pa 时，大约有 63%的分子都会经历碰撞。所以，镀膜时，真空室内压强一般低于 5×10^{-3}Pa。

2）膜材易于气化

真空度越高，膜材就越容易蒸发。在一个大气压下，铝必须加热到 2400℃才可以熔化继而蒸发，但是在 10^{-3} Pa 时，铝加热到 847℃就可以大量蒸发。加热到 847℃所需要的技术比加热到 2400℃简单，容易实现，同时消耗的能量也少。

3）减小膜材和加热源氧化

空气中加热，不论是膜材，还是盛膜材的元件（称为蒸发源），都有可能被氧化，造成蒸发源的损坏和对薄膜的污染。真空中加热，一方面真空中氧气和水汽的含量低，另一方面，真空中膜材熔化温度低，低温、低氧和低水份含量均使氧化率降低，所以膜材和加热装置得以保护。

4）减小残余气体污染

真空度越高，真空室内残余气体含量越少，与气化的膜材原子的碰撞次数越少，同时被埋到薄膜中的概率也会减小，所以可以获得高纯薄膜。

单位时间（秒）碰撞到单位基体面积（平方厘米）的分子数可以用余弦定理求出，即

$$N_{\text{in}}=\frac{1}{4}nv=\frac{P}{\sqrt{2\pi mkT}}=2.64\times10^{24}P\left(\frac{1}{T\mu}\right)^{\frac{1}{2}} \tag{3-3}$$

式中，P、T、μ 分别为真空室内气体压强、温度（K）和气态分子的摩尔质量。

设残余气体分子单位时间碰撞到单位基片的次数为 N_g，则

$$N_g=2.64\times10^{24}P_g\left(\frac{1}{T_g\mu_g}\right)^{\frac{1}{2}} \tag{3-4}$$

式中，P_g、T_g、μ_g 分别为残余气体的压强、绝对温度和分子量。

薄膜被残余气体污染的程度可以近似用 N_g/N_{in} 表示。当蒸发温度一定时，式（3-4）可以简化成

$$\frac{N_g}{N_{\text{in}}}=\frac{P_g}{P}\sqrt{\frac{T}{T_g}}K \tag{3-5}$$

式中，K 是常数。这样，薄膜污染程度可以用 P_g/P 来表示，显然降低 P_g 可以降低薄膜的污染程度。

因此，P_g 越低，薄膜的纯度越好，但是如果为了降低 P_g 使真空室达到超高真空状态，就必须对真空室进行烘烤，而烘烤时从真空室表面逸出的气体有可能会污染基体。另外，烘烤时有一个升温、维持温度和降温的过程，耗时较长，能源耗费更多。所以，通常不会把真空室真空度抽到超高真空状态，除非是需要镀制特殊性能的膜。对于一般的薄膜，真空室本底压强为 10^{-3} Pa 时，就可以不考虑残余气体的污染。

3. 真空蒸发镀蒸发源分类

各种真空蒸发镀膜系统大致相同，从装置方面讲均包含真空系统：真空室、真空抽气机组、充气系统、膜材气化源、基片及基片架、基片加热器和挡板，辅助设备如测控装置、监控装置、电机、冷却系统等，不同之处主要在于蒸发源。蒸发源是给膜材提供能量的装置，根据不同的能量提供方式，可以把蒸发镀分为：电阻蒸发镀、电子束蒸发镀、电感加热蒸发镀和脉冲激光沉积等。后续章节陆续介绍各种蒸发源。

3.2 电阻蒸发源

3.2.1 电阻蒸发源的原理

电阻蒸发源是利用电能直接或间接加热膜材的一种装置。电阻蒸发源通常用高

熔点、低蒸汽压、化学和机械稳定性好的金属、氧化物或氮化物，如钨、钼、钽、高纯石墨、三氧化二铝陶瓷、氮化硼陶瓷等材料制备而成。电阻蒸发源形状主要有丝状源、箔状源和坩埚，如图 3-2 所示。使用时，对于丝状源和箔状源，直接将蒸发源的两端用螺母固定到接线柱上即可。坩埚则通常是置于螺旋丝内，螺旋丝通电加热坩埚，然后坩埚将热量传给膜材。

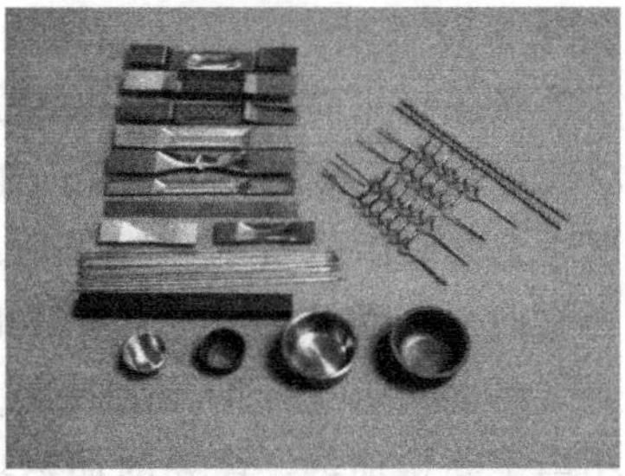

图 3-2　各种蒸发源的实体图

3.2.2　电阻蒸发源的结构

1. 丝状源

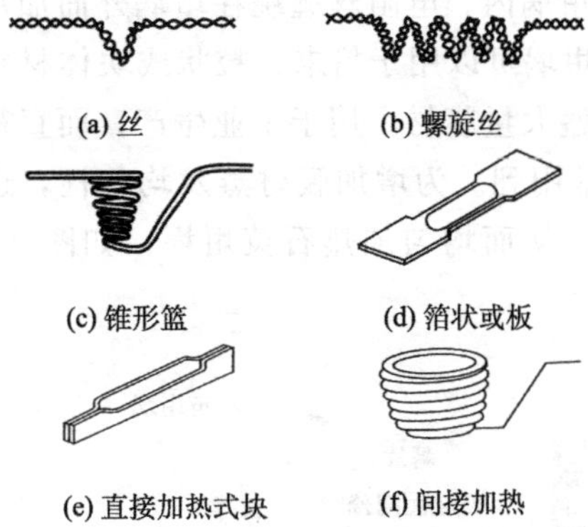

图 3-3　丝状源、箔状源和坩埚蒸发源

丝状源指用丝状钨、钼、钽等绕制而成的具有一定形状、可以承载并加热所承载膜材的一种蒸发源，常用的有 V 形、螺旋形、锥形或篮形，分别如图 3-3（a)、(b）和（c）所示。一般不用单股电阻丝，而是用多股电阻绞丝，一方面提高源的强度，另一方面扩大蒸发源有效表面积。

丝状源主要用于蒸镀丝状膜料，要求膜材熔化时必须与蒸发源材料相浸润。图 3-4（a）示出熔化的膜材与蒸发源材料相浸润、半浸润和不浸润三种状态，只有当熔化的膜材与蒸发源相浸润时，膜材熔化后才可能沿蒸发源表面铺展开来，均匀获得能量，从而均匀蒸发。如果不浸润，则膜材会在与热丝接触处熔断，从蒸发源上掉下来，而使蒸发终止。丝状膜材可以剪成段，横放在螺旋丝内，或缠绕在丝状源上。对于长度很短的丝状膜材，可以折成 V 字形，挂在螺旋蒸发源上，分别如图 3-4（b)、(c）所示。

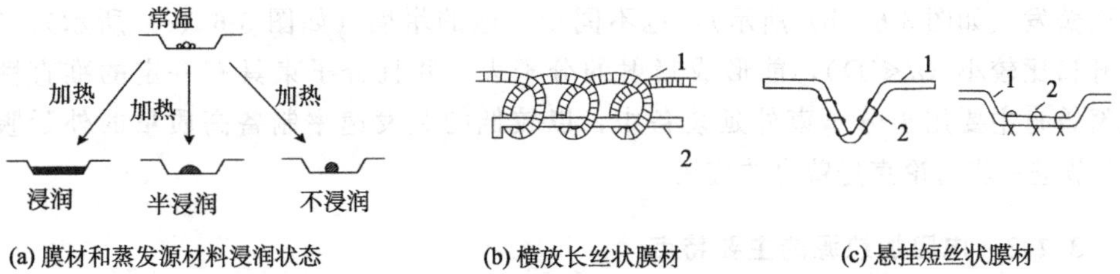

图 3-4　丝状膜材在丝状源中的放置方式

1-热丝；2-膜材

2. 箔状源

箔状源指用高熔点材料做成的类似舟状的蒸发源，如图 3-3（d）和（e）所示。箔状源可以用于蒸镀丝状材料、粉末状或颗粒状材料，但是箔状源的体积比较小，所以适合蒸镀膜材量不大的情况。丝状源和箔状源加热后会变脆而容易折断，特别是当它们与蒸发材料发生合金化时更是如此。如果在箔状源的内表面涂上氧化物涂层，则可以避免这种情况，但是这样处理后，因为膜材和源之间有一层氧化物，所以相当于间接加热，需要的加热功率增大较多。

3. 坩埚

由高熔点材料，如钼或钽、石英、石墨、氧化物陶瓷、氮化硼陶瓷等制成的一端封闭，一端开放的柱状蒸发源称为坩埚。坩埚是人类最早使用的蒸发源。图 3-2 中的坩埚是钼和钽坩埚，如图 3-5（a）和（b）所示分别为石墨坩埚和氮化硼坩埚。通常坩埚加热属于间接加热，即膜材放在坩埚内，电阻丝缠绕在坩埚外面加热坩埚，坩埚传热给膜材，如图 3-3（f）所示。坩埚可以用于粉末、粒状或块体材料的蒸发。坩埚容量可调性大，大的坩埚一次能盛大量膜材，用于工业生产，而直径小于 5mm 的石英坩埚，在表面科学实验中经常用到。为增加膜材蒸发均匀性，还可以把电阻丝穿行在氮化硼中，均匀加热 BN，从而均匀加热石英坩埚，如图 3-5（c）所示。

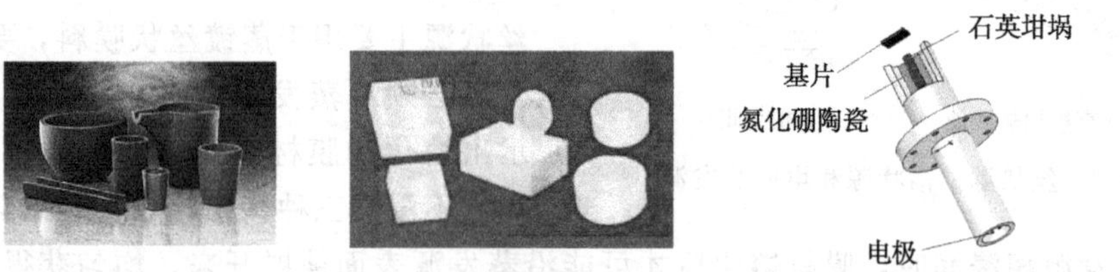

(a) 石墨坩埚　(b) 氮化硼坩埚　(c) 氮化硼陶瓷内嵌电阻丝加热

图 3-5　蒸发用各种坩埚

4. 克努曾舟

还有一种蒸发源，称为克努曾舟，如图 3-6（a）所示。这种蒸发源既不同于自由面蒸发（如图 3-6（b）所示），也不同于一般的坩埚（如图 3-6（c）所示）。它的开口比较小（$d \ll D$），能形成喷射的分子束，并且分子束具有一定的准直性。克努曾舟主要用于分子束外延装备中，以较低的蒸发速率制备高质量的外延膜，3.6 节进一步讨论克努曾舟的应用。

3.2.3　电阻加热源的主要特点

（1）膜材直接从蒸发源获得能量，它们之间的温度是平衡的，蒸发源自身材料存在一定的蒸发速率，所以薄膜可能受到一定程度的污染。

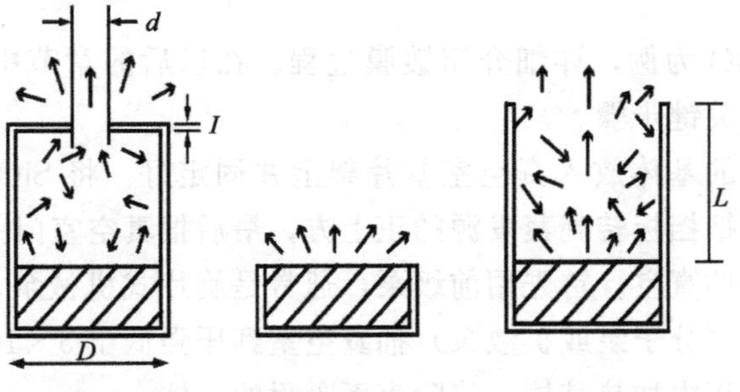

(a) 克努曾舟　　(b) 浅坩埚　　(c) 深坩埚

图 3-6　克努曾舟与普通坩埚示意图

(2) 电阻加热提供的能量密度有限，适用于熔点或升华点比较低的膜材蒸发，不能用于高熔点金属或氧化物的蒸发。

(3) 加热氧化物时氧化物易分解，加热合金时合金会发生分馏现象，使膜的成分与膜材成分不一致。

3.2.4 电阻加热真空蒸发镀的应用

1. 电阻加热真空蒸发源安装

对于丝状源和箔状源，直接将源的两端接到接线柱上。对于坩埚，通常将坩埚放在钨或钼螺旋丝加热器的内部，然后将螺旋丝的两端接到接线柱上。但是，对于克努曾舟形的加热源，稍微复杂一些，克努曾舟外面缠绕加热丝，然后放入不锈钢圆筒内，图 3-7 给出一些示例。

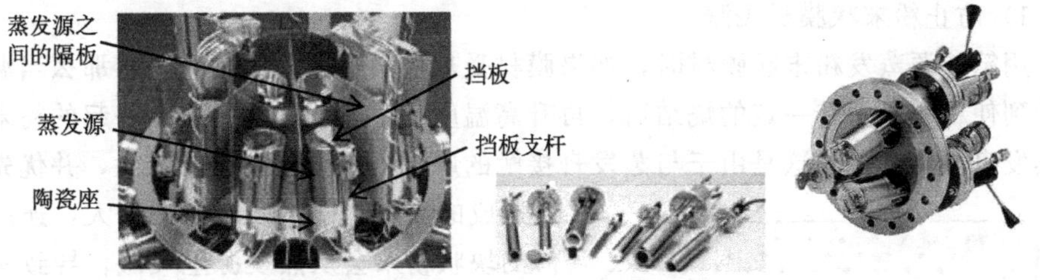

(a) 多源（每个蒸发源配一个挡板）　　(b) 单体微型蒸发源　　(c) Tectra公司三蒸发源

图 3-7　克努曾舟蒸发源实体图

2. 电阻加热真空蒸发镀薄膜种类

电阻蒸发镀适合镀低熔点金属或非金属膜及有机薄膜，如金、银、铝、锌及氧化锌或一氧化硅（SiO）等。有机膜升华点通常比较低，高能量加热时分子结构容易被破坏，所以最适合用电阻蒸发镀制备。真空电阻蒸发镀在各种有机器件，如有机发光二极管、有机太阳能电池等器件制备过程中发挥重要作用。

3. 镀膜过程

以蒸发粉末 SiO 为例，详细介绍镀膜过程。在以后的章节中还会介绍镀膜过程，但是将只介绍关键步骤。

(1) 将清洗后的基体放入真空室基片架上并固定好。将 SiO 粉末放进箔状源内，并稍稍压实，把挡板转到蒸发源的正上方，最后把真空室门关闭。

(2) 对真空室抽真空。首先用前级泵，通常是旋片式机械泵，抽真空室到 5Pa 左右，然后用主泵（分子泵或扩散泵）抽真空室到压强低于 5×10^{-3} Pa。

(3) 抽真空过程中加热基体，清除表面吸附的气体。

(4) 待真空室压强低于 5×10^{-3} Pa 时，对膜材预热预熔，这时真空室的压强会升高。

(5) 待真空室压强降到 1×10^{-3} Pa 以下时，增大蒸发源加热电流，使膜材蒸发。待蒸发速率稳定后，让基体架旋转，并打开蒸发源上方的挡板，膜材分子就会以稳定的速率沉积到基体上成膜。

(6) 达到需要的膜厚时，停止对蒸发源加热，并将挡板旋至蒸发源上方，停止基片架转动。再抽气 5～15min，关闭真空室主阀，停主泵，再停前级泵。

(7) 待蒸发源冷却到安全温度，向真空室充气，达到平衡压强后开启真空室门，取出样品，关闭真空室。

(8) 对真空室粗抽到 100Pa 左右，停电停水，镀膜结束。

如果是蒸发有机薄膜，需要注意蒸发源的升温速率。有机物蒸发温度通常在 200℃左右，蒸发源加热电流需要从很小的值慢慢增大，如果加热源升温速率过大，可能会导致蒸发速率不可控。

4. 电阻蒸发镀膜时的一些技术问题

1) 防止粉末状膜材飞溅

用箔状源蒸发粉末状膜材时，如果膜材受热后不是熔化而是升华，那么当温度上升到使粉末之间有一定的烧结后，再升高温度，由于烧结而粘连在一起的粉末会在蒸发舟内浮起来，这是由于与蒸发舟接触的底部粉末获得的能量最大，并优先蒸发造成的。如果此时升温速率过大，连成一体的块状粉末会从蒸发源里飞溅，导致实验无法继续。为避免这种现象的发生，可以在膜材表面增设一个带孔的盖子，如图 3-8 所示[2]，这样不仅可以防止膜材飞溅，而且还能够增加膜的均匀性[3]。

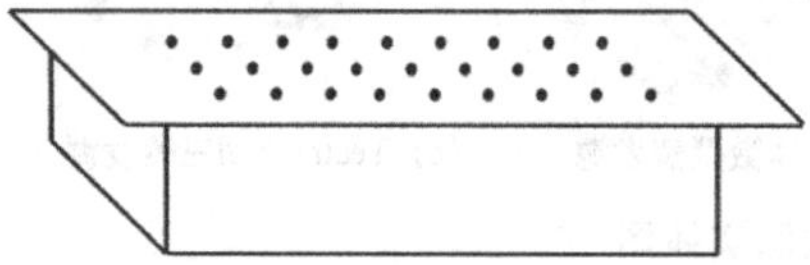

图 3-8 带多孔盖的蒸发舟

2) 氧化物蒸发

大多数氧化物蒸发时，会发生分解现象。为了抑制分解，蒸镀氧化物时，应向真空室充入少量的氧气，一方面可以抑制氧化物的分解，另一方面还可以使膜材在基体上进一步氧化，从而得到与膜材成分接近的氧化物。

3）化合物蒸发

对于 ZnS、CdS、PbS 等化合物，加热过程中，会部分或全部分解，然后原子在基体上重新化合形成薄膜，不过膜的成分与膜材成分可能会有差别。

4）合金蒸发

合金蒸发时会发生合金分馏现象，合金分馏是指合金中组成成分在相同温度下因饱和蒸汽压不同而导致膜的成分与膜材成分比例不一致的现象，如 1527℃时蒸发铬镍合金，其中镍占 80%，铬占 20%，希望制备的薄膜中镍铬比为 80∶20。初始蒸发时，由于 Cr 的饱和蒸汽压比 Ni 的大，铬蒸发速率约是镍的 2.8 倍[1]，所以最初形成薄膜中铬的含量偏高，大于 20%。随着蒸发的进行，由于膜料中铬的含量不断减少，形成薄膜中铬的含量也不断减小，直到某一点，薄膜中镍铬含量比达到 80∶20。然后随着蒸发的持续，薄膜中铬含量逐渐小于 20%，这样薄膜在整个厚度方向上铬镍比都不同。

要获得与膜材相同的成分，可以采取闪蒸和多源蒸发等技术。

5）闪蒸

把合金做成粉末或微细颗粒，间歇输送到高温加热器或坩埚蒸发源中，每次只输送少量膜材，但却在极短时间内向蒸发源提供大量热量，使合金在极短的时间内全部蒸发，这样就能够获得与膜材成分基本一致的薄膜。该技术由 L. Harris 和 B. M. Siegel 两位研究人员在 1948 年最先报道。

图 3-9（a）和（b）示出两种闪蒸蒸发镀示意图，工作原理基本相同，只是膜材输送到蒸发源的方式不同。在图 3-9（a）中，膜材放在圆盘上，圆盘不停转动，而使膜材颗粒向圆盘边缘运动，通过一个缓慢移动的刮板，使膜料进入到一个由振动器抖动的斜槽中，进入斜槽的膜料由于振动和自身重力作用，被输送到蒸发舟内，快速蒸发。在图 3-9（b）中，待蒸发材料通过漏斗漏到传送带上，膜料颗粒通过传送带进入坩埚，迅速蒸发。

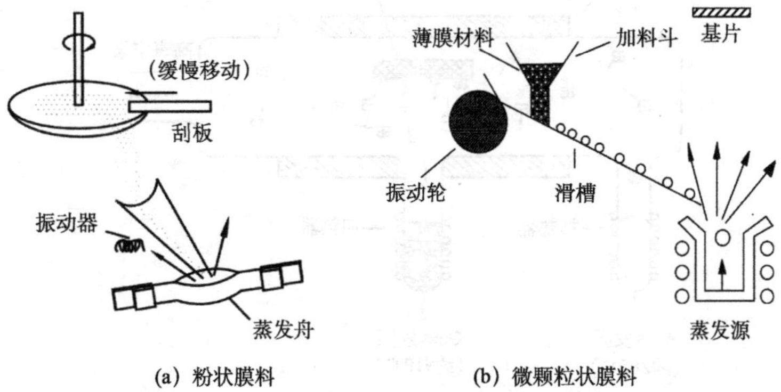

图 3-9　闪蒸装置示意图

6）多源蒸发

把两种元素分别装入各自的蒸发源中，然后独立控制每个蒸发源的蒸发速率。该方法通过分别控制两个蒸发源的参数，使单位时间到达基体的原子数之比与所需制备的薄膜组分相对应。在这种技术中，独立控制蒸发源工作温度和设置隔板是关键，如图 3-10（a）、（b）所示，隔板能避免源之间的相互污染。

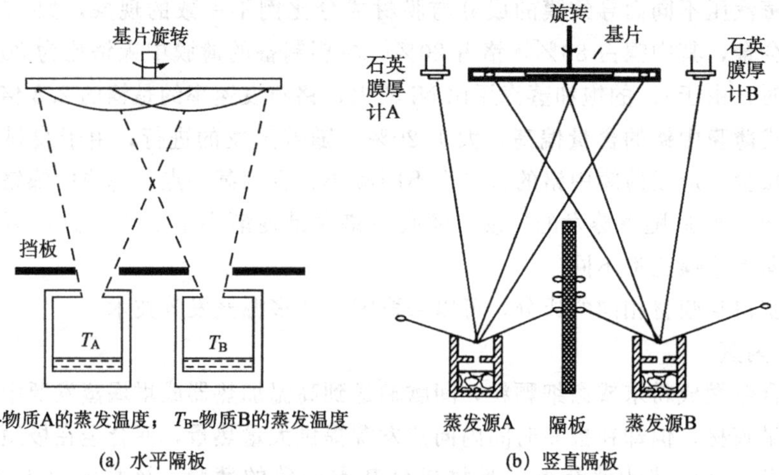

图 3-10　多源蒸发示意图

7）三温法

这种方法从原理上讲就是双蒸发源蒸镀法，必须同时控制基片和两个蒸发源的温度，所以也称为三温法。这种方法是制备化合物半导体的一种基本方法。图 3-11是 GaAs 单晶薄膜制备的示意图和相关技术参数。一个蒸发源内放 As，加

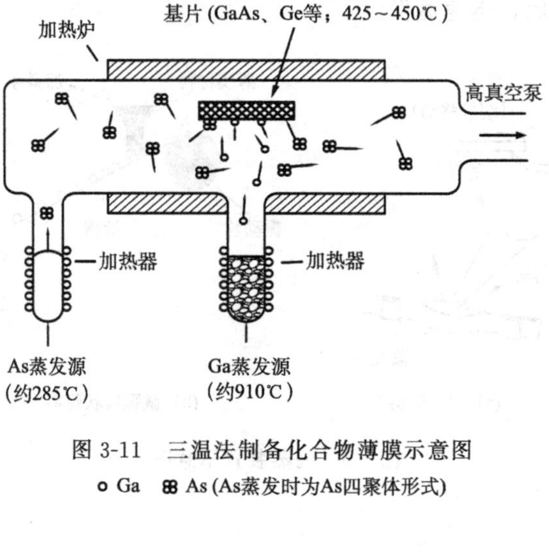

图 3-11　三温法制备化合物薄膜示意图

o Ga　88 As (As蒸发时为As四聚体形式)

热到285℃；另一个蒸发源内放Ga，加热到910℃。基体温度是425～450℃，这样在基体上能获得高质量GaAs单晶薄膜。不过，这种方法更像第六章讲述的化学气相沉积。

3.3 电子束蒸发源

由于电阻加热存在一些缺点，如电阻蒸发源提供的能量密度低，蒸发源自身存在一定的蒸发而影响薄膜纯度等，所以要发展新的蒸发源。电子束蒸发镀就是将蒸发材料放入水冷坩埚中，直接利用电子束加热膜材，使膜材气化后凝结在基体上成膜的一种镀膜技术。电子束蒸发源是真空蒸发镀膜技术中一种非常重要的加热方法，能够加热到6000℃，几乎能够熔化所有的常用材料，能够在金属、氧化物和塑料等基体上高速沉积薄膜。对于化合物，沉积速率达到100nm/s，而对于金属，能达到1μm/s，比溅射镀膜沉积速率大2～3个量级。电子束加热在工业生产和实验室中都得到广泛应用。

电子束加热源有很多种，最常见的有e型电子枪、空心热阴极电子束蒸发源（HCD枪）和高电压电子枪（HVEB），其中HCD枪和HVEB枪功率能做得很大，主要用在离子镀设备中。本节仅介绍e型电子枪，其他的在第五章介绍。

1907年，Marcello von Pirani申请了真空中聚焦电子束熔化高熔点金属的专利；1933年，H. M. O'Brian和H. W. B. Skinner用加速的电子束蒸发坩埚中的材料，这可能是最早的电子束蒸发镀。1968年，C. W. Hanks发明了e型电子枪。

3.3.1 e型电子枪的原理和结构

e型电子枪是利用加热的电阻丝发射电子，经过加速，偏转270°后打到膜材上，给膜材加热的一种蒸发源。因为电子行走的路径形似英文字母e，所以得名e型电子枪，简称e型枪。e型电子枪主要由阴极灯丝、栅极、阳极、磁偏转系统、聚焦极或调制极、电子束扫描系统、水冷坩埚座及其换位机构等组成。

e型电子枪使用的灯丝如图3-12（a）所示，灯丝通常是“门”形结构，或是螺旋丝状结构。e型电子枪原理如图3-12（b）所示，灯丝固定在发射体上，灯丝加热后发射具有约0.1eV动能的热电子，阴极和阳极之间施加6～10kV的电压，这些热电子在电场力作用下飞向阳极。在飞行的过程中首先经过聚束极或栅极，即图3-12（b）中元件2适当聚束，再穿过阳极。阳极是一个金属方块，中间开一个矩形的窗口。电子束穿过阳极后，在偏转磁场的作用下，偏转270°，并经过调制极聚焦，打到水冷坩埚内的膜材上，电子将能量交给膜材，使膜材温度升高而蒸发。电子束轰击膜材时会激发出很多散射电子，如反射电子、背散射电子和二次电子等。这些电子将被电子收集极7收集。蒸发出来的膜材分子或原子在蒸发源上方与入射电子和散射电子发生碰撞，形成低密度膜材等离子体，如图3-12（b）中10

所示，其中正离子和电子受偏转磁场的作用向不同方向偏转，分别到达收集极 5 和吸收极 7，中性粒子到达基体成膜。

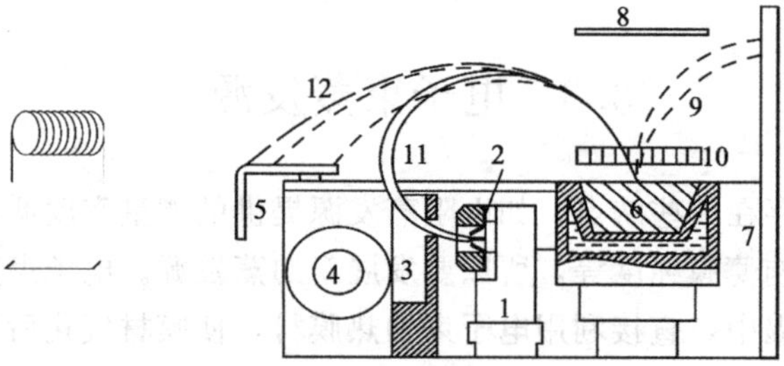

(a) 灯丝　　　　(b) e型电子枪的原理图

1- 发射体；2-聚束极或栅极；3-阳极；4-电磁线圈；
5-离子收集极；6-水冷坩埚及膜料；7-杂散电子吸收极；
8-基体；9-杂散电子轨迹；10-等离子体；11-电子轨迹；
12-离子轨迹

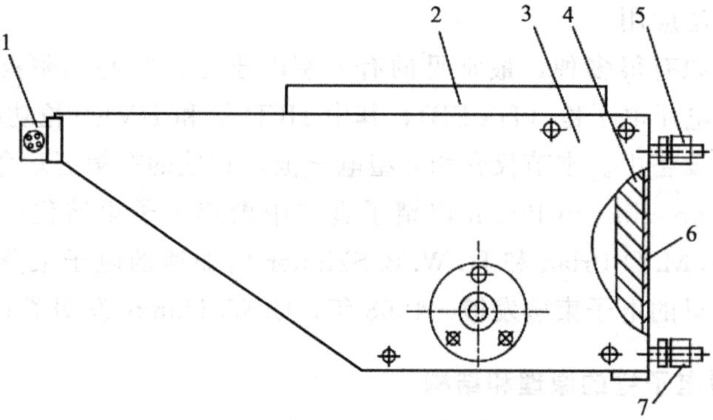

(c) 永磁体偏转电子束e形枪蒸发源结构示意图

1-电磁扫描线圈；2-坩埚盖及坩埚组件；3-偏转极靴；4-偏转磁钢；
5-水冷出口接头；6-磁钢罩板；7-水冷入口接头

图 3-12　e 型电子枪原理示意图

e 型枪外形有两种，一种是连体式，如图 3-12 (c) 和图 3-13 (a) 所示，坩埚及其附件与枪头连成一体。另一种是分体式，如图 3-13 (b) 所示，坩埚及其附件与枪头分开。一个 e 型枪通常有多个坩埚，每个坩埚内装一种材料，这样可以连续镀多种膜或多层膜。坩埚通过换位机构旋转，使得需要蒸镀的坩埚旋转到正对着电子束的位置。坩埚上方有挡板，每次只允许正对着电子束的那个坩埚露在外面，避免膜材蒸发时污染其他坩埚内的膜材。

坩埚旋转轴通过电机驱动，电机驱动轴可以从侧面进入坩埚座，也可以从坩埚下方进入坩埚座。如图 3-13 (a) 所示结构中电机驱动轴从坩埚侧面进入，而如图 3-13 (b) 所示结构中电机驱动轴从坩埚下面进入。

电子束的偏转磁场可以用电磁线圈产生，如图 3-12（b）中元件 4，也可以用永磁体产生，如图 3-12（c）中元件 4。现在多用永磁体，永磁铁设在枪体的最后部，磁场通过偏转极靴（图 3-12（c）中元件 3）在整个枪体均匀分布，使电子偏转。

调制极的作用是聚焦从阴极灯丝发射的电子，使电子能量集中。电子束打在坩埚内的膜材上，加热膜材，但是电子不能固定地打在膜材的某一点上，而是需要控制其轨迹，使电子束斑在膜材表面 X、Y 方向做扫描运动，以均匀加热膜材（后续进一步讨论）。这个功能是通过扫描线圈来实现。扫描线圈安装在坩埚的前部，有 4 根电线，图 3-13（a）示出扫描线圈的接线口，当有偏转线圈时，则扫描线圈放在偏转线圈的两侧，控制电子在 X、Y 方向运动。X、Y 偏转线圈采用铜线绕制，改变 X 线圈电流大小，电子束可在 X 方向左右移动；改变 Y 线圈电流大小，电子束可在 Y 方向作前后移动。实际上，X、Y 方向同时施加电压，电子束斑做合成运动，在膜材表面做均匀扫描。X、Y 扫描电流一般为 0～±2 A 可调，扫描频率为 10～250 Hz。电子束加热时，坩埚一定要水冷，否则坩埚自身温度上升导致坩埚烧坏，而且坩埚与真空室相连处的密封圈等也会因温度过高而损坏。e 型枪虽然很小，结构却很复杂，图 3-13（d）示出一种电子枪的拆卸图。

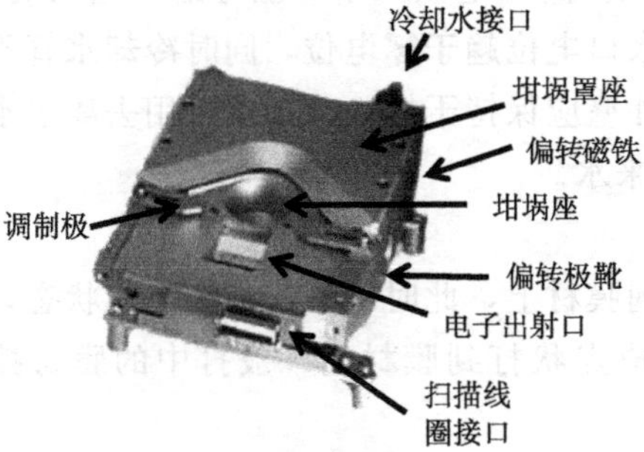

(a) e型枪的实体图

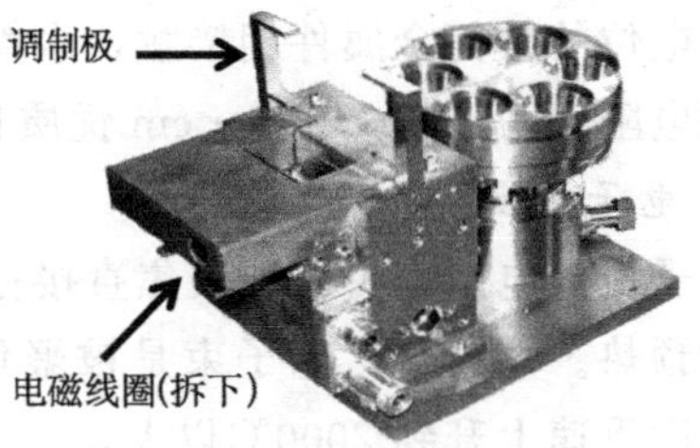

(b) 枪与坩埚之间的相对位置图

(c) 显示电子枪的冷却水管路

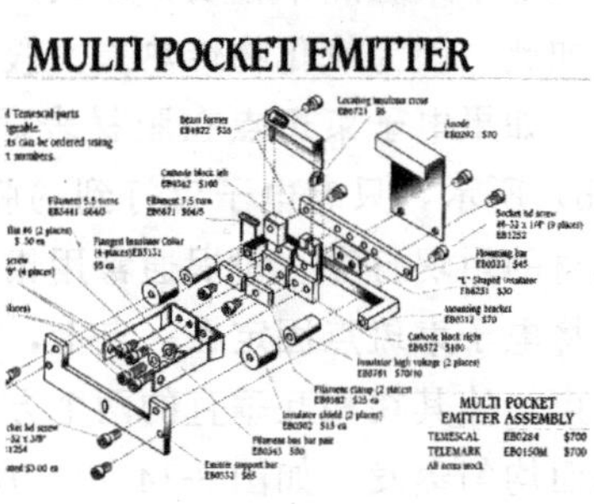

(d) 一种电子枪的拆卸图

图 3-13　电子枪结构与实体图

3.3.2 e型电子枪蒸发源的特点

(1) 电子束源的束流密度高，能提供比电阻加热源大得多的能量密度，从而能够蒸发高熔点金属。

(2) 由于被蒸发膜材置于水冷坩埚内，因而避免坩埚自身材料受热蒸发，以及坩埚材料与蒸镀材料之间的反应，这对提高镀膜的纯度极为重要。

(3) 电子束热量直接传给膜材，因而热效率高，热传导和热辐射的损失少。

(4) 电子枪结构复杂，造价高，使用时处于高压状态。

3.3.3 e型电子枪真空蒸发镀的应用

1. e型电子枪的冷却

e型枪电子用高电压加速，能量非常高，但是整个枪头部分放置在散热条件差的真空室中，因此对枪头的冷却十分必要。冷却包括对坩埚、电子收集极、磁极及高压电极等部件的水冷。铜坩埚在电子枪功率小于5keV以下时，每分钟水流量为5～6升，外接的水冷管内径为$\phi 5$～$\phi 6$mm。电子枪功率每提高1kW，冷却水量应该增加0.8～1升。当枪的输出功率达到10kW时，水流量应达到10～12 l/min。外接水冷管的内径相应增加到$\phi 8$～$\phi 9$mm。高压电极的水冷应考虑水电阻的大小，要求冷却水管有足够的长度，以保证出水口电位趋于零电位，同时冷却水管不能与处于地电位的任何金属件相接触，水管外壁应保持干燥。冷却水可用去离子水，也可以用电阻率为10^4～$10^5\Omega\cdot$cm优质自来水。

2. 电子对膜材的烧蚀

电子枪的电子束可以不聚焦直接打到膜材上，此时电子束处于散焦状态，用于对膜材预热。镀膜时，电子束是被聚焦成点状打到膜材上，被打中的膜材接受能量，温度迅速上升到2000℃以上。

如果电子束斑点不移动，那么只有束斑位置处的膜材局部熔化蒸发，对于氧化物尤其如此，因为氧化物传热差。假设膜材未加热前用图3-14 (a) 表示，膜材表面平整。如果电子束斑点在膜材表面不移动，一段时间后，膜材表面的状态如图3-14 (b) 所示，只有电子束打到的膜材被烧蚀，其他地方蒸发很少，这样有可能将盛膜材的坩埚打穿。坩埚通常用钼制成，不仅材料贵，加工费用也大。所以，通常禁止将电子束斑点固定在一点上，以免损坏坩埚。采用的方法是施加扫描电压控制电子束，使其在相互垂直的两个方向以一定速度扫描，这样膜材基本上可以均匀地受热而均匀蒸发，如图3-14 (c) 所示。

所以使用电子枪时，初始预热可以用散焦电子束，镀膜时使用聚焦电子束，且电子束在X和Y方向上以一定速度扫描，均匀加热膜材。

3. e型电子枪的技术参数和特性

某厂生产的EBG-10A型电子枪的技术参数和特性如表3-1所示。

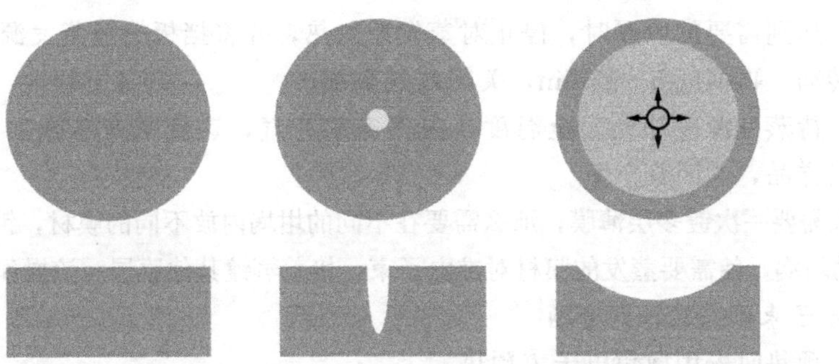

(a) 坩埚中膜材原始状态　(b) 电子束集中在膜材一点上引起的烧蚀　(c) 电子束在两个相互垂直的方向上扫描形成的烧蚀

图 3-14　电子束对膜材的烧蚀示意图

表 3-1　EBG-10A 型电子枪的详细参数和特性

技术参数	特性
1. 可以适用的真空度：$5\times10^{-2}\sim5\times10^{-5}$ Pa 2. 电子束流变化率：±3% 3. 电子束偏转角：270° 4. 最大输出功率：10kW 5. *XY* 位置移动：±20mm 6. *X* 扫描频率：50Hz 7. *Y* 扫描频率：500Hz 8. 高压输出：−6kV、−8kV、−10kV，可选输出电压；稳定度±2%，纹波小于±5% 9. 发射电流：0～1000mA（10kV 时），稳定度±2% 10. 灯丝电压：8V	1. 开放式枪体由无氧铜构成，具有良好的导热性能和耐高温性能 2. 运用加速电压加速灯丝发射出来的电子束，并通过永磁场将其偏转 270°，以保证电子束垂直打到坩埚表面 3. 冷却水对永磁体进行冷却，以保证磁场稳定，从而实现电子束长时间稳定地轰击膜料 4. EBG-10A 由枪体、枪头、扫描线圈、永磁体组成，安装、更换、维护都很方便，可重复使用 5. 束流和高压均采用双路反馈控制，从而使高压和束流的稳定度大大增加 6. 扫描光斑大小形状均可自主调整以满足用户各种工艺要求 7. 在工控机中储存 15 种扫描方式，镀膜时可根据不同膜料，以及预熔、蒸镀状态自动提取，从而实现了高度自动化

4. e 型电子枪真空蒸发镀膜过程

实例：电子枪蒸发 SiO_2、CeO_2、ZrO_2 等氧化物膜的镀膜过程。

(1) 将清洗好的基体放入真空室基片架上并固定好。将 SiO_2（或 CeO_2、ZrO_2）粉末放进坩埚内，把挡板转到蒸发源的正上方，最后把真空室门关闭。

(2) 对真空室抽真空到压强低于 5×10^{-3} Pa，抽气过程中对基体加热烘烤，然后对膜材进行预热预熔。

(3) 待真空室压强降到 1×10^{-3} Pa 以下时，增大蒸发源加热电流，使膜材蒸发。待蒸发速率稳定后，让基体架旋转，并打开蒸发源上方的挡板，膜材分子就会以稳定的速率沉积到基体上成膜。

(4) 达到需要的膜厚时，停止对蒸发源加热，并将挡板旋至蒸发源上方，停止基片架转动。再抽气 5～15min，关闭抽气系统。

(5) 待蒸发源冷却到安全温度，向真空室充气，达到平衡压强后，开启真空室，取出样品，关闭真空室。

如果需要一次镀多层薄膜，那么需要在不同的坩埚内放不同的膜材，镀好一种薄膜后，转动坩埚，使需要蒸发的膜材对准电子束，接着蒸镀其他膜层。该操作简单方便。

5. 电子束蒸发镀注意事项

(1) 预热时先用散焦电子束预热。

(2) 蒸发粉末状绝缘膜材如 CeO_2 时，由于电子在膜材上积累，使粉末颗粒带负电荷，带电颗粒之间相互排斥，导致膜材在真空室内飞溅。为避免这种现象发生，初始加热时，加热电流要小，使膜材局部熔化，然后再增大电子束流，这样就不会出现膜材飞溅现象。

(3) 多坩埚电子枪蒸发材料，蒸发的膜材可能沉积在缝隙处，导致坩埚盖卡死，或造成对其他蒸发源的污染，针对这种情况可以做如下改进。

6. e 型枪结构的改进

图 3-15 (a) 是传统 e 型枪坩埚示意图，蒸发时只有一个坩埚内的膜材受热，尽管其他坩埚表面用挡板遮挡，但是受热的膜材原子会从 A 点穿过，而污染邻近的蒸发源，并且会沉积在 A 处，长期积累会导致挡板、坩埚卡死。如图 3-15 (b) 所示是美国 Temescal 公司设计的新型结构，坩埚上方的挡板可以升降，镀膜时挡板降下，阻挡通道，避免材料在 A 点处沉积。坩埚旋转时，将盖提升，便于坩埚换工位。

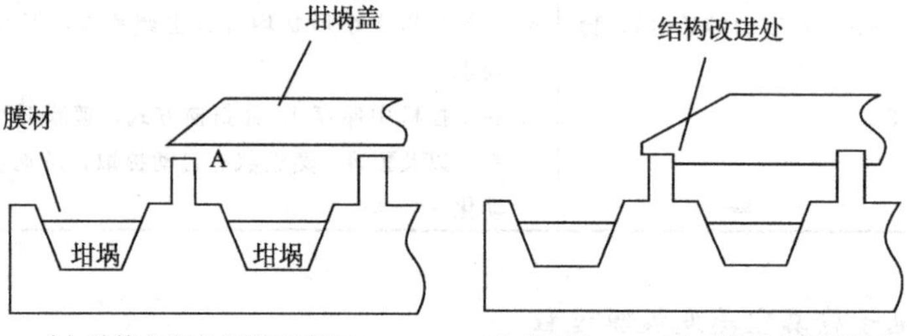

(a) 传统多坩埚e型枪示意图　　(b) 美国Temescal公司设计的新型结构

图 3-15　一种新型电子枪结构示意图

3.4　感应加热蒸发源

感应加热技术已经广泛应用于各行各业对金属材料的热加工、热处理、热装配及焊接和熔炼等工艺中。它不但可以对工件整体加热，还能对工件局部加热，实现工件的深层透热，也可只对其表面、表层集中加热。可对金属材料直接加热，也可对非金属材料间接加热。

3.4.1 感应加热蒸发源的原理

感应加热源原理如图 3-16 所示，蒸发源由水冷铜管制成的线圈和石墨或陶瓷坩埚组成，将装有膜材的坩埚放在螺旋线圈的中央（不接触），在线圈中通以高频电流，膜材在高频电磁场下产生强大的感应电流，高密度电流的电能转变为热能，使膜材表层温度升高而蒸发。

高频电流加热具有集肤效应，表层电流密度很高，向内逐渐减小。电流频率越高，表层与内部的电流密度差越大，加热层越薄。

集肤深度 d 与加热频率之间的关系如下：

$$d = k \times \frac{66.1}{\sqrt{f}} \quad (\mathrm{mm}) \tag{3-6}$$

式中，f 为电流的频率，k 为常数。

由于电流频率越高，趋肤深度越浅，所以一般把膜材做成颗粒状，而不用块体，这样膜材受热均匀。实际应用时，可以是单源蒸发，也可以是多源蒸发，如图 3-17 所示。

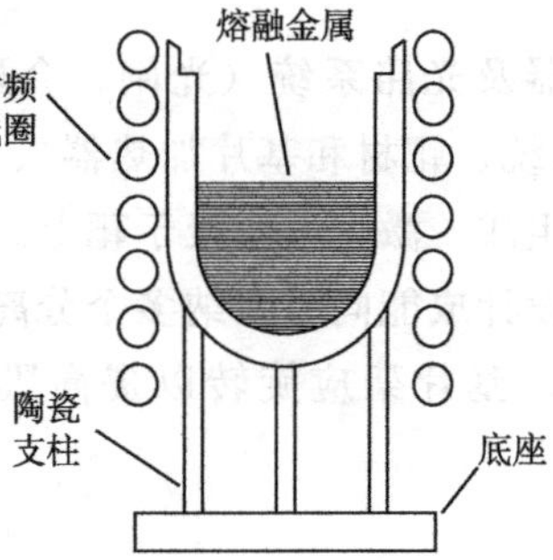

图 3-16 感应加热原理图

图 3-17 多个感应蒸发源实体图

3.4.2 感应加热蒸发源的特点

(1) 蒸发速率大，比电阻蒸发源大 10 倍左右，主要用于工业上大面积镀膜。

(2) 蒸发源的温度稳定，不易产生飞溅现象。

(3) 相对电阻蒸发来说，膜的纯度较高。

(4) 相对电子束蒸发来说，蒸发源结构简单，操作也简单。

(5) 蒸发源一次装料，无须送料机构。

感应加热源的缺点是蒸发源必须屏蔽，并需要高频发生器。另外，如果线圈附

近的压强超过 10^{-2}Pa，高频场会使残余气体电离，使功耗增大。

3.5 脉冲激光沉积（PLD）

脉冲激光沉积（pulsed laser deposition，PLD）是一种利用高能脉冲激光束辐照靶材（块体靶材或由粉末状膜材压制而成的高密度块体材料），使局部靶材在瞬间升至很高温度而气化，在基体上形成薄膜的一种制膜方法。

1962 年，布里奇（Breech）与克罗斯（Cross）利用红宝石激光器气化固体表面原子，开创了使用激光来熔化物料的历史。三年后，史密斯（Smith）与特纳（Turner）利用红宝石激光器制备了光学薄膜，被视为脉冲激光沉积技术发展的源头。但经分析，发现这种方法类似于电子束蒸发镀膜，所以一直不为人们所重视。直到 1987 年，美国贝尔（Bell）实验室首次成功地利用短波长脉冲准分子激光（发射波长在 200～ 400nm 之间），制备了高质量的钇钡铜氧（YBCO）高温超导薄膜，脉冲激光沉积技术才成为一种重要的制膜技术，受到国际上广大科研工作者的高度重视。当前，PLD 技术在超导、铁电、金刚石（类金刚石）、有机物薄膜及生物陶瓷薄膜的制备上显示出广阔的应用前景。

3.5.1 PLD 系统

PLD 系统如图 3-18（a）所示，由脉冲激光器及光路系统（光阑、会聚透镜、激光窗等）、沉积系统（真空室、真空泵、进气系统、靶材和基片加热器）、辅助设备（测控装置、监控装置、电机和冷却系统）等组成。激光束会聚于靶上。为了实现多层膜，如多层外延异质结的制备，靶支架要设计成能同时容纳多个分离靶材的结构（见图 3-20），靶支架相对激光束进行旋转。基片架应旋转以提高膜厚均匀性。激光束与靶还可以按图 3-18（b）构型布置。

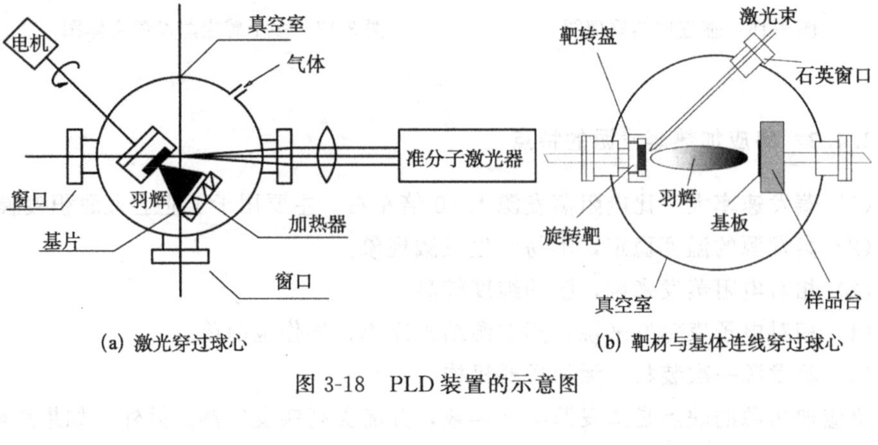

(a) 激光穿过球心　　(b) 靶材与基体连线穿过球心

图 3-18　PLD 装置的示意图

如图 3-19 所示为配备 COMPexPro 102 KrF 准分子激光器（激光波长 248nm、脉冲能量 400mJ、频率 1～20Hz、脉冲宽度 25ns）的 PLD-450 型脉冲激光沉积系统。在图中，最左边是控制柜，中间是 PLD 沉积室，右边长方体是准分子激光器。

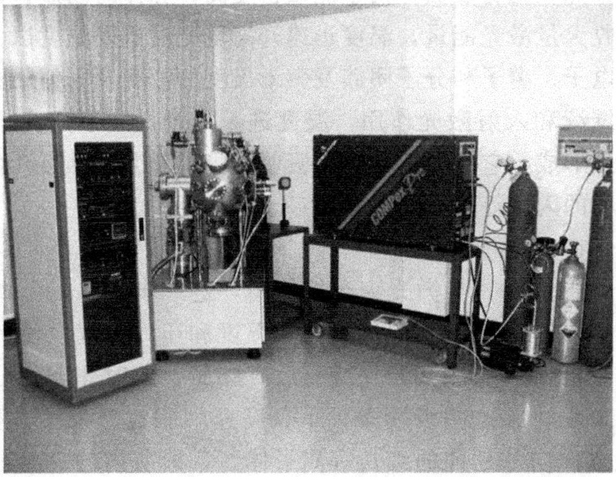

图 3-19　PLD-450 型脉冲激光沉积系统

在 PLD 系统中，激光器在真空室外部，激光器发射的激光必须经过透明窗口进入真空室并入射到靶材表面，才可以加热靶材。激光输入窗口材料除了具有高熔点和高软化点外，还必须对入射光吸收小，所以有透射波长匹配问题。表 3-2 列出了目前 PLD 常用的激光光源及相应的波长。对不同波长的激光束，需要选用不同光谱透过特性的窗口和透镜材料。当激光照射引起这些部件温升比较大时，应采用水冷等措施冷却这些部件。

表 3-2　各种激光光源及波长

光源	波长
准分子激光器	
ArF	193nm
KrF	248nm
XeCl	308nm
XeF	351nm
N_2 激光器	337nm
He-Cd 激光器	488nm 515nm
Nd-YAG 激光器	562nm 1.064μm
CO_2 激光器	9～11μm

波长位于紫外波段的脉冲激光器，如波长为 248nm、脉冲宽度为 20ns 的 KrF 准分子激光应用非常广泛，近年来，文献也将采用脉冲紫外激光源沉积薄膜的方法称为脉冲激光熔射（pulse laser ablation，PLA），以区别于传统的脉冲激光蒸发镀。

3.5.2 PLD 工作原理[4]

PLD 设备比较简单，但是原理却非常复杂，主要分成以下 3 个过程。

（1）激光与靶材相互作用产生等离子体。

脉冲激光束聚焦在靶材表面，由于能量密度高，脉冲时间短，靶材表面激光照射的微区瞬间吸收大量激光能量，温度迅速升高至靶材蒸发温度以上，靶材表面发射原子、分子、电子、离子和分子团簇及微米尺度的液滴及固体颗粒等。这些被蒸发出来的物质又继续和入射激光作用，温度进一步升高，形成高温高密度等离子体。等离子体一旦形成，它又以新的机制吸收光能并被加热到 10^4℃以上，表现为一个具有致密核心的闪亮等离子体火球。

（2）等离子体在空间的输运。

等离子体火焰形成后，与激光束继续作用，进一步电离，等离子体的温度和压力迅速升高，并在靶面法线方向形成大的温度和压力梯度，使其沿该方向向外作等温（激光作用时）和绝热（激光终止后）膨胀，此时非均匀分布的电荷云形成相当强的加速电场。在这些极端条件下，高速膨胀过程发生在数十纳秒瞬间，形成一个沿法线方向向外延伸的细长等离子体区，即所谓的等离子体羽辉，如图 3-18（a）[5]、（b）所示。图 3-18（b）中羽辉更加形象，其空间分布形状可用高次余弦规律 $\cos^n\theta$ 来描述，θ 为相对于靶面法线的夹角，n 的典型值为 5～10，随靶材而异。

（3）等离子体在基片上成核，长大形成薄膜。

等离子体中的高能粒子轰击基片表面，使基片表面原子发生溅射，入射粒子流和溅射原子之间形成了热化区，一旦粒子的凝聚速率大于原子的溅射速率，热化区就会消散，从而使粒子在基片上生长出薄膜。

3.5.3 PLD 技术特点

PLD 使用高功率的脉冲激光（密度可达 10^6 W/cm^2）直接给靶材加热，可使靶材在瞬间迅速升温，实现靶材微小区域瞬间蒸发，因此 PLD 可以对化学成分复杂的合金或化合物薄膜进行全等同镀膜，即能获得与靶材成分一致的薄膜，这是 PLD 技术最大的优点，是区别于其他镀膜技术的主要标志。此外，这种蒸镀方法还具有以下特点[6]：

（1）可以蒸镀能吸收激光的高熔点物质，如石墨的熔点高于 3500℃。

（2）可得到极大的蒸发速率，如对 Si，蒸发速率可达到 10^6 Å/s。

（3）羽辉只在局部区域运输蒸发物，故可有效减少对沉积腔的污染。

（4）通过采用外部反射镜导引激光光束或旋转靶材，很容易实现同时或顺序多源蒸发，实现多层膜的沉积，并可以通过控制脉冲及其次数来精确控制各层的厚度。

(5) 脉冲激光与固态靶的相互作用会产生高能粒子流（电子、离子和中性粒子），粒子的动能和内部激发能有助于薄膜生成，因而镀膜时基体温度较低。高能等离子体通常有助于在衬底上完成化学反应，所以易于实现反应镀。

(6) 高粒子动能具有显著增强二维生长和显著抑制三维生长的作用，因而容易获得层状生长的薄膜。

但是，PLD也存在着局限性。由于激光能量密度高，形成的等离子体中含有大的液滴，所以PLD方法制备的薄膜中通常有微米级的小颗粒，影响薄膜的均匀性。另外，由于“羽辉”具有很强的定向性，只能在较窄的范围内形成均匀厚度的膜。

此外，由于激光可能对操作人员的身体，尤其是眼睛和皮肤造成一定的职业危害，操作人员工作时应佩戴合适的防护眼镜、防护手套。另外，应保持透镜、石英窗口等清洁，避免灰尘等对激光束的折射导致激光能量的降低及对操作人员的伤害等问题。

3.5.4 PLD应用和发展

自1987年美国贝尔实验室的Dijkkamp等首次通过PLD技术成功制备出高温超导薄膜 $YBa_2Cu_3O_7$（YBCO）开始，PLD技术得到不断的开发和研究，如今以PLD技术为基础而衍生出来的薄膜制备方法几乎能够沉积现有的各种薄膜材料，如陶瓷氧化物、氮化物、金属多层膜，以及各种超晶格薄膜等。

利用PLD可合成纳米管、纳米粉末，以及量子点等纳米结构及p-n结器件，拓展了PLD的应用领域。不过，目前PLD技术在薄膜材料方面的研究仍主要集中在高温超导薄膜、金刚石和类金刚石薄膜、巨磁电阻薄膜、铁电、压电和光电薄膜等方面。

以高温超导YBCO薄膜为例说明PLD技术的镀膜过程，Masilamani等[7]报道了在 $SrTiO_3$（STO）基体上，用配备Lambda Physik COMPex 205KrF准分子激光器（激光波长248nm、脉冲能量450mJ）的PLD系统，制备了高临界温度（T_c）超导薄膜YBCO。作者在STO基体上沉积STO缓冲层，然后再沉积YBCO薄膜。首先将YBCO靶材和缓冲层靶材安装在多靶支架上，抽真空后，将衬底升温至780℃，向真空室充入氧气并保持氧气压强为30Pa，采用脉冲频率1Hz，工作时间240s，沉积缓冲层。之后，用脉冲频率2Hz，工作时间440s，沉积YBCO薄膜。最后将薄膜快速冷却至400℃，并在1atm的氧气中退火1小时，制备了缺陷少的YBCO薄膜。

除了使用化合物靶材外，PLD技术的灵活性使得人们可以使用元素靶[8]，实现合金膜的制备。如图3-20所示，将多种元素靶材安装在多靶样品架上，通过转靶系统，分别对不同元素靶材进行辐照，按照合金的比例精确控制各靶上的脉冲数，可以得到理想配比的合金薄膜。

随着技术的发展，脉冲激光沉积技术作为实用范围最广的薄膜制备方法之一，

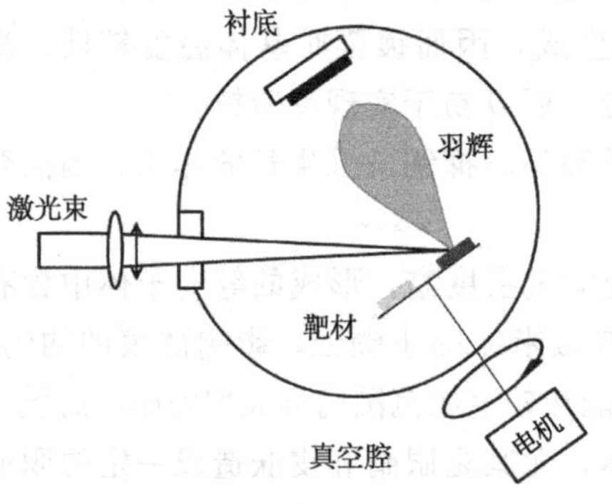

图 3-20　使用元素靶的 PLD 工作原理示意图

在应用过程中有着不断创新的发展方向，如采用皮秒或飞秒脉冲激光高速沉积优质薄膜的超快脉冲激光沉积技术，脉冲激光沉积和真空弧沉积技术相结合的脉冲激光真空弧制备技术，采用两束激光同时辐照两个不同的靶材以制备厚度、化学组分可设计的双光束脉冲激光沉积技术。另外，还有双激光脉冲沉积技术，即先用红外波段的激光，如波长为 10.6μm 的脉冲 CO_2 激光使靶面浅层熔化，紧接着用紫外波段的脉冲准分子激光熔蒸，这种工艺可使产物薄膜中颗粒密度减少千倍。不仅如此，准分子激光引起的等离子体在脉冲 CO_2 激光尾部的高效加热下被高度激发，使“羽辉”的角分布增宽，使得薄膜均匀区扩大。最近，还有用脉冲激光沉积技术蒸发有机物制备薄膜的报道。总之，脉冲激光沉积有望在薄膜制备领域发挥更为重要的作用。

3.6　分子束外延

外延来自于希腊词 epi 和 taxis，epi 是“在……上面”，而“taxis”是“排列”，外延即在基体上面排列原子。前面已经讲过，从膜的晶态结构来讲，薄膜分晶态和非晶态薄膜，对于晶态薄膜又有单晶和多晶之分。一般情况下制备的薄膜为非晶态或多晶结构，在一定条件下才可以制得单晶结构的薄膜。单晶薄膜一定是在单晶基体上才可以生长出，如果单晶薄膜延续了基体的晶格尺寸，就像是基体进一步延伸，这样的单晶膜称为外延膜，其示意图如图 3-21 所示。薄膜材料与基体材料相同时称为同质外延，不同时称为异质外延。

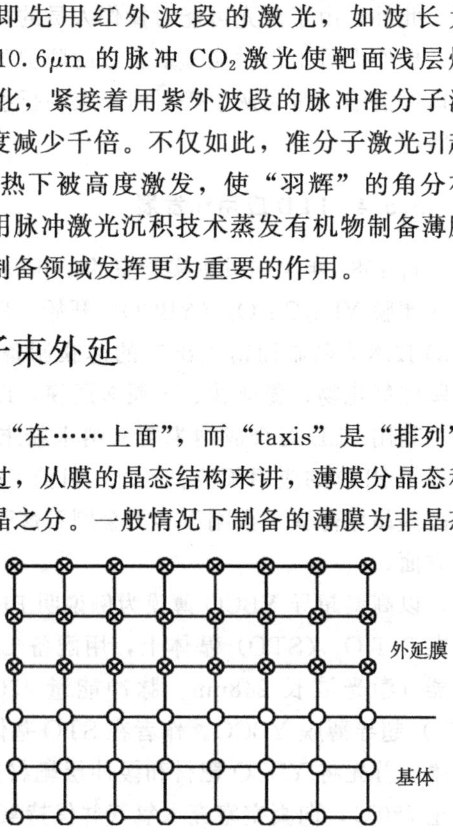

图 3-21　外延膜的示意图

分子束外延（molecular beam epitaxy，MBE）技术是一种可在原子尺度上精确控制外延膜厚度、精确控制对薄膜的掺杂和精确控制界面平整度的薄膜制备技术，主要用于制备超薄膜、多层量子阱和超晶格等半导体用高精度薄膜，是新一代电子器件、光电子器件的主要制备技术之一。1958 年，K. Z. Günther 首先提出分子束外延概念；1968 年，J. E. Davey 和 T. Pankey 用分子束外延技术制备了 GaAs 薄膜；1975 年，MBE 技术应用于半导体器件制备。我国 1980 年出产首台 MBE 系统，1986 年后进入器件应用阶段。

3.6.1 分子束外延原理

分子束外延是把构成晶体的各个组分分别放在不同的蒸发源中，在 10^{-8} Pa 的超高真空条件下，缓慢加热膜材，使之形成分子束流并以一定的热运动速度，按一定的比例喷射到基片上，在基体上进行外延薄膜生长，并在线监测生长过程的一种镀膜方法。从本质上讲，它是一种真空蒸发镀，包括分子束的产生、分子束的输运和分子束的沉积三个过程。分子束外延示意图如图 3-22 所示[9]，膜材放在蒸发源中，每个蒸发源有一个挡板，蒸发源对准基体，基体加热温度可以调节，另外有监测设备，在线监测薄膜晶态结构。

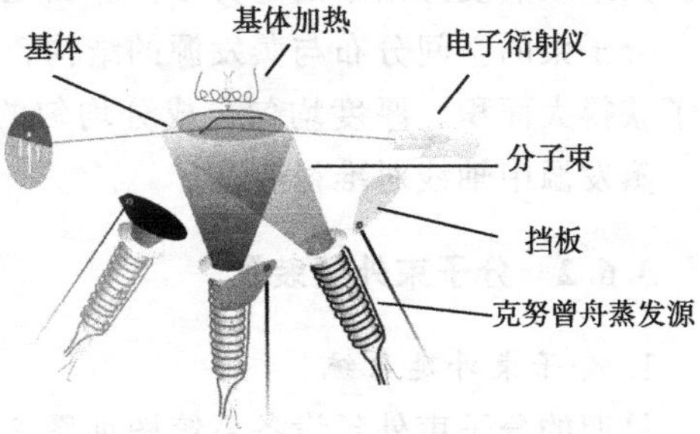

图 3-22　分子束外延示意图

1. 分子束的产生

分子束是通过蒸发源产生的，蒸发源决定分子束的活性、分子束强度（由蒸发速率决定）。

蒸发源包括克努曾舟[10]、电子束加热源和裂解炉。克努曾舟主要用来蒸发低熔点材料，如 Ge、Ga 和 Al 等，而电子束主要用于高熔点物质蒸发，如 C、W 等。裂解炉通常用于 As 和 P 等物质的蒸发，这些材料蒸发时容易形成四聚体，需要用裂解炉使四聚体变成活性较高的二聚体或单原子。束流反应活性高，利于制备热力学平衡态下难以制备的高浓度合金，因而能够制备新型人工材料和器件。反应活性高，还利于降低样品生长时的衬底（基体）温度，从而减弱膜层或成分间相互扩散，有利于制作陡峭界面和极薄层的结构。

分子束的强度主要由蒸发速率决定，蒸发速率基本由蒸发源温度决定，因而通过控制蒸发源温度可以调节蒸发速率。但是，蒸发速率的调节响应与分子束的产生方式关系很大。对于电阻加热坩埚来说，由于坩埚和膜材作为一个整体升温，热惯性较大，温升较慢，因而蒸发速率调节响应较慢，有滞后效应。对于电子束加热方法，由于聚焦电子束能量密度高，能量直接加热高熔点物质，所以蒸发源热惯性小，蒸发速率调节响应快。

2. 分子束的传输与交叉

MBE 工作真空度达到 10^{-8} Pa，在超高真空环境下，MBE 中分子或原子在空间沿直线运动，分子或原子之间没有碰撞或碰撞概率非常小。分子束之间也不相互干扰，如同两束光在空间传播一般。所以，各束的分子或原子在空间传输时都保持从蒸发源出来时的物理和化学特性，到达基体之后，它们之间才会有相互作用，发生反应。

3. 分子束与表面的作用及成膜过程

这个过程同第二章讨论的成膜过程相似，包括原子在衬底表面吸附，吸附原子在表面扩散，吸附原子与衬底或者外延薄膜的格点结合，以及没有结合的原子重新蒸发离开表面等过程。另外，原子还可能扩散到衬底晶格中，这种概率一般比较小。如果从蒸发源出来的是分子，那么在基体表面，分子可能会分解。

分子束的空间分布与蒸发源的结构，以及蒸发源与衬底之间的几何位置有关，为了获得大面积、厚度均匀、成分均匀的薄膜，应使蒸发源与衬底之间距离足够大，蒸发源中轴线对准衬底。

3.6.2 分子束外延装置

1. 分子束外延系统

早期的分子束外延设备系统图如图 3-23 所示，在同一个超高真空室中安装了多个分子束源，并用液氮屏将蒸发源和真空室隔开，以减小热辐射对真空室真空度的影响。每个分子束源前有一个气动或电动小挡板，用以快速开通或切断束流。基体有加热装置。系统安装了监测设备，如四极质谱仪、反射电子衍射仪、俄歇电子谱仪等，用计算机自动控制晶体生长参数和过程。为获得高质量外延膜，需要超高真空，真空机组通常用干式机械泵或吸附泵作为粗抽和前级泵，分子泵和钛泵作为主泵，离子泵作为维持泵。当真空度达到 10^{-8} Pa 后，关闭前级泵和主泵，仅用离子泵维持真空度。

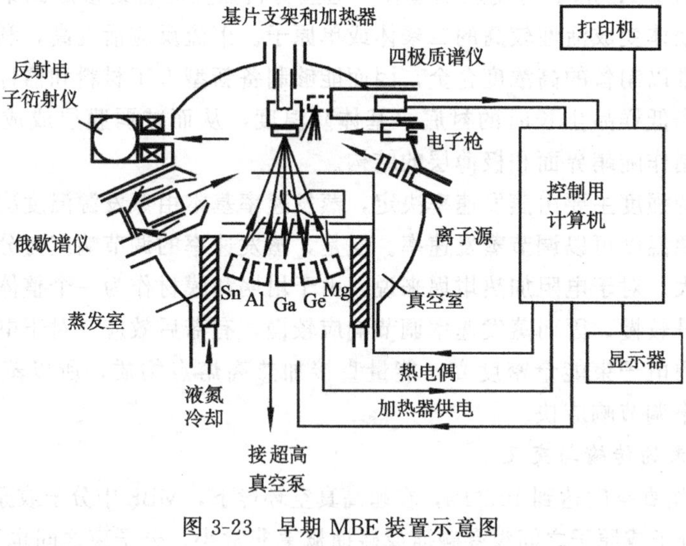

图 3-23 早期 MBE 装置示意图

简化的分子束外延设备只配备了电子衍射装置，如图 3-24 所示，或再配备其他监测仪器，如原子吸收光谱、原位光谱椭偏仪。总之，MBE 装置反映薄膜晶态结构的分析仪器是必需的，可以是电子衍射装置，也可以是扫描隧道显微镜[11]。

如图 3-24 所示的 MBE 系统在蒸发源结构设计上与早期设备有所不同，如各蒸发源之间设置热屏蔽层等。

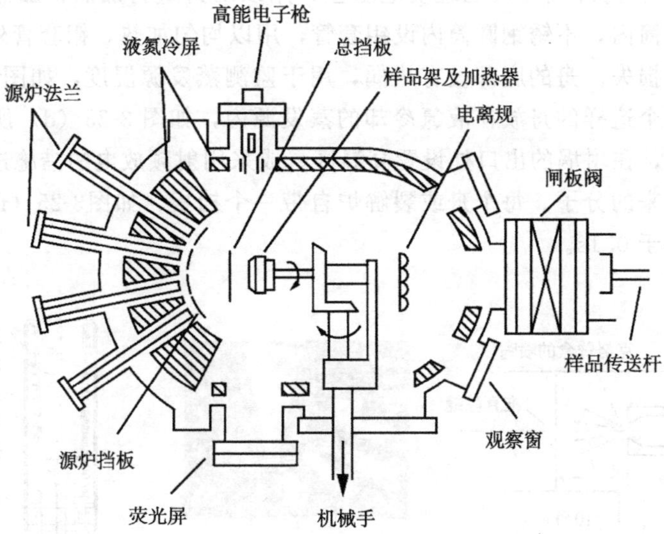

图 3-24　配备电子衍射仪的简单 MBE 系统示意图

总之，主体装置主要包含下面 4 个组成部分：

(1) 样品室，用于送入和取出样品。

(2) 超高真空生长室，包含蒸发源组件、液氮冷却组件、挡板、基片架、加热器等。

(3) 过程控制系统，包括蒸发源的挡板、热电偶、加热器的控制。

(4) 监测、分析系统，监测薄膜生长时的晶态结构、蒸发的分子束成分、真空室残余气体成分，同时分析所制备的薄膜成分及分布状况等。

2. 样品室

样品室的作用是在生长室不暴露大气状态下，向生长室送入或从分析室取出样品。样品室和生长室之间用超高真空阀门连接。生长室真空度一般在 10^{-8} Pa，向生长室传入样品时，先将样品放入样品室，然后对样品室抽真空，当样品室真空度达到 10^{-5} Pa 时，再开启样品室和生长室之间的阀门，将样品通过样品传输机构送入生长室。这样，生长室的超高真空状态可以长期保持，避免暴露大气后恢复真空度需要长时间抽气。

3. 蒸发源

MBE 是一种真空蒸发镀，其蒸发源最早用克努曾舟（knudsen cell，k-cell），为了蒸镀高熔点金属，也使用 e 型电子枪蒸发源，另外还有裂解炉等。克努曾舟是

MBE 中最广泛使用的一种蒸发源，它是一个圆筒状的小室，材料多为高纯石墨或热解氮化硼，舟的顶部有一个小孔，为蒸发分子的出口，如图 3-25（a）所示。随着科技的不断发展，克努曾舟形式也在不断发展，有敞口和广口之分[12]，如图 3-25（b）所示。舟外面均匀地缠绕电阻丝，用以对舟进行加热，加热丝缠绕的舟放在不锈钢圆筒内，不锈钢圆筒内设钼套管，用以均匀加热，钼套管外有钽热屏蔽层，阻止热量损失。舟的底部设有热偶，用于监测蒸发源温度，如图 3-25（c）所示。一个或多个这样的舟放在液氮冷却的蒸发源内，如图 3-25（d）所示。图 3-25（e）是裂解炉，在坩埚的出口处设置高温区，或采用射频放电的措施进一步裂解从坩埚内蒸发出来的分子。每个舟或裂解炉自带一个挡板，如图3-25（f)所示，挡板的反应时间小于 0.1s。

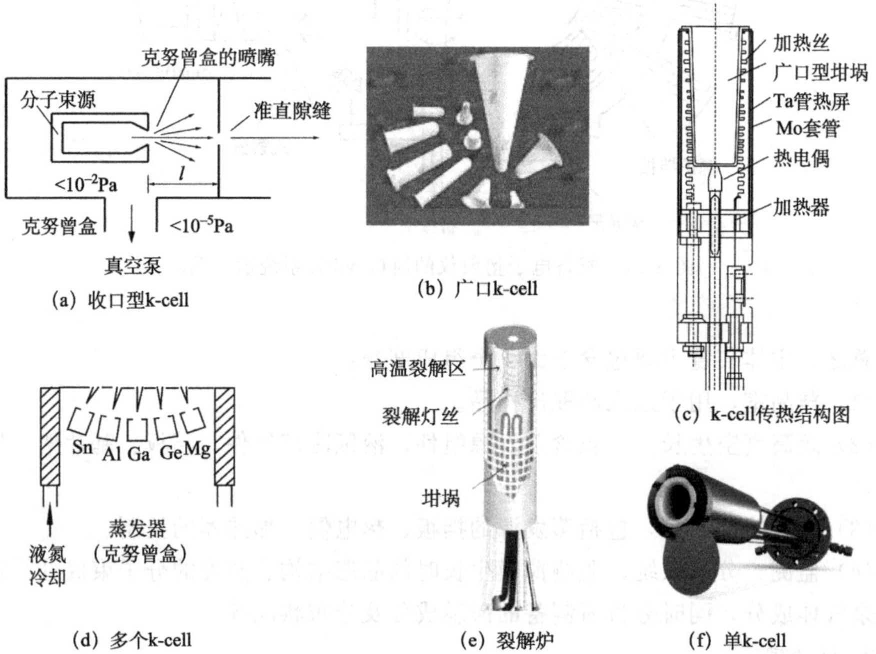

(a) 收口型k-cell　(b) 广口k-cell　(c) k-cell传热结构图　(d) 多个k-cell　(e) 裂解炉　(f) 单k-cell

图 3-25　MBE 蒸发源

在每个舟对着基片的路径上设有准直狭缝，膜材被加热蒸发时，在克努曾舟小室内形成饱和蒸气，气化的膜材原子从出口处喷射出来，经过准直狭缝后成为准直束流，射到基体上形成薄膜。通过调节热丝加热温度可以调节小室内的蒸气压，也就是调节了分子束流的密度，从而调节单位时间到达基体表面的原子数。液氮冷却槽冷凝分子束炉中未按喷射路径飞行的蒸气分子，避免真空室受到污染，同时避免真空室因为热源导致真空度下降。

4. 监测设备的功能

MBE 常用的监测设备有高能电子衍射仪、质谱仪、俄歇分析仪等。电子衍射仪是必需的监测设备，实时反映薄膜的晶态结构，如果薄膜不是按照外延生长，则必须停止蒸发，调整基体温度或其他参数，直到薄膜按晶态结构生长。质谱仪主要用于监测真空室内工作气体成分、比例及残余气体成分，并通过检测到的信号，调整蒸发源的温度，以调控到达基体表面的原子比例。俄歇谱仪在薄膜沉积之前监测基体表面污染情况，配合离子溅射源即氩离子枪，可以对基体表面作剥离清洁处理。薄膜制备好后，可以分析薄膜组分及各组分在膜深度方向上的分布。有了这些监测设备，就能在真空室内对薄膜生长和薄膜成分及分布进行原位监控。

3.6.3 分子束外延特点

(1) 沉积速率低，薄膜生长速度慢，原子有足够的时间在基体表面移动到合适的位置，所以能够制备优质的外延膜。

(2) 由于 MBE 装置配备多种监测手段，所以可以精确控制薄膜成分及掺杂比例。

(3) 能制备原子级分辨的突变界面。

(4) 分子束外延生长单晶薄膜时，基体温度较其他技术低，如 GaAs 生长时基体温度只有 500～600℃，而 Si 单晶生长时基体温度是 500℃。

(5) 超高真空环境下成膜，膜的纯度高。

表 3-3 给出了分子束外延和其他外延方法制备同样的薄膜时相应的参数，通过这个表可以清晰地体会到 MBE 的特点。

表 3-3 各种外延技术比较

	液相外延	气相外延		分子束外延
		化学气相沉积	金属有机物化学气相沉积	
生长速率/(μm/min)	～1	～0.1	～0.1	～0.01
生长温度/℃	850	750	750	550
膜厚控制/Å	500	250	25	5
界面宽度	≥50	～65	<10	<5
掺杂范围/(cm^{-3})	10^{13}～10^{19}	10^{13}～10^{19}	10^{14}～10^{19}	10^{14}～10^{19}
迁移率，77K/(cm^2/Vs)(n-type GaAs)	150 000～200 000	150 000～200 000	140 000	160 000

3.6.4 分子束外延技术应用及进展

1. 薄膜制备

MBE 方法能够制备很多薄膜，主要有以下一些类型。

（1）Ⅲ-Ⅴ族化合物，如在 Al_2O_3 基体上生长 AlN，GaAs 基体上生长 AlGaAs、AlGaSb，InP 基体上生长 InAlAs、InGaAlAs 等。

（2）Ⅳ族单质或化合物，如 Si 基体上生长 Si、Ge 或 GeSi 薄膜。

（3）Ⅱ-Ⅵ族化合物，如 GaAs 基体上生长 CdMnTe、CdTe 和 HgCdTe，GaP 基体上生长 ZnS 薄膜等。

（4）Ⅳ-Ⅵ族化合物，如 PbTe 基体上生长 PbEuSeTe、PbYbSnTe 膜，PbSe 基体上生长 PbS、PbSe 薄膜等。

（5）绝缘膜，如 Si 基体上生长 BN、AlN 或 LaF_3，InP 或 CdTe 基体上生长 BaF_2、$SrBaF_2$ 等。

（6）金属膜，如 InP、GaAs 和 Si 基体上沉积的 Al、Ag、Au 和 Mo 等薄膜。

2. 器件制备

早期的 MBE 主要用来研究薄膜生长，但推动 MBE 发展的动力是高端电子器件和光电子器件的发展。MBE 可以低温低速生长薄膜，制备界面原子级突变的异质结，高精度控制掺杂比例等，因而可以制造优质半导体膜、异质结及量子阱等结构。利用这些结构，能够制备具有独特性能的电子器件和光电子器件。如图 3-26 所示为用 MBE 方法生长的高电子迁移率晶体管（high electron mobility transistor，HEMT）、异质结双极晶体管[13]（heterojunction bipolar transistor，HBT）、GaAs/AlGaAs 量子阱激光器（多层 13nm 厚的 GaAs 和 AlGaAs 外延膜交替排列）和 GaN 激光二极管（由 GaN 外延膜及其多种掺杂膜组成）[14]，各种膜的成分及厚度都标示在图中。

3. MBE 装置进展

MBE 装置也在不断进展，主要表现在真空室结构、蒸发源的变化，以及其他高端分析设备的融入。

1）真空室结构的进展

早先的 MBE 装置是两室结构，除进样室外，还有薄膜制备和分析室。这种把薄膜制备和分析结合在一起的结构使用比较简单，但是薄膜制备过程中气化的膜材分子或原子对分析仪器有微量的污染，长期积累会影响分析仪器的灵敏度。于是，后来的 MBE 装置中将分析室与薄膜沉积室分开，形成了三室结构，原理图如图 3-27（a）所示。科学研究的不断发展需要在真空环境下处理样品，又发展出四室结构，包括进样室、样品处理或预生长室、制样室，以及分析室。四室实体图如图 3-27（b）所示。

2）蒸发源的进展

随着科技的发展，给蒸发源提供能量的方式也在不断变化，早期只有电阻蒸发源，现在电子束蒸发源、脉冲激光蒸发源等也都可以应用于 MBE 系统，将这些源与 MBE 系统结合，提高了 MBE 的性能，扩大了 MBE 的使用范围。

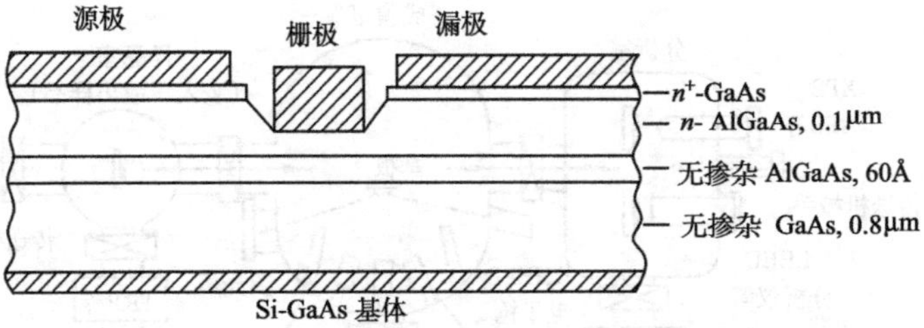

(a) 高电子迁移率晶体管

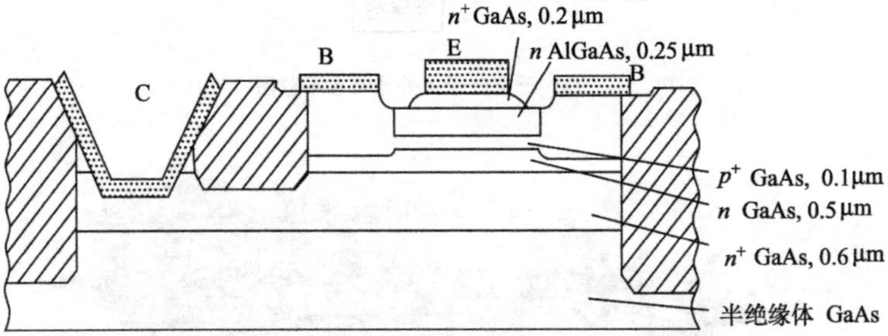

(b) 异质结双极晶体管

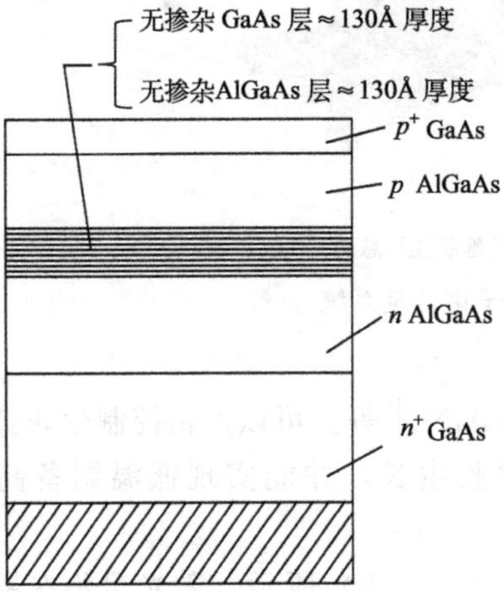

(c) 多量子阱激光

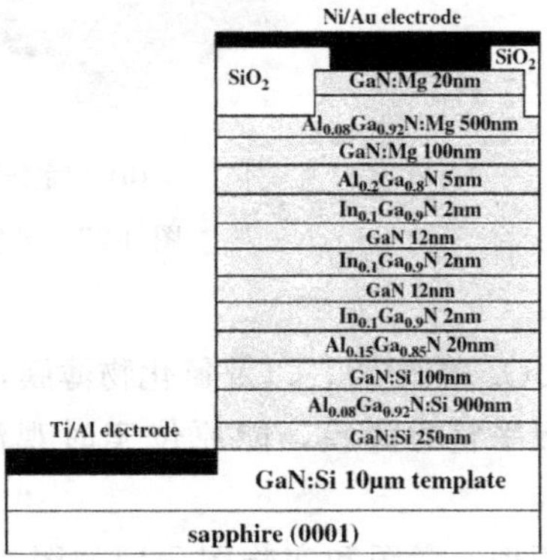

(d) 激光二极管

图 3-26 MBE 制备的器件示意图

4. 镀膜方法的进展

1) 脉冲激光分子束外延

激光分子束（laser molecular beam epitaxy，LMBE）外延是用激光作为热源，在超高真空条件下，加热高熔点膜材，外延生长薄膜的方法。该方法集中了传统分子束外延和激光沉积技术的主要优点，主要用于外延生长金属氧化物，如 Fe_3O_4、

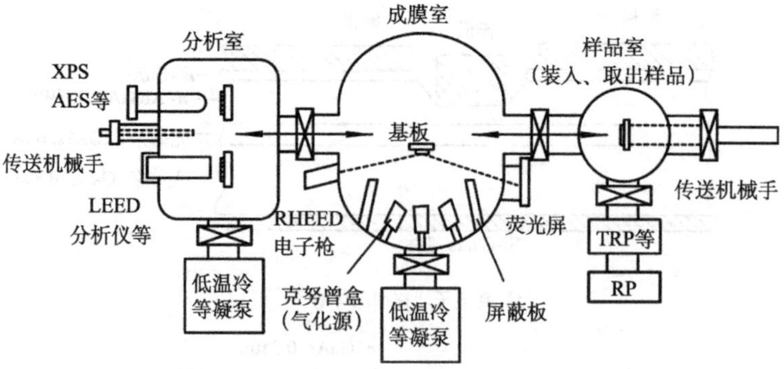

(a) 三室分子束外延装置示意图

(b) 四室分子束外延装置示意图

图 3-27　多室分子束外延系统

Sr_2FeMoO_6 薄膜[15]，以及氮化物薄膜，如 AlN[16] 等。可以严格控制生长速率，制备原子级平整的薄膜，能原位实时观测薄膜生长，并能实现低温制备高质量的薄膜。

其原理示意图和实物图分别如图 3-28 (a)、(b) 所示，激光聚焦在靶上，在超高真空条件下蒸发靶，基体加热到适当的温度，靶材原子在基体上外延成膜，如在单晶 Al_2O_3 (0002) 基体上，用脉冲宽度为 30ns 的 KrF 准分子激光器（波长为 248nm）制备 AlN 薄膜[17]。靶材采用纯度为 99.99%的 AlN 多晶靶，实验前基片在 10^{-4}Pa 的真空条件中通过铂加热丝加热到 800℃热处理 30min，以消除表面机械抛光所导致的缺陷。实验时激光束经聚焦后进入生长室以 45°入射到 AlN 靶材上，控制激光脉冲能量为 120mJ/pulse，频率为 3Hz，靶与基片距离为 55mm，沉积速率约为 0.03nm/s。沉积温度通过铂铑热电偶监测，严格控制在±5 ℃以内。生长温度为 650℃时可外延生长质量好的膜，薄膜与衬底之间的外延关系表现为：

AlN [1210] //Al_2O_3 [1100] 和 AlN [1100] //Al_2O_3 [1210]，AlN 的透射率达到 85%，禁带宽度 $E_g = 5.6eV$。

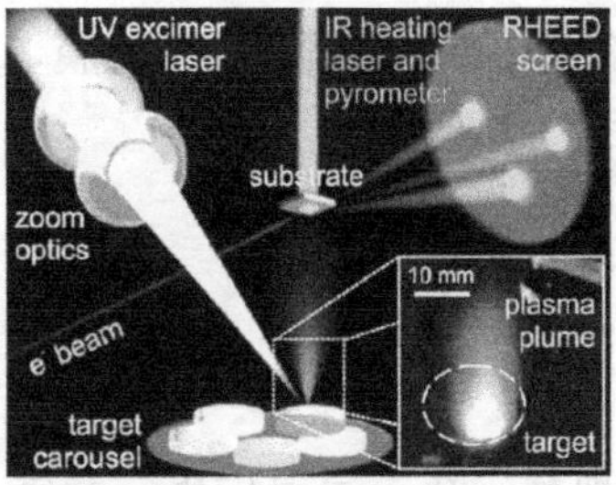

(a) 脉冲激光分子束外延示意图

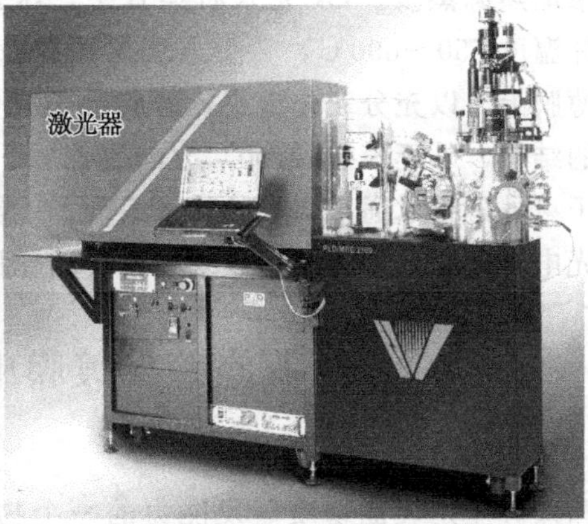

(b) 德国生产的PLD-MBE装置实体图

图 3-28 脉冲激光分子束外延系统

2）等离子体辅助的分子束外延[18]

在原有的 MBE 蒸发源基础上，增加等离子体源，称为等离子体辅助的分子束外延（PA-MBE）。PA-MBE 原理示意图如图 3-29 所示。等离子体通常用射频放电产生[19]，主要用于裂解难裂解的 N_2 和 NH_3，形成氮原子，以制备高质量的氮化物，如 AlN[20]、GaN 等薄膜，以及蓝色或绿色激光二极管，如 AlGaN、InGaN[21] 等。如用射频等离子体辅助的 MBE 方法在蓝宝石基体上制备 Cr 掺杂的 GaN 薄膜[22]，用三个源：Ga、Cr 和等离子体增强的氮气源，本底真空度为 3×10^{-9} Pa。沉积薄膜之前，需要在 820℃ 高温处理基体 10min，以除去表面污染物。6N（99.9999%）氮气经过射频放电形成氮等离子体，放电功率 600W，氮气流量 2.5sccm。由于 GaN 与蓝宝石基体之间有 13% 的晶格不匹配，所以需要先在基体上生长 20nm AlN 层，生长温度为 765℃，Al 的蒸发温度为 1296℃，接着再生长 20nm GaN 缓冲层，生长温度为 760℃，Ga 源温度为 1040℃，然后再在 720℃ 生长一层 20nm GaN，Ga 源温度为 1028℃。之后才沉积 Cr 掺杂的 GaN，Cr 源温度在 1050℃ 以上。

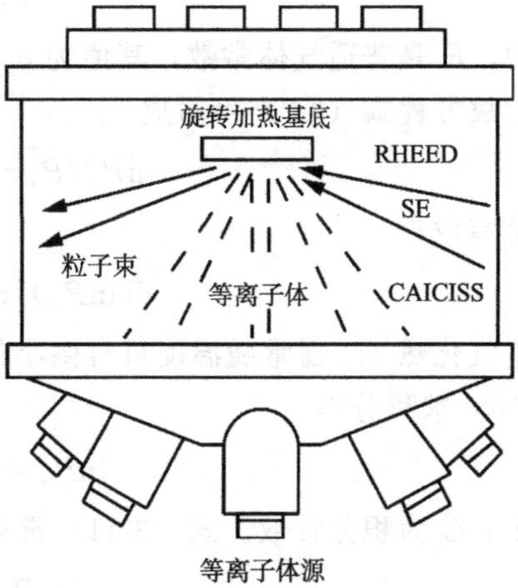

图 3-29 等离子体辅助的 MBE 原理示意图

等离子体源也可用来裂解氧分子[23]，如在MgO（100）基体上外延生长高温超导薄膜$YBa_2Cu_3O_{7-x}$，使用三个蒸发源，Ba用克努曾舟蒸发，而Y和Cu分别用电子束加热源蒸发。O_2充入石英管中，压强为40Pa，用微波放电裂解成活性氧。基片温度550～600℃，三个金属源同时蒸发，一束活性氧入射到基体或正在生长的薄膜上，以充分氧化金属，薄膜生长率为0.05nm/s，生长过程用衍射仪监测薄膜的结构，外延膜按（100）方向生长。

分子束外延技术通过与其他技术组合，能够制备各种高质量外延薄膜，在科研和高端光电器件制造中将发挥越来越重要的作用。

3.7 真空蒸发镀膜中的重要参数

1. 饱和蒸气压

饱和蒸气压是表征物质蒸发能力的一个物理量。在一定温度下，当气、固或气、液两相平衡时，单位时间从液态或固态进入气态的分子数等于从气态回到液态或固态的分子数，此时气体的压强称为该物质的饱和蒸气压。同种物质的饱和蒸气压随温度的上升而增大，不同物质的饱和蒸气压在相同温度下也不相同。

物质的饱和蒸气压随温度而变化，它们之间的数学表达式称为蒸气压方程。蒸气压方程可以从克拉伯龙-克劳修斯（Clapeylon-Clausius）方程式推导出来，即

$$\mathrm{d}P_v/\mathrm{d}T = H_v/(T(V_g - V_s)) \tag{3-7}$$

式中，P_v是饱和蒸气压，H_v为摩尔气化热或蒸发热（J/mol），V_g和V_s分别为气相和固相或液相的摩尔体积（cm^3/mol），T为绝对温度（K）。

因为$V_g \gg V_s$，并假设在低气压下蒸气分子符合理想气体状态方程，则有$V_g - V_s \approx V_g$，又有

$$V_g = RT/P_v \tag{3-8}$$

式中，R是普适气体常数，其值为$8.31\times10^7 J/(K\cdot mol)$。

故方程式（3-7）可写成

$$\mathrm{d}P_v/P_v = H_v \cdot \mathrm{d}T/(RT^2) \tag{3-9}$$

亦可写成

$$\mathrm{d}(\ln P_v)/\mathrm{d}(1/T) = -H_v/R \tag{3-10}$$

由于气化热H_v通常随温度只有微小的变化，故可近似地把H_v看作常数，于是式（3-10）求积分得

$$\ln P_v = C - H_v/(RT) \tag{3-11}$$

式中，C为积分常数。式（3-11）常表示为

$$\lg P_v = A - B/T \tag{3-12}$$

式中，A、B为常数，可以由实验测定。

式（3-12）即为蒸发材料的饱和蒸气压与温度之间的近似关系式，可知 $\ln P_v$ 与 $1/T$ 近似呈直线关系。表 3-4 和图 3-30 是实验测出的一些常用材料饱和蒸气压与温度的关系，据此可以方便地确定蒸发温度，即饱和蒸气压为 1Pa 时对应的温度。另外，由于 $\ln P_v$ 与 $1/T$ 的近似正比关系，所以当 T 有微小变动时，蒸发速率会有剧烈的变化，因而必须精确控制蒸发温度。

表 3-4　一些常用材料的蒸气压与温度关系

金属	分子量	不同蒸气压 P_v 下的温度 T/K						熔点/K	蒸发速率*
		10^{-8}	10^{-6}	10^{-4}	10^{-2}	10^{0}	10^{2}		
Au	197	964	1080	1220	1405	1670	2040	1336	6.1
Ag	107.9	759	847	958	1105	1300	1605	1234	9.4
In	114.8	677	761	870	1015	1220	1520	429	9.4
Al	27	860	958	1085	1245	1490	1830	932	18
Ga	69.7	796	892	1015	1180	1405	1745	303	11
Si	28.1	1145	1265	1420	1610	1905	2330	1685	15
Zn	65.4	354	396	450	520	617	760	693	17
Cd	112.4	310	347	392	450	538	665	594	14
Te	127.6	385	428	482	553	647	791	723	12
Se	79	301	336	380	437	516	636	490	17
As	74.9	340	377	423	477	550	645	1090	17
C	12	1765	1930	2140	2410	2730	3170	4130	19
Ta	181	2020	2230	2510	2860	3330	3980	3270	4.5
W	183.8	2150	2390	2580	3030	3500	4180	3650	4.5

*单位：10^{17}（$cm^{-2}\cdot s^{-1}$）（$P\approx 1$Pa，黏附系数 $\alpha\approx 1$）。

2. 蒸发速率（N_e）

蒸发速率定义为单位时间单位面积上蒸发的分子数。单位时间（s）内碰撞到单位面积（cm^2）的分子数为

$$N_{in}=\frac{1}{4}nv=\frac{P}{\sqrt{2\pi mkT}}=2.64\times 10^{24}P\left(\frac{1}{T\mu}\right)^{\frac{1}{2}} \tag{3-13}$$

式中，n 为气体分子平均密度，v 为气体分子运动的平均速度，m 为气体分子质量，k 为玻尔兹曼常数，P 为膜材在温度为 T 时的饱和蒸气压（Pa），T 为绝对温度，μ 为膜材的分子量。在热平衡条件下，单位时间碰撞到单位面积的分子数（N_{in}）与单位时间从单位面积回到气相的分子数相同。所以，单位时间内从单位膜材表面上蒸发出来的分子数可以表示为

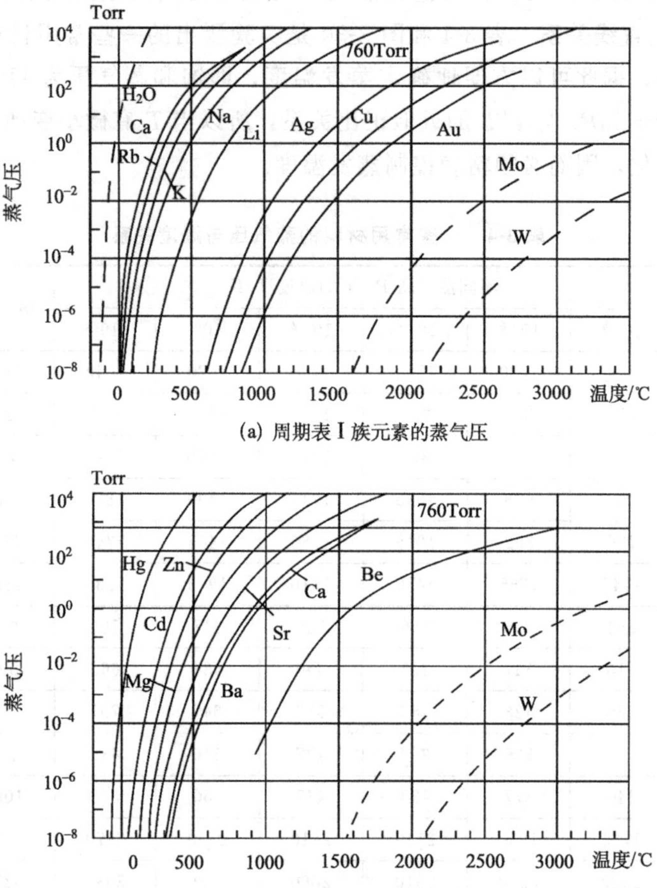

(a) 周期表Ⅰ族元素的蒸气压

(b) 周期表Ⅱ族元素的蒸气压

图 3-30　实验测出的温度与蒸气压关系图

$$N_e = 2.64 \times 10^{24} P \left(\frac{1}{T\mu}\right)^{\frac{1}{2}} \tag{3-14}$$

膜材的蒸发速率除了与其自身的分子量、膜材温度 T 和膜材在温度 T 下的饱和蒸气压有关外，还与膜材表面清洁程度有关。设 α_1 为表征膜材表面清洁程度的系数，称为蒸发系数，通常小于 1，那么膜材在真空条件下自由蒸发速率 N_e 为

$$N_e = 2.64 \times 10^{24} P \left(\frac{1}{T\mu}\right)^{\frac{1}{2}} \alpha_1 \tag{3-15}$$

如果膜材表面存在污染，蒸发速率会降低。

3. 凝结速率（N_d）

膜材经过加热蒸发后，蒸发粒子在单位时间内凝结在基体单位面积上的分子数称为凝结速率，以 N_d 表示。凝结速率与蒸发源的蒸发特性、源与基片间的距离有

关。假设：①蒸发原子或分子与残余气体分子间不发生碰撞；②在蒸发源附近的蒸发原子或分子之间也不发生碰撞，那么凝结速率可以按如下方式求解。

1）点源凝结速率（N_{d1}）

微小球状蒸发源称为点源，点源的蒸发特性为各向同性，即它向各个方向蒸发的速率相同。假设点源面积为 A，蒸发速率为 N_e，则在单位时间内，沉积到离蒸发源距离为 r 的球面上单位面积上的分子数为

$$N_1 = \frac{N_e A}{4\pi r^2} \tag{3-16}$$

如图 3-31 所示，假设基体法线方向与分子入射方向夹角为 θ，设球面上 ds_1 面积在基体上的投影面积为 ds_2，那么

$$N_1 ds_1 = N_d ds_2 = N_d \frac{ds_1}{\cos\theta} \tag{3-17}$$

$$N_d = N_1 \cos\theta \tag{3-18}$$

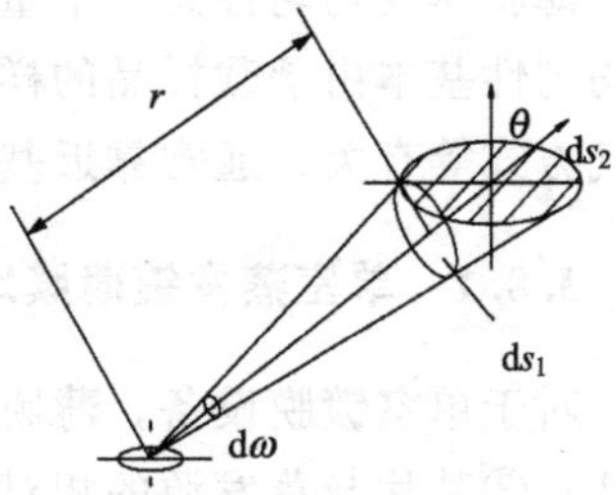

图 3-31　点源蒸发示意图

设 α_2 表示膜材分子在基体上的凝结系数，则

$$N_{d1} = N_1 \cos\theta\alpha_2 \tag{3-19}$$

α_2 与基体性质、基体表面温度及蒸气分子性质有关，其值介于 0 和 1 之间，对表面清洁的活性金属基体而言，近似为 1。

将式（3-16）代入式（3-19）得

$$N_{d1} = \frac{N_e A\cos\theta}{4\pi r^2}\alpha_2 = 2.64\times 10^{24} P\left(\frac{1}{T\mu}\right)^{\frac{1}{2}} \frac{A\cos\theta}{4\pi r^2}\alpha_2 \tag{3-20}$$

可见，凝结速率与蒸气压（P）、蒸发源温度（T）及蒸发源面积（A）有关，与膜材原子质量有关，还与点源与基体之间的距离，以及基体法线方向有关，与基体温度及表面清洁程度有关。

2）小面源凝结速率（N_{d2}）

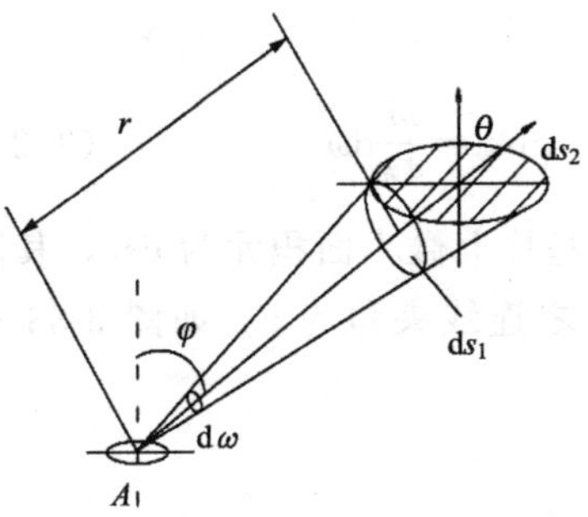

图 3-32　面源蒸发示意图

对于小平面源，其蒸发特性具有方向性，在与法线成 φ 角方向上蒸发量与 $\cos\varphi$ 成正比。如图 3-32 所示，假设小平面源面积为 A，蒸发速率为 N_e，与小平面源法线方向成 φ，距离为 r 处，垂直于法线方向上，单位面积上沉积速率为

$$N_1 = \frac{N_e A}{\pi r^2}\cos\varphi \tag{3-21}$$

式中，$1/\pi$ 是由于小平面源蒸发出来的所有分子数只在半球空间，归一化所致。

设基片法线与 r 方向夹角为 θ，则基片上凝结速率为

$$N_{d2}=\frac{N_e A\cos\theta\cos\varphi}{\pi r^2}\alpha_2=2.64\times10^{24}P\left(\frac{1}{T\mu}\right)^{\frac{1}{2}}\frac{A\cos\theta\cos\varphi}{\pi r^2}\alpha_2 \qquad (3\text{-}22)$$

比较式（3-20）和式（3-21），可见点源和小平面源在基体上沉积速率的表达式基本相同，只是对于小平面源来说，凝结速率还同小平面源与基体之间连线的方向有关。

3.8 蒸发镀中基体上沉积的膜的厚度均匀性

薄膜厚度均匀性是一个重要指标，因为厚度不同的膜的性能可能会不同。膜厚度均匀性基本由承载样品的样品架构型和其运动方式决定。反应镀中，还与气体的进气方式等有关，通常靠近基体均匀进气有利于获得厚度均匀的薄膜。

3.8.1 单室蒸发镀薄膜均匀性计算

对于单室镀膜设备，薄膜均匀性取决于：①蒸发源的蒸发特性；②基片的几何形状；③基片与蒸发源的相对位置等因素。

假设：①蒸发原子或分子与残余气体分子间不发生碰撞；②在蒸发源附近的蒸发原子或分子之间也不发生碰撞；③蒸发沉积到基板上的原子不发生再蒸发现象，即第一次碰撞就凝结于基板表面上。以上假设①在真空度足够高时，如压强低于 10^{-3}Pa 情况，基本是满足的。对于假设②，当蒸发速率不是很大时，基本成立。对于假设③，当基片清洗干净，特别是经过等离子体轰击后，基本上是满足的。基于以上假设，对点源和小平面源制备的膜的厚度分布进行如下分析。

1. 点源对平面基片的蒸发

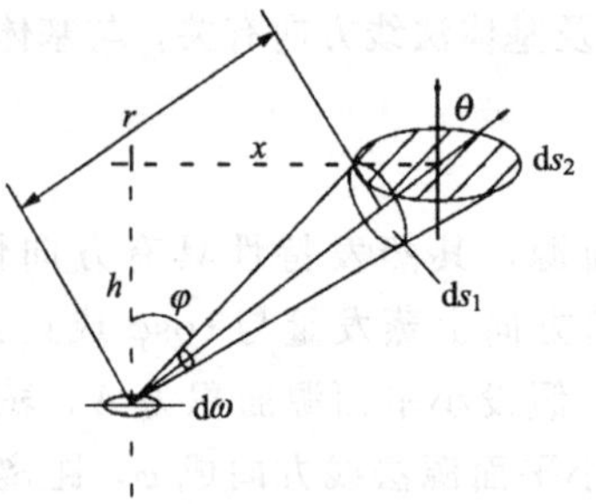

图 3-33 点源到平面基体蒸发示意图

点源的蒸发特性为各个方向蒸发速率相同。假设点源 A 的蒸发速率为 m（g/s），则在单位时间内，通过如图 3-33 所示的立体角（立体角为对应的球面面积与球半径平方的比值）$d\omega$ 内的蒸发量 dm 为

$$dm=\frac{m}{4\pi}d\omega \qquad (3\text{-}23)$$

假设一平面基片上微小面积元为 ds_2，其法线方向和点源与之连线夹角为 θ，如图 3-33 所示，计算该面积元上膜厚的分布。

由图 3-33 可知，$ds_1=ds_2\cos\theta=r^2d\omega$，则

$$d\omega=\frac{ds_2\cos\theta}{r^2}\approx\frac{ds_2\cos\theta}{h^2+x^2} \qquad (3\text{-}24)$$

假设薄膜密度为 ρ，单位时间沉积到 ds_2 上的膜厚为 t，则沉积到 ds_2 上的薄膜

体积为 $t\mathrm{d}s_2$，质量为

$$\mathrm{d}m=\rho t\,\mathrm{d}s_2=\frac{m}{4\pi}\mathrm{d}\omega$$

所以，膜厚度 t 为

$$t=\frac{m}{4\pi\rho}\cdot\frac{\cos\theta}{r^2}\tag{3-25}$$

可见薄膜的厚度与源-基距离的平方成反比。

如点源到基片的距离用 x 和 h 表示，则

$$t=\frac{mh}{4\pi\rho r^3}=\frac{mh}{4\pi\rho(h^2+x^2)^{\frac{3}{2}}}\tag{3-26}$$

即随着 x 值的增大，膜的厚度逐渐变小。$x=0$ 时，膜的厚度值最大，设为 t_0，则

$$t_0=\frac{mh}{4\pi\rho r^3}=\frac{m}{4\pi\rho h^2}\tag{3-27}$$

可以用任意一点的膜厚与 t_0 的比值作为对薄膜均匀性的衡量，则

$$\frac{t}{t_0}=\frac{1}{\left[1+\left(\frac{x}{h}\right)^2\right]^{\frac{3}{2}}}\tag{3-28}$$

根据式（3-28），随着 x/h 值的增大，膜厚度均匀性变差，这种变化趋势如图 3-34 所示。通常情况下，h 值可以认为不变，这样随着样品离蒸发源距离的增大，薄膜均匀性变差。

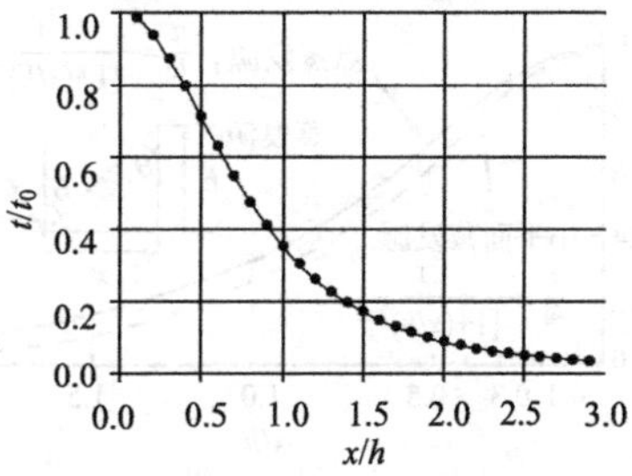

图 3-34　点蒸发源沉积薄膜厚度分布

2. 小平面源对平面基片的蒸发

如图 3-35 所示，对于小平面源，其蒸发特性具有方向性，在 φ 角方向上蒸发量与 $\cos\varphi$ 成正比，φ 为基片中心和小平面源中心连线与小平面源法线方向的夹角。当膜材从蒸发源上以 m(g/s) 速率蒸发时，与小面源法线成 φ 角的 $\mathrm{d}\omega$ 立体角内蒸发量 $\mathrm{d}m$ 为

$$\mathrm{d}m=\frac{m}{\pi}\cos\varphi\,\mathrm{d}\omega\tag{3-29}$$

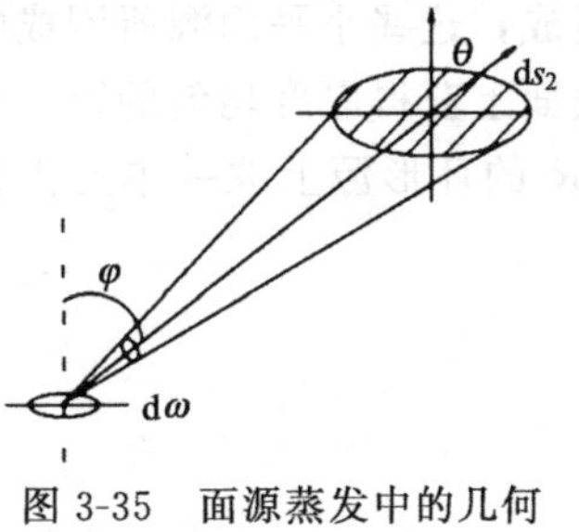

图 3-35　面源蒸发中的几何位置示意图

假设一基片，其法线方向与所考虑立体角中心线方向夹角为 θ，现求该基片上膜厚分布。假设薄膜密度为 ρ，单位时间沉积到 $\mathrm{d}s_2$ 上的膜厚为 t，则沉积到 $\mathrm{d}s_2$ 上的薄膜体积为 $t\mathrm{d}s_2$，那么

$$\mathrm{d}m=\rho t\,\mathrm{d}s_2=\frac{m}{\pi}\cos\varphi\,\mathrm{d}\omega=\frac{m}{\pi}\cos\varphi\,\frac{\mathrm{d}s_2\cos\theta}{r^2}\tag{3-30}$$

可得

$$t=\frac{m\cos\varphi\cos\theta}{\pi\rho r^{2}} \tag{3-31}$$

可见，薄膜厚度与源-基体距离的平方成反比，并与 φ 和 θ 有关。

如果基体与面源平行，则 $\varphi=\theta$，那么

$$t=\frac{mh^{2}}{\pi\rho(h^{2}+x^{2})^{2}} \tag{3-32}$$

当 $x=0$ 时，此时膜的厚度值最大，即

$$t_0=\frac{m}{\pi\rho h^{2}} \tag{3-33}$$

则

$$\frac{t}{t_0}=\frac{1}{\left[1+\left(\frac{x}{h}\right)^{2}\right]^{2}} \tag{3-34}$$

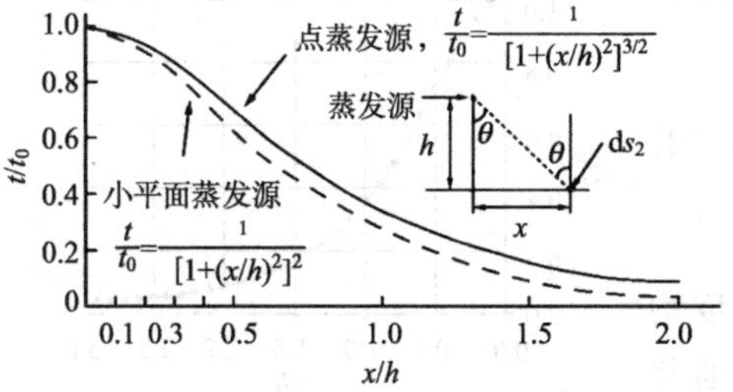

图 3-36　点源和面源制备的膜均匀性比较

这样，随着样品离蒸发源距离的增大，膜厚度均匀性变差。与点源相比，变化速率更大。图 3-36 给出点源和面源薄膜均匀性随 x/h 变化情况，可见对于同样的 x/h，点源形成的薄膜比面源情况下均匀性稍好。

另外，对于相同质量的点源和面源，相同的基体位置，以面源为蒸发源时薄膜的厚度比以点源为蒸发源时形成的薄膜厚度厚。

3. 环形源的蒸发特性

环形蒸发源由安排在一个圆周上的一些小平面源组成，这些小平面源所围成的平面与基体平面相平行，这种蒸发源可以在相当大的表面上获得厚度均匀的膜。

环形源的膜厚计算模型如图 3-37 所示，在半径为 R 的环形源上取一单元面积 ds_1，则单位时间沉积到基体面积 ds_2 上的质量 dm 为

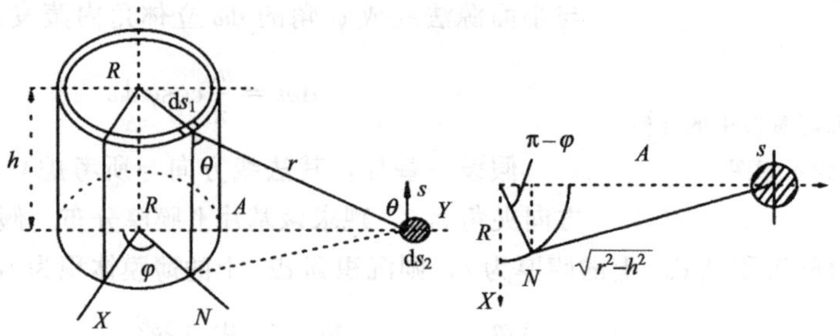

图 3-37　半径为 R 并与接收平面相平行的环形蒸发源

$$dm = \frac{m}{2\pi}d\varphi \tag{3-35}$$

根据式 (3-32)，对应的膜厚度 dt 为

$$dt = \frac{h^2 dm}{\pi \rho r^4} = \frac{mh^2}{2\rho \pi^2 r^4}d\varphi \tag{3-36}$$

积分得

$$t = \frac{mh^2}{2\rho\pi} \cdot \frac{2h^2 + (A+R)^2 + (A-R)^2}{[h^2 + (A+R)^2]^{3/2} \cdot [h^2 + (A-R)^2]^{3/2}} \tag{3-37}$$

图 3-38 是根据式(3-37)画出的膜厚分布图，横坐标表示基体上考察的点与源中心之间的距离，$R=1$。可见使用环形源，当蒸距 h 大于 0.5 时，能获得均匀性相当好的薄膜。

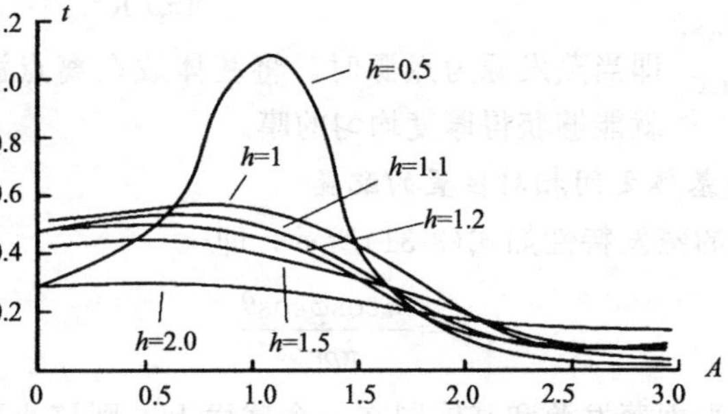

图 3-38　平行于接收平面的环形蒸发源膜厚分布

在实际使用中，通常不直接将源做成环形，而是采用相对运动的原理，使用点源，同时使基片旋转，如图 3-39 所示。基体旋转是最实用化的获得均匀薄膜的方法。

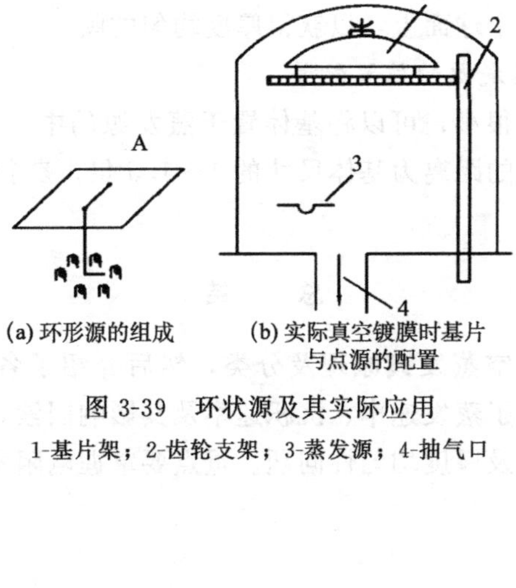

图 3-39　环状源及其实际应用

1-基片架；2-齿轮支架；3-蒸发源；4-抽气口

3.8.2 蒸发源与基片的相对位置对薄膜均匀性的影响

1. 点源与基片相对位置的配置

点源的蒸发特性如式(3-25)所示，即

$$t=\frac{m}{4\pi\rho}\frac{\cos\theta}{r^2}$$

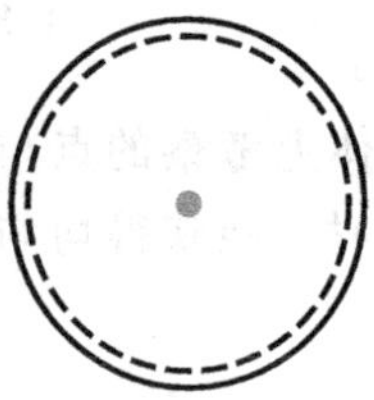

图 3-40 蒸发源在球心，而基体在同一个球面上

当 $\cos\theta=1$ 时，膜厚只与距离有关。当多个基片与源的距离相等时，如 $r=R$ 时，基片上沉积的薄膜的厚度就相等。这种情况相当于把点源放在一个球的中心，把基体放在球面上，如图 3-40 所示，此时膜厚

$$t=\frac{m}{4\pi\rho}\frac{1}{R^2} \tag{3-38}$$

即当蒸发源为点源时，将基体放在离点源同样远的位置处，就能够获得厚度均匀的膜。

2. 小平面源与基体之间相对位置的配置

小平面蒸发源的蒸发特性如式(3-31)所示，即

$$t=\frac{m\cos\varphi\cos\theta}{\pi\rho r^2}$$

根据上式，如果小平面蒸发源和基体同在一个球面上，则该小平面蒸发源蒸发时，在所有基体上沉积的薄膜厚度均匀。证明如下。

如图 3-41 所示，源与基体同置于一个球面上，此时 $\varphi=\theta$，$\cos\theta=r/(2R)$，代入厚度公式，则

$$t=\frac{m\cos\varphi\cos\theta}{\pi\rho r^2}=\frac{m}{4\pi\rho R^2} \tag{3-39}$$

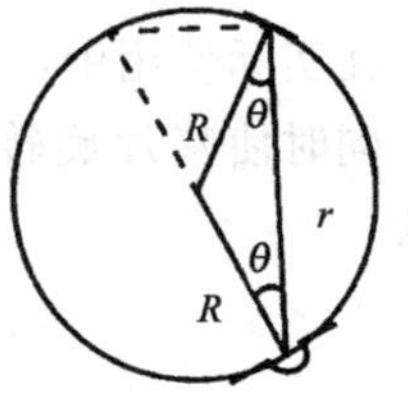

图 3-41 面源与基体在同一球面上

所以，此时厚度为定值，即当蒸发源为小平面源时，应尽量把源与基片置于同一个球面上，以获得厚度均匀的膜。

3. 小面积基片时蒸发源的位置配置

如果被镀基体面积很小，可以将基体置于蒸发源的中心线上，基体离蒸发源的距离为基体尺寸的 1～1.5 倍，获得的膜可以看作是一种均匀的膜。

总　结

本章首先介绍了真空蒸发镀原理及分类，然后介绍了各种蒸发镀的原理、装置、特点及应用，分析了蒸发速率、沉积速率及其影响因素，最后讨论了点源和面源在基体上成膜的厚度及厚度均匀性问题。重点要掌握电阻蒸发镀的缺点及改进方

法，电子束蒸发的原理和优点，PLD蒸发的原理和优点及MBE特点及应用，理解膜厚均匀性影响因素和如何获得均匀的薄膜。

参考文献

[1] 李云奇. 真空镀膜技术与设备. 2版. 沈阳：东北工学院出版社，1992

[2] 章壮健. 薄膜. 上海：复旦大学讲义，1985

[3] Kamimura Y，Okada H，Naka S. Evaluation of uniformity for organic film evaporation using two dimensional different apertures. Vacuum ，2013，92：26-31

[4] Xu N，Majidi V. Wavelength-and time-resolved investigation of lLaser-induced plasmas as a continuum source. Appl. Spectros，1993，47：134-1139

[5] 麻时立男. 薄膜制备技术基础. 陈国荣，刘晓萌，莫晓亮译. 北京：化学工业出版社，2009

[6] 郑伟涛. 薄膜材料与薄膜技术. 北京：化学工业出版社，2007

[7] Masilamani N，Shcherbakova O V，Fedoseev S A，et al. Effect of substrate and buffer layer materials on properties of thin $YBa_2Cu_3O_{7-x}$ films. IEEE Transactions on Applied Superconductivity，2013，23：6601105

[8] Krebs H U，Weisheit M，Faupel J，et al. Pulsed laser deposition (PLD) -a versatile thin film technique. Advances in Solid State Physics ，2003，43：505-518

[9] Ploog K. Molecular beam epitaxy. Paul Drude Institute，27th International Conference on the Physics of Semiconductors. Flagstaff，AZ，2004

[10] Knudsen M. Molecular flow of gases through orifices (and effusion). Annalen der Physik，1909，28：999

[11] Jia J F，Ma X C，Chen X，et al. STM and MBE：one of the best combinations. Journal of Physics D：Applied Physics，2011，44：464007

[12] 田民波，李正操. 薄膜技术与薄膜材料. 北京：清华大学出版社，2011

[13] Dong J W，Osinsky A，Hertog B，et al. Development of MgZnO-ZnO-AlGaN heterostructures for ultraviolet light emitting applications. Journal of Electronic materials，2005，34：416-421

[14] Skierbiszewski C，Siekacz M，Turski H，et al. MBE fabrication of III-N-based laser diodes and its development to industrial system. Journal of Crystal growth ，2013，378：278-282

[15] Matthias O. Spintronic oxides grown by laser-MBE. Journal of Physics D：Applied Physics，2012，45：033001

[16] 李雪飞，谢尚昇，何欢等. Si (111) 和 Si (100) 衬底上 AlN 薄膜的激光分子束外延生长特征. 机械工程材料，2012，36：38-41

[17] 赵丹，朱俊，李言荣. 生长温度对激光分子束外延 AlN 薄膜的影响. 硅酸盐学报，2011，39：1819-1825

[18] Wang X Q，Yoshikawa A. Molecular beam epitaxy growth of GaN，AlN and InN. Progress in Crystal Growth and Characterization of Materials，2004，48/49：42-103

[19] 胡健楠，郝智彪，任凡等. 射频分子束外延生长氮化铝材料中缺陷的研究. 真空科学与技术学报，2012，32：964-968

[20] Nechaev D V，Aseev P A，Jmerik V N，et al. Control of threading dislocation density at the

initial growth stage of AlNonc-sapphireinplasma-assisted MBE. J. Crystal Growth ，2013，378：319-322

[21] 吴渊渊，郑新和，王海啸等. 高质量 InGaN 的等离子体辅助分子束外延生长和 In 的反常并入行为. 物理学报，2013，62：086101

[22] Mei F，Yang Z J，Xu J X，et al. Growth and characterization of Cr-doped semi-insulating GaN templates prepared byradio-frequency plasma-assisted molecular beam epitaxy. J. of Crystal Growth ，2012，353：162-167

[23] Kwo J，Hong M，Trevor D J，et al. In-situ epitaxial growth of $YBa_2Cu_3O_{7-x}$ films by molecular beam epitaxy with an activated oxygen source. Applied Physics Letters，1988，53：2683

第四章　真空溅射镀膜

用荷能粒子轰击固体表面时，固体表面原子受到荷能粒子碰撞，有可能获得足够的能量和动量，并从表面逸出，这种现象称为溅射。溅射镀膜是用荷能粒子轰击固体靶材，使靶材原子溅射出来并沉积到基体表面形成薄膜的镀膜技术。1852 年，英国科学家 William Robert Grove（格洛夫）在实验中发现了这种现象[1]，被公认为真空溅射镀膜的开始。1877 年，美国贝尔实验室及西屋电气公司首先应用溅射原理制备薄膜。1963 年，美国贝尔实验室采用 10m 的连续溅射镀膜装置镀制集成电路使用的钽膜，首次实现溅射镀膜产业化。

1966 年，美国国际商用电子计算机公司应用高频溅射技术制成了绝缘膜。1970 年，圆柱磁控溅射阴极获得工业应用。1974 年，John S. Chapin[2] 发明了平面磁控溅射技术。1980 年前后，脉冲单靶磁控溅射、中频单靶磁控溅射得到开发，并发展出中频双靶磁控溅射。1985 年，B. Window[3] 发明了非平衡溅射。

我国在 1980 年前后，许多单位竞相发展磁控溅射技术，目前已形成了大规模工业生产局面。溅射镀膜是通过辉光放电产生等离子体，利用等离子体的相关性质实现镀膜，所以在学习溅射镀膜之前，先学习低压气体放电和等离子体的相关知识。

4.1　直流二极辉光放电

气体通常不导电，但是当气体压强较低时，则很容易被电场击穿而导电，这种气体被击穿而导电的现象称为气体放电。低压气体放电分为辉光放电和弧光放电，在溅射镀膜中，能量粒子是通过辉光放电产生的，而第五章介绍的电弧离子镀是在弧光放电中进行的。本节介绍直流二极辉光放电。

1. 直流二极辉光放电电路

图 4-1 是直流二极辉光放电系统示意图，包括真空系统和电路系统两部分。真空系统包括真空室和抽气设备，电路部分包括可调直流电源、阴极和阳极、电流表（显示放电电流）、电压表（显示阴阳两极之间的电压即放电电压）、限流电阻和开关。真空室内阴极和阳极相互对置，当真空室抽真空到压强低于 10^{-3} Pa 时，向真空室充入氩气

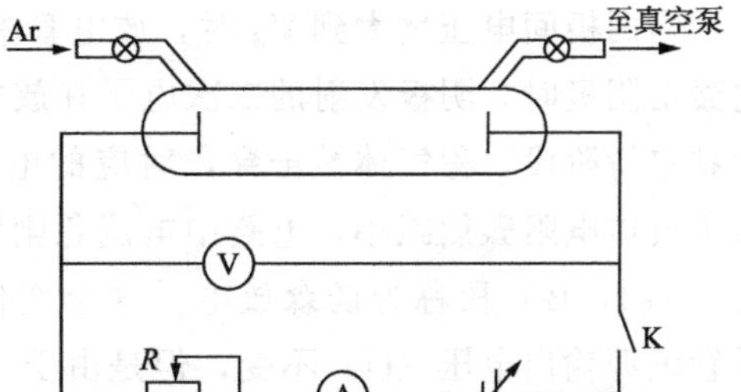

图 4-1　直流二极辉光放电电路原理图

或氖气到 100Pa 左右。两极间电势降 $V=IR_{gas}=U-IR$，其中 U 是可调电源输出电压，R 是限流电阻阻值，I 是电路上电流。

2. 直流二极辉光放电 *I-V* 曲线

直流二极辉光放电 *I-V* 曲线如图 4-2 所示，A 点以前存在微弱电流，这是由于自然界存在的宇宙射线造成气体有非常小的电离而形成的电流。增大电源输出功率，阴阳两极间电压增大，在电场力作用下，离子向阴极移动，而电子向阳极移动，电子或离子在移动过程中获得能量。能量电子与中性原子碰撞时，能够造成中性原子电离，形成电子和离子，即

$$e + M \rightarrow M^{+} + 2e \tag{4-1}$$

所以电路中电流不断增大。

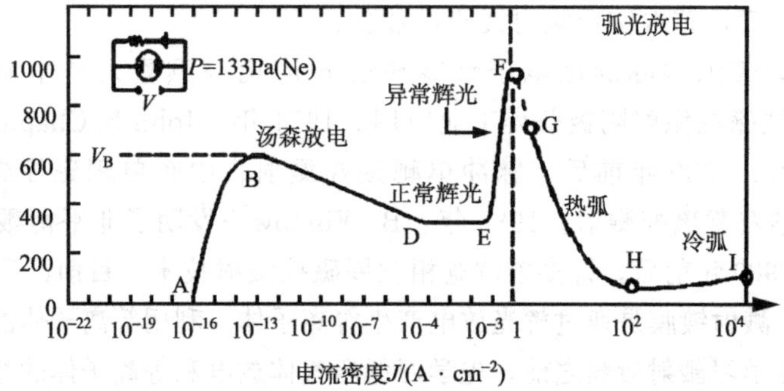

图 4-2　直流二极低压放电 *I-V* 曲线

形成的离子立即被电场加速，变成能量离子。能量离子和电子补充移动到两极而消失的电子和离子，维持电路中的电流。另一方面，能量离子到达阴极时，与阴极碰撞引起阴极发射电子，这种电子称为二次电子。二次电子一旦发射，立即受到电场加速，进入放电空间，增大了放电电流。随着两极间电压增大，电子与离子获得的能量增大，电子与中性气体原子碰撞时中性原子电离概率越大，形成的离子与阴极碰撞产生的二次电子数越多，所以随着电压的增大，放电电流不断增大。

当两极间电压增大到 V_B 时，放电管中的离子在电场中获得的能量足够高，当它轰击阴极时，阴极发射的二次电子在放电空间能够产生同样多的离子，这时放电达到自持阶段，称气体被击穿，对应的电压称为击穿电压（V_B）。气体被击穿时，由于气体电阻骤然减小，电路中电流急剧增大，放电电压瞬间自动降低到一个稳定值（V_D），B-D 段称为汤森放电。这个变化过程也可以这样来理解：气体击穿时，尽管电源输出电压（U）不变，但是由于放电电流不断增大，限流电阻上的电势降（IR）增大，根据 $V=IR_{gas}=U-IR$，所以 IR_{gas} 减小，即在电源输出电压不变的情况下，阴阳两极间电压 V 不断减小（$V_D<V_B$）。

继续增大电源输出电压，两极间放电电流不断增大而放电电压稳定不变，称为正常辉光放电，如图 4-2 的 D-E 段。在这个过程中，实验观察到随着可调电源输出功率的增大，阴极表面辉光面积不断增大，直到辉光覆盖整个阴极表面（对应于图 4-2 的 E 点）。图 4-3 示意了这个过程，浅灰色表示阴极辉光光斑，而深色部分表示阴极表面。随着辉光面积增大，阴极发射的总的二次电子数增加，所以放电电流增大。同样，由于辉光面积增大，气体的电阻变小。D-E 段放电电压不变，说明放电电流的增大恰好被气体电阻的减小抵消，所以 I 和 R_{gas} 的乘积不变。

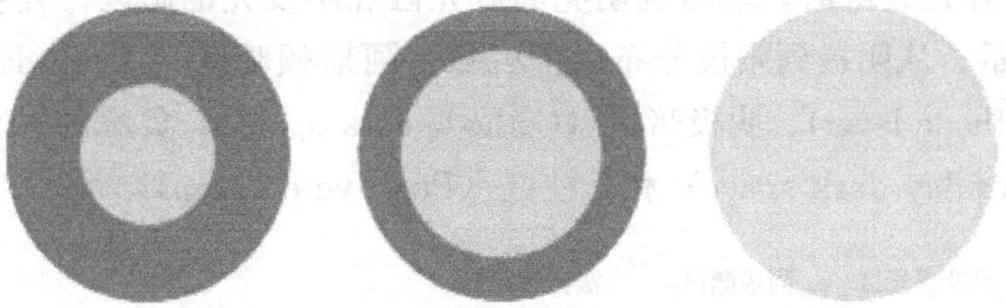

图 4-3　阴极表面辉光放电光斑由小变大

当辉光覆盖整个阴极表面后，再增大可调电源输出电压，放电电流和放电电压同时增大，这时阴极表面发生溅射现象，即阴极表面原子被入射的离子溅射出来，加入到放电空间，称为异常辉光放电，如图 4-2 的 E-F 段。

继续增大直流电源的输出功率，放电电流密度增大，大量离子轰击导致阴极过热而发射大量热电子甚至等离子体，空间电阻急剧减小，两极间电压陡降，称为弧光放电，如图 4-2 的 F-I 段。弧光放电包含两个区域，G-H 段称为常规弧光放电（或热弧放电），而 H-I 段称为冷弧放电。F-G 段是辉光到弧光的过渡阶段，F 点的大小由电路决定，可以小到几百伏特，也可以大到几万伏。弧光放电的特征是放电电压低而放电电流大。

溅射镀膜工作于异常辉光放电区域，膜材做成密实的靶，代替直流二极放电中的阴极，而基体或工件代替阳极。放电空间电子与氩气碰撞，使氩原子电离形成氩离子，氩离子在电场力作用下，轰击靶材，使靶材表面发生溅射，溅射出来的原子沉积到基体上而形成薄膜。

3. 击穿电压

击穿电压是辉光放电的一个重要参量，两极间电压必须达到击穿电压，气体才表现出宏观导电性。实验研究证实，击穿电压（V_B）随放电气压（P）与阴阳两极之间的距离（d）的乘积而变化，这个关系称为巴耶曲线。如图 4-4 所示，当两极之间距离一定时，

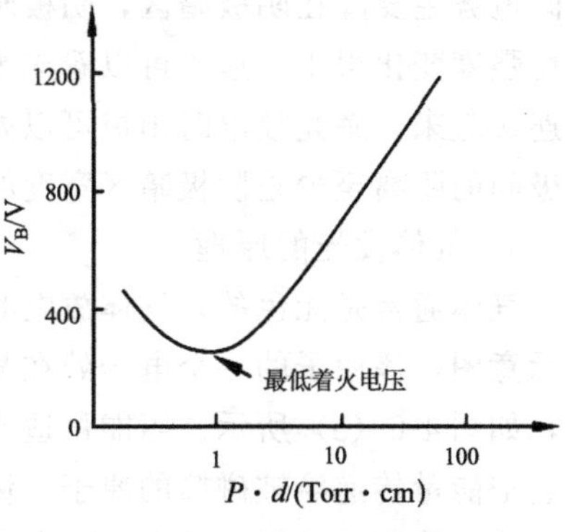

图 4-4　辉光放电巴耶曲线

随着气压的增加，击穿电压首先不断降低，直到最低点，然后又升高。辉光放电时，一般会将两极之间距离固定，真空室气压调到一定值（通常在 5Pa 左右），这样$P \cdot d$值就确定了，对应的击穿电压也就确定。再调节电源输出电压，当达到击穿电压时，气体辉光放电发生。假设真空室气压在 10Pa，两极间距离为 4cm，那么根据图 4-4，击穿电压在 300V 左右。

4. 直流二极辉光放电时的辉光

1）直流二极辉光放电时的辉光分布

直流二极辉光放电时，能看到明亮的辉光区和不发光的暗区，且明暗相间，如图 4-5 (a) 所示。从阴极到阳极分布以下区域：阿斯顿暗区（Aston dark layer）、阴极辉光区（Cathode layer）、阴极暗区（Cathode dark space）、负辉区（Negative）、法拉第暗区（Faraday dark space）和正柱区（Positive column）。

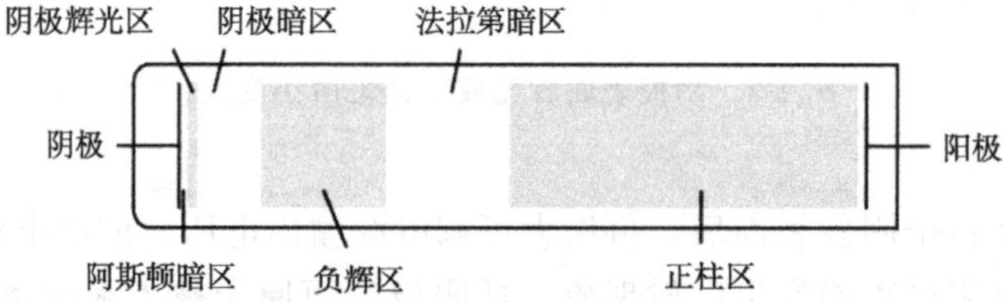

(a) 明暗区域分布

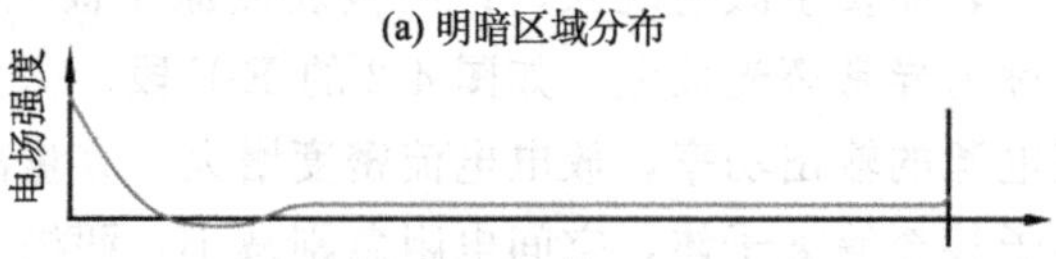

(b) 电场分布

图 4-5　辉光放电明暗区域分布及电场分布

2）辉光放电时两极间电场分布

阴阳两极之间电场分布如图 4-5（b）所示，从图中可以看出，最强电场主要分布在阴极到阴极暗区一段。由于阿斯顿暗区和阴极辉光区通常很薄，所以阴阳电极间电势主要降在阴极暗区，阴极暗区因此又称为阴极位降区。从负辉区到阳极，电场强度变化很小，这段可以看成等离子体区。等离子体是良导体，把负辉区和阳极连接起来。辉光放电时阳极可以处于负辉区与正柱区之间的任意位置，但是阴阳两极间的距离至少是阴极暗区宽度的 3～4 倍，否则辉光放电不稳定。

3）气体发光的原理

气体通常是无色的，气体放电时为什么能看到辉光呢？图 4-6 是简单的原子能级示意图，该原子的一个电子处在某一能级轨道上绕原子核旋转，这种状态称为基态，如图 4-6（a）所示。当能量适当的外来电子与该气体原子碰撞时，外来电子可能会把能量传递给被碰撞的原子，使其电子跃迁到较高能级，如图 4-6（b）所示，这时称气体原子处于激发态。激发态是一个非稳定态，有回到基态的趋势。当电子回到基态时（这个过程称为退激发过程），该原子会释放出从外来电子获得的能量，并以光子形式发射，这时就能看到辉光，而且辉光的颜色是由原子基态和激发态之间的能量差决定，这个能量差因气体不同而不同，所以不同气体放电时有不同颜色。

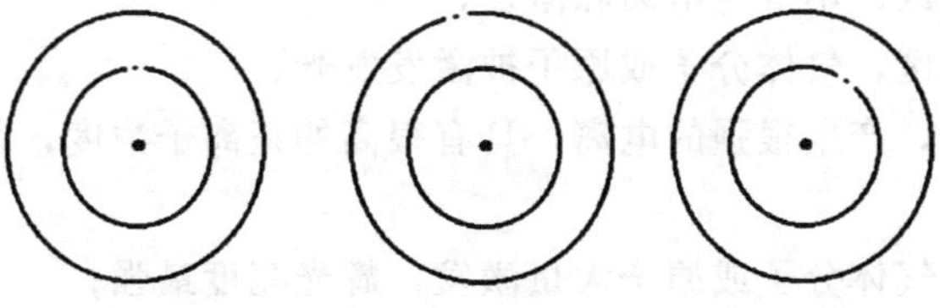

(a) 原子处于基态　(b) 激发态　(c) 基态

图 4-6　原子发光示意图

如果电子能量太低，与原子碰撞时不足以使被碰撞原子的电子跃迁到较高能级，即不能使被碰撞的原子激发，就没有退激发过程，也就没有辉光。当电子能量过高，电子与原子碰撞时，被碰撞原子获得的能量使其最外层电子脱离原子核的束缚而离开原子，称为电离，这时也没有辉光。只有当电子能量合适，存在原子激发和退激发过程时，气体才会发光。

4）两极间辉光明暗交替的机制

当两极间施加电压时，电子从阴极向阳极运动。电子刚从阴极发出时，能量较低，与气体碰撞时很难使气体激发或电离，这样在阴极表面附近存在一个暗区，称为阿斯顿暗区。当电子越过阿斯顿暗区后，从电场中获得的能量能够使与之碰撞的气体原子激发，这些原子退激发时，就会发出光子，所以这一区域有辉光，称为阴极辉光区。电子穿过阴极辉光区后，由于电场强度强，获得的电场能足以使与之碰撞的气体原子发生电离，所以接着阴极辉光区有一暗区，称为阴极暗区。电子在该区域获得的能量最大，使气体大量电离，形成电子和离子。由于电子质量小，很快离开阴极暗区，飞向阳极，而离子由于质量大滞留在该区，所以该区离子密度大，形成一个正离子鞘层。阴极暗区是辉光放电最重要的组成区域。

从阴极暗区到阳极，虽然电势不断升高，但是升高量很小，所以电子获得的能量也很小。电子与气体原子或分子碰撞时，最多只能使之激发，形成负辉区、法拉第暗区和正柱区，其中负辉区和正柱区原子被激发，而法拉第暗区原子基本没有激发和电离。负辉区气体原子被大量激发，因而具有明亮的颜色，人们可以根据该区的颜色和光亮判断溅射工况和溅射原子密度。法拉第暗区和正柱区不是辉光放电必需的，只有当阴阳两极之间距离足够大时才会形成。

5）阴极暗区

由于辉光放电电压基本降在阴极暗区，气体原子在这个区域大量电离，电子和离子也是在这个区域得到加速，所以阴极暗区是辉光放电，也是真空镀膜最重要的区域，其宽度与放电时气体压强和靶电压有关，提高两者之一都会使阴极暗区变窄。在直流二极溅射中，阴极暗区的宽度一般为1～2cm，镀膜设备中阴极靶与基片距离通常为5～10cm，这样能在维持稳定辉光的情况下，获得尽量大的镀膜速率。

总之，二极辉光放电可以总结如下：

(1) 阿斯顿暗区，不发生电离和激发；

(2) 阴极辉光区，气体分子或原子被激发发光；

(3) 阴极暗区，产生很强的电离，具有很高的正离子浓度，因而有较强的空间电荷；

(4) 负辉区，气体分子或原子大量激发，辉光亮度最强；

(5) 法拉第暗区，电离和激发都很小，不是辉光放电必需的，只起连接作用；

(6) 正柱区，气体分子受激发，是等离子区，几乎与法拉第暗区等电位。

4.2 等离子体

等离子体与固体、液体、气体一样，是物质的一种聚集状态，称为物质的第四态。如果提高气体温度，使气体分子热运动动能与其电离能可比时，粒子之间通过碰撞就可以产生大量的电离过程，使得原来由分子或原子组成的中性气体变成由带正电的离子和带负电的电子，可能还有一些中性的原子和分子所组成的物质状态，这就是等离子体态。等离子体可以通过辉光放电和电弧放电产生，自然界也有天然的等离子体，如闪电、极光等是天然等离子体的辐射现象。等离子体对真空溅射镀膜和真空离子镀膜有重要作用，所以本节学习等离子体的一些基本性质[4]。

1. 等离子体温度

等离子体温度用电子伏特（eV）作为单位，其与开尔文（K）的换算关系为：1eV相当于11600K。实验室通常获得的等离子体包含有电子、离子和中性粒子，中性粒子的含量随电离度的增大而减小。辉光放电形成的等离子体中电子、离子和中性粒子各自具有不同的温度，通常电子的温度（T_e）比离子温度（T_i）高几千倍，$T_e \neq T_i$说明等离子体中各种粒子间没有达到热平衡状态，这种等离子体称作非平衡态等离子体。电子温度为几到几百电子伏特，因此辉光放电形成的等离子体是低温等离子体（这里低温等离子体是相对于高温等离子体而言的，托卡马克放电时形成的等离子体温度可达千电子伏特以上，称为高温等离子体）。

2. 等离子体密度

等离子体由电子、离子和中性粒子组成。假设离子带单位正电荷，那么离子密度（n_i）和电子密度（n_e）相等，即

$$n_i = n_e = n \tag{4-2}$$

式中，n称为等离子体密度。

低压辉光放电形成的等离子体的密度约为$10^{10} \sim 10^{12}/cm^3$。

3. 等离子体电位和悬浮电位

考察一个真空室，内部设置阴阳两电极，阳极和真空室一起接地。设气体压强为 10Pa，气体没有电离时与地等电位；当两极间施加一定的电压，使气体击穿并发生辉光放电形成等离子体时，等离子体与真空室壁之间由于电子和离子运动速率不同，迅速建立一个电位差，这个电势差称为等离子体电位或等离子体电势（V_p）。

将一朗谬探针[①]置于正柱区，由于等离子体中的电子和离子质量的巨大差别，它们运动速度不同。假设 j_e 和 j_i 分别是电子和离子扩散电流密度，则

$$j_e = \frac{en_e v_e}{4} \tag{4-3}$$

$$j_i = \frac{en_i v_i}{4} \tag{4-4}$$

式中，e 为电子电荷，n_e、n_i 分别为等离子体中电子密度和离子密度，v_e、v_i 分别为电子和离子的平均速率，即

$$v_e = \sqrt{\frac{8kT_e}{\pi m_e}} \tag{4-5}$$

$$v_i = \sqrt{\frac{8kT_i}{\pi m_i}} \tag{4-6}$$

由于 $m_i \gg m_e$，所以 $j_e \gg j_i$。假设探针不接地，也不接其他电位，如图 4-7（a）所示，这样，探针表面将累积负电荷，其电位不断下降，而探针周围空间有剩余正电荷，这个正的空间电荷层称为鞘层。

设等离子体电位为 V_p，探针未进入探测空间时，空间 A、B 点电位都为 V_p；当探针进入放电空间后，电子在探针表面不断积累，使得探针处电势从 V_p不断降低。探针电势降低，一方面使飞向探针的电子减速，减小到达探针表面的电子流密度，另一方面提高到达探针表面离子流密度。当到达探针上的电子流密度和离子流密度相同时，探针电位达到一个稳定值，这个电位称为悬浮电位（V_f）。探针所在位置处电势从等离子体电势降低到悬浮电位的过程可以用图 4-7（b）表示。悬浮电位值可以用电压表测量，如图 4-7（c）所示，电压表的示数即为探针的悬浮电位值。此时 A、B 之间的电位差为等离子体与探针之间电位差为 $V_p - V_f$。如果将探针接地，如图 4-7（d）所示，探针具有地电位，那么探针上电子会流入大地，这时等离子体与探针之间稳定的电位差即为 V_p。

---

① A Langmuir probe is a device named after Nobel Prize winning physicist Irving Langmuir, used to determine the electron temperature, electron density, and electric potential of a plasma. It works by inserting one or more electrodes into a plasma, with a constant or time-varying electric potential between the various electrodes or between them and the surrounding vessel. The measured currents and potentials in this system allow the determination of the physical properties of the plasma.

将辉光放电回路和测量电路综合在一起，可以用图 4-7（e）表示，当R_2很小时，探针是接地模式，AB 两点电势差为V_p；当R_2非常大时，探针处于悬浮电位模式，R_2上电势降就是探针的悬浮电位，AB 两点电势差为V_p-V_f。

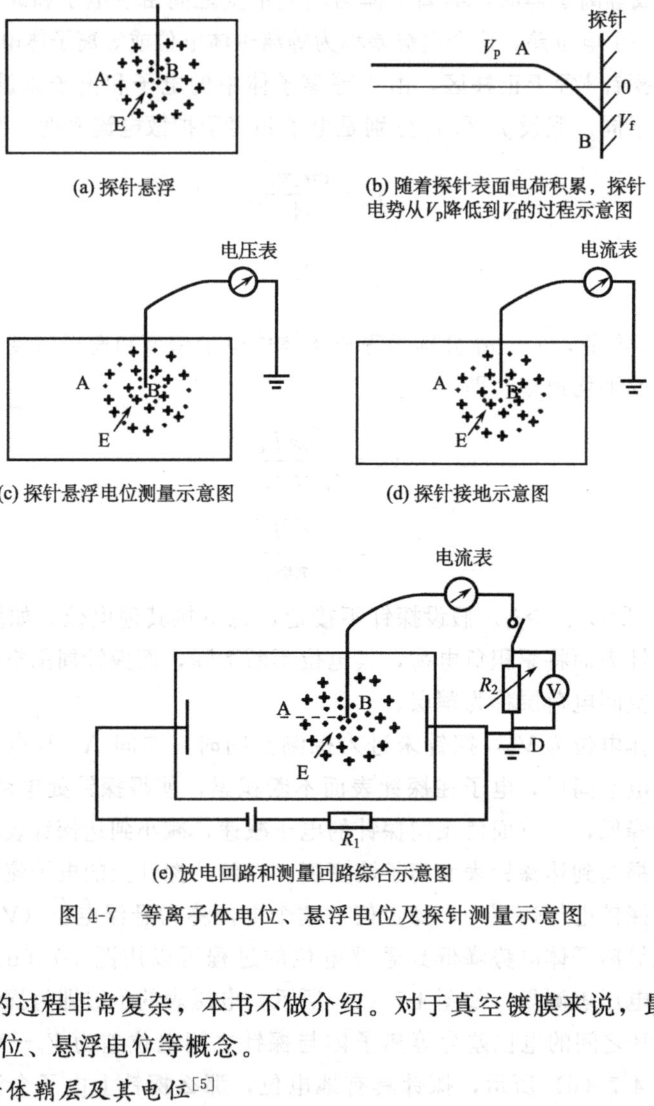

(a) 探针悬浮

(b) 随着探针表面电荷积累，探针电势从V_p降低到V_f的过程示意图

(c) 探针悬浮电位测量示意图

(d) 探针接地示意图

(e) 放电回路和测量回路综合示意图

图 4-7　等离子体电位、悬浮电位及探针测量示意图

测量V_p的过程非常复杂，本书不做介绍。对于真空镀膜来说，最重要的是理解等离子体电位、悬浮电位等概念。

4. 等离子体鞘层及其电位[5]

如上所述，等离子体鞘层是指电中性等离子体和与它接触的固体表面之间的过渡区，尽管等离子体本身差不多是等电位区，但等离子体鞘内具有强电位梯度，并不保持电中性，如图 4-8 所示。在靠近鞘层边界的等离子体区域与鞘层之间，存在一个中间区域，这个区域内存在一个有限的电场，离子在该电场的作用下被加速，获得定向速度，该区域称为预鞘层，其空间尺度比鞘层宽得多。

经计算，等离子体区的离子在预鞘层至少被加速到某一速率，才能够到达阴

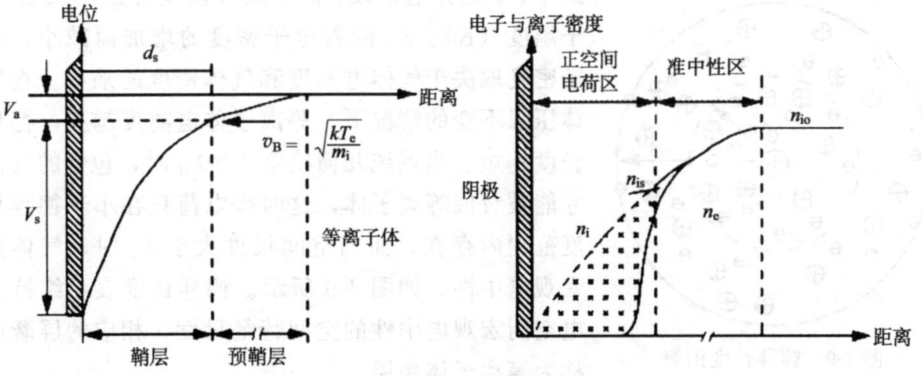

图 4-8　等离子体鞘层示意图

极，维持放电稳定，这一速率为

$$v_B=\sqrt{\frac{kT_e}{m_i}} \tag{4-7}$$

式中，v_B 称为玻姆速度。

预鞘层呈准中性，设其上电位为 V_a，代入能量公式，则

$$eV_a=\frac{1}{2}m_i v_B^2 \tag{4-8}$$

得到预鞘层电位计算公式，即

$$V_a=\frac{kT_e}{2e} \tag{4-9}$$

可见预鞘层电位仅由电子温度决定。

鞘层电位计算公式为

$$V_s=V_p-V_a=\frac{kT_e}{e}\ln\left(\frac{m_i T_e}{m_e T_i}\right)=\frac{kT_e}{2e}\ln\left(\frac{8m_i}{\pi n}\right) \tag{4-10}$$

鞘层电位与电子温度、离子质量和等离子体密度有关。

阴极表面预鞘层的厚度很宽，延伸到正柱区。鞘层的厚度则很薄，与辉光放电时阴极暗区的宽度相当，所以通常近似认为阴极暗区的宽度 d_s 就是鞘层的厚度。辉光放电时阴阳两极之间的电位降主要降在阴极暗区，所以通常也就近似认为鞘层上的电位降就是阴阳极之间的电位降。

5. 德拜长度

德拜长度（λ_D）表示等离子体中带电粒子库仑力的作用范围，表示为

$$\lambda_D=\left(\frac{\varepsilon kT_e}{n_e e^2}\right)^{\frac{1}{2}} \tag{4-11}$$

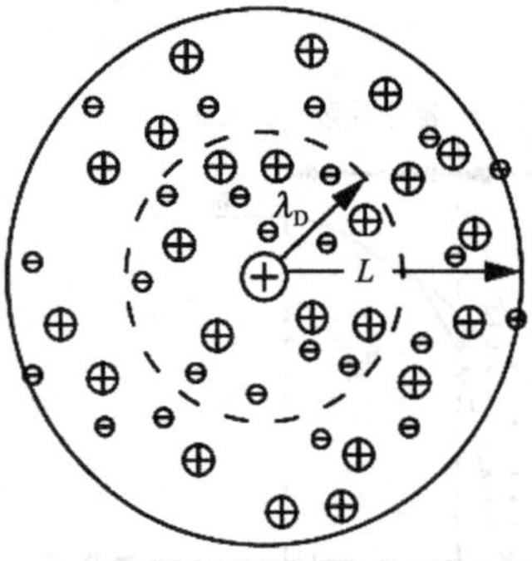

图 4-9　德拜长度图解

式中，ε 是介电常数，k 是玻耳兹曼常数，T_e 是电子温度（K）。λ_D 随着电子密度的增加而减小，电子密度取决于气体电离度和气体密度的乘积。在气体压强不变的情况下，等离子体电离度越高，德拜长度越短。当系统几何线度 $L \gg \lambda_D$ 时，包含的气体才能被看成等离子体，这时净电荷只在小于德拜长度范围内存在，而当空间尺度大于 λ_D 时，气体呈宏观电中性，如图 4-9 所示。德拜长度表示维持放电空间宏观电中性的空间特征尺度，相应的屏蔽层称为等离子体鞘层。

如果放电空间等离子体密度太低，使得 λ_D 与放电空间尺度相当，那么这时不能认为放电空间是处于等离子体状态。

6. 等离子体活性

气体放电形成等离子体，其中离子和处于激发态的原子的活性均比中性原子或分子强很多。两种原子同时参与放电，形成混合等离子体，在基体上发生化学反应的概率会大大提高，利于镀制化合物薄膜，在真空镀膜中称为等离子体增强，后面章节中会经常遇到这样的过程。

4.3　溅射原理

真空溅射镀膜基于溅射现象之上，所以本节先讲溅射。溅射是用荷能粒子（通常是离子）轰击固体表面，导致固体表面原子逸出的现象。早期认为，溅射是入射粒子将能量传递给固体表面，固体表面原子因吸收能量而蒸发出来的过程，但是随着对溅射现象认识的深入，发现动量传递机制占主导地位。本节从入射到靶材表面的离子引发的各种现象入手，考察溅射产额的影响因素，溅射出来的粒子状态，讨论溅射原理。

1. 能量粒子轰击固体表面产生的各种效应

离子轰击固体表面时会产生多种效应，如图 4-10 所示，主要有入射离子的反射、入射离子中性化后反射、入射离子在表面沉积、表面电子发射、表面中性原子和分子发射、表面正负离子发射、表面溅射粒子的背反射、表面吸附气体的解吸、溅射离子与表面作用产生辐射射线，以及离子注入等效应。

在这些效应中，和真空镀膜最相关的现象是表面气体解吸、入射粒子在固体表面的沉积、入射粒子导致表面原子的溅射，以及入射粒子注入固体内部。这 4 种效应与入射粒子的能量有一定的关联，图 4-11 给出不同能量的 Ge 离子束作用到 Si (111)表面上发生的现象。随着入射离子能量的增大，会发生以下 4 个过程。

(1) 固体表面吸附气体的解吸。到达表面的离子将能量传递给表面吸附的外来

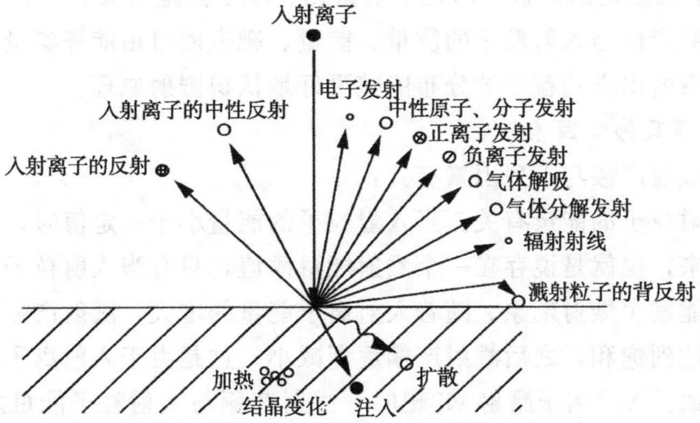

图 4-10　离子轰击表面时引起的各种效应

分子或原子，这些分子或原子由于吸收能量，克服表面束缚能约束而离开表面的概率增大，所以离子轰击可以清除固体表面吸附的分子或污染物，获得清洁基体。

(2) 原子在固体表面的沉积。到达表面的离子将能量交给基体，并与表面原子形成化学吸附，沉积在表面，形成薄膜。

(3) 表面原子的溅射。当到达固体表面的离子能量比较大时，固体表面原子可能获得较大的能量并在垂直于表面向外的方向上获得较大的动量而离开表面，即发生溅射现象。

(4) 离子注入。当到达固体表面的粒子能量非常大时，粒子可能会注入固体内部，改变固体近表面成分、晶格结构，或形成物理混合层等。

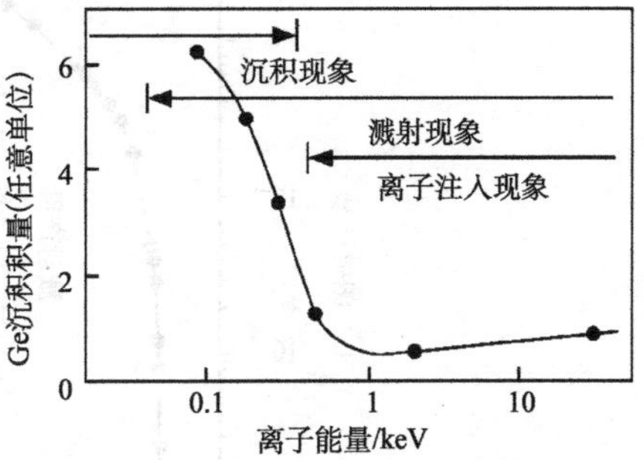

图 4-11　不同 Ge 离子束在 Si (111) 表面沉积时发生的现象

和溅射镀膜最相关的现象是表面电子发射和表面原子的溅射，前者维持辉光放电，后者则是成膜必需的物质。离子在固体表面的沉积和注入基体内部的现象在真空离子镀中阐述。

一个入射到靶材表面的正离子，从靶材表面溅射出来的中性粒子数，称为溅射产额或溅射率 (η)。溅射产额与入射粒子质量 (M_1)、靶原子质量 (M_2)、入射粒子能量 (E) 和表面自由能 (U_s) 有关，实验和理论证明，它们之间满足下列关系：

$$\eta=\frac{3}{4\pi^2}\alpha\frac{4M_1M_2}{(M_1+M_2)^2}\frac{E}{U_s}\tag{4-12}$$

式中，α 是一个无量纲的参数，与粒子质量比、粒子能量有关。

可见，溅射产额与入射粒子的质量、能量、靶表面自由能等参量有关。通过了解溅射产额及溅射出来的粒子的分布能够更好地认识溅射原理。

2. 溅射产额及影响因素

实验发现溅射产额与下列因素有关：

(1) 与入射粒子的能量有关。当入射粒子的能量小于一定值时，阴极表面没有粒子被溅射出来，也就是说存在一个溅射能量阈值，只有当入射粒子能量大于溅射阈值时，才可能发生溅射现象。随着入射离子能量的增大，溅射产额基本呈直线增大，然后逐渐达到饱和，之后溅射产额逐渐减小，这是由于入射离子能量过大，发生离子注入所致。Ar^{+} 离子溅射 Ni 靶时，溅射产额与入射粒子能量之间的关系如图 4-12 所示，溅射阈值在 10eV 到 30eV 之间，入射离子能量在 100eV 到 1000eV 之间时，溅射产额在 1 到 10 之间。

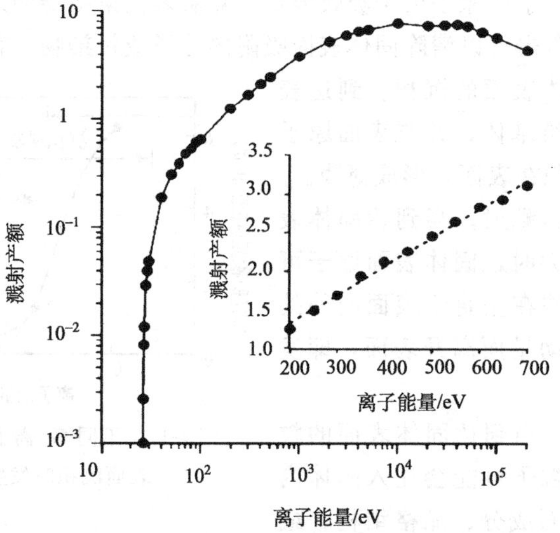

图 4-12 溅射产额随入射离子能量变化关系

(2) 与入射粒子的角度有关。一般来说，斜入射比正入射时溅射产额大。入射角 θ 指粒子入射方向与固体表面法线之间的夹角。当 θ 从 0 增大到 60°时，溅射产额单调增大；入射角在 60°到 70°之间时，溅射产额达到最大值；再增大入射角，溅射产额则急剧减小；当 $\theta=90°$时，溅射产额基本为零。

(3) 与入射粒子的种类有关。一般来讲，入射粒子的质量越大，溅射产额越大。溅射镀膜中经常选用氩气为工作气体，因为惰性气体不与阴极靶材发生反应，同时氩气相对于其他惰性气体来讲比较便宜。

(4) 与靶材有关。溅射产额随靶材原子序数的变化表现出周期性，随着靶材原子 d 层电子填满程度的增加，溅射产额变大，如图 4-13 所示。Cu、Ag、Au 等的溅射产额最高，而 Ti、Zr、Nb、Mo、Hf、Ta 和 W 等的溅射产额较小。

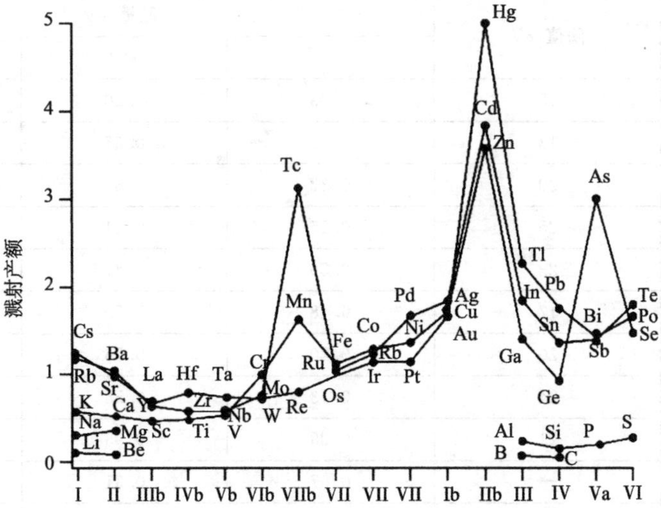

图 4-13　不同元素的溅射产额

（5）与靶材的晶态结构有关。对同一单晶面进行溅射时，沿着不同的晶向，产额不同。一般来说，当离子入射方向平行于低的晶体学指数方向（或面）时，溅射产额比相应的多晶材料的小，而当离子入射方向沿着高的晶体学指数方向时，溅射产额比相应的多晶材料的大。对同种材料不同取向的单晶进行溅射时，溅射出的原子分布也不同。如用 Ar^+ 离子垂直入射 Cu {100} 面时，在原子密排方向如〈011〉和〈001〉方向，溅射出的原子数较多。

（6）与靶材温度有关。一般来说，在某一温度范围内，溅射产额几乎不随温度上升而变化，但是当温度超过某一临界值后，溅射产额随着温度的上升急剧增加，如图 4-14 所示。各种材料的临界值基本不同。

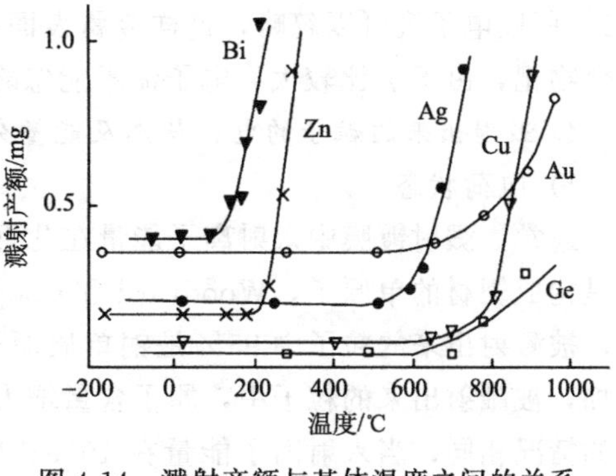

图 4-14　溅射产额与基体温度之间的关系

由于溅射存在阈值，而且溅射产额与入射粒子能量、角度有关，与靶材的晶态结构有关，所以溅射过程不仅是入射粒子将能量传递给靶材原子的过程，更是入射离子轰击靶材表面，与靶材原子交换动量的过程。在碰撞过程中，如果靶材表面原子获得克服表面势垒的能量，并具有指向表面外部的动量，就可以从固体表面逸出，表现为溅射。常用靶材的溅射阈值和溅射产额如表 4-1 所示。

表 4-1　常用靶材的溅射阈值和产额

靶材	阈值/eV	Ar^+能量/eV		
		100	300	600
Ag	15	0.63	2.20	3.40
Al	13	0.11	0.65	1.24
Au	20	0.32	1.65	—
Co	25	0.15	0.81	1.36
Cr	22	0.30	0.87	1.30
Cu	17	0.48	1.59	2.30
Fe	20	0.20	0.76	1.26
Mo	24	0.13	0.58	0.93
Ni	21	0.28	0.95	1.52
Si	—	0.07	0.31	0.53
Ta	26	0.10	0.41	0.62
Ti	20	0.08	0.33	0.58
V	23	0.11	0.41	0.70
W	33	0.07	0.40	0.62
Zr	22	0.12	0.41	0.75

3. 二次电子产额（γ）

二次电子产额是指每个轰击固体表面的离子产生的电子数，当离子能量低于1keV 时，对于金属表面，二次电子产额基本是 0.1。设固体表面电流密度为 j，则

$$j = j_i + j_e = (1+\gamma) j_i \tag{4-13}$$

式中，j_i 为固体表面离子流密度，j_e 为飞离表面的电子流密度。对于金属靶，$\gamma=0.1$，所以电子流可以忽略，这样金属表面的电流密度主要指离子流密度。如果是化合物靶，由于 γ 比较大，电子流不能忽略。

4. 溅射出来的粒子的电荷状态及能量分布

1）电荷状态

通常，溅射镀膜中入射离子能量在几百电子伏，从靶上溅射出来的粒子绝大部分是构成靶材的单原子，Woodyard 和 Cooper[6] 用 100eV 的氩离子对多晶铜进行溅射，被溅射出来的粒子中 95％是铜单质原子，其余为铜分子。随着入射离子能量增加，被溅射出来的粒子中，原子含量增大。对化合物靶进行溅射时，也与单元素靶的情况相同，当入射离子能量在 100eV 以下时，溅射出来的粒子是构成化合物的原子，只有当入射离子能量在 10keV 以上时，溅射粒子中才会有较多的化合物

粒子。

2）能量分布

图 4-15 是铜在 1300K 蒸发和用 300eV 的 Ar^+ 溅射 Cu 靶过程中粒子能量分布图。热蒸发时，大部分粒子具有的能量在 0.1eV 左右，而溅射出来的铜原子平均能量大约为 10eV，所以与热蒸发相比，Ar 离子溅射出来的原子动能大得多，约是热蒸发原子动能的 100 倍，这也是溅射镀形成的膜比蒸发镀形成的膜附着力强的原因之一。

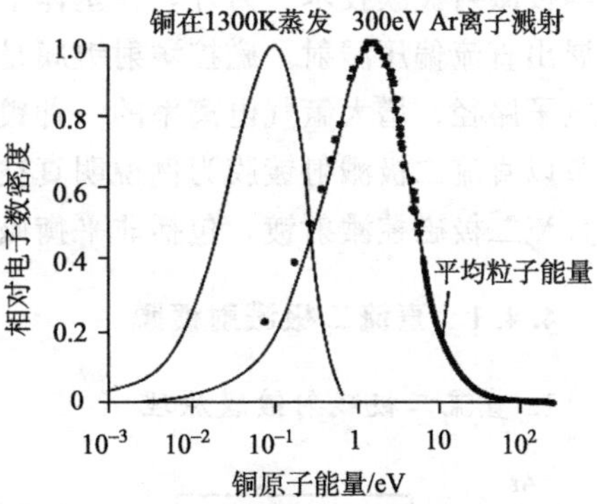

图 4-15 蒸发镀和溅射镀铜原子能量分布

3）溅射原子的角分布

如果入射粒子质量比较轻，则随着入射粒子入射角的增大，溅射产额显著增加，角分布的最大位置偏离样品法线方向，如图 4-16（a）所示。对于重离子入射，溅射出来的粒子角分布随入射粒子方向的变化比较小，如图 4-16（b）所示。正入射时，随着入射离子能量的减小，溅射原子的角分布由余弦关系变为低于余弦关系。

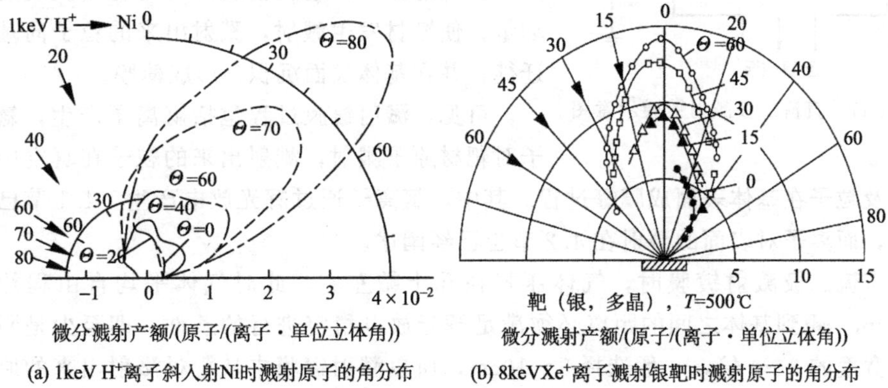

图 4-16 轻、重离子不同角度入射时，溅射出来的原子的角度分布

溅射原子的角分布并不像热蒸发原子那样符合余弦定律，而且溅射原子的能量比热蒸发原子高出许多倍，也显示溅射过程不仅仅是一个能量传递过程。

4.4 直流溅射镀膜

真空溅射镀膜分为直流二极、三极和四极溅射镀，以及偏压溅射、磁控溅射、射频二极溅射和反应溅射镀等。直流二极溅射镀基于直流二极辉光放电，由于二极辉光放电电离率低，而且放电电压和放电电流不能独立控制，所以发展出直流三极和四极溅射镀膜技术。另外，在基体上施加一个小的偏压能够提高膜的性能，所以发展出直流偏压溅射。磁控溅射镀膜是把磁场引入镀膜中，利用磁场约束电子，延长电子路径，增大氩气电离率的一种镀膜方式，在工业和实验室中得到广泛应用。本节以直流二极溅射镀膜为例说明真空溅射镀膜原理，然后介绍多极溅射，重点介绍直流二极磁控溅射镀，包括非平衡磁控溅射镀和中频磁控溅射镀等。

4.4.1 直流二极溅射镀膜

1. 直流二极溅射镀膜原理

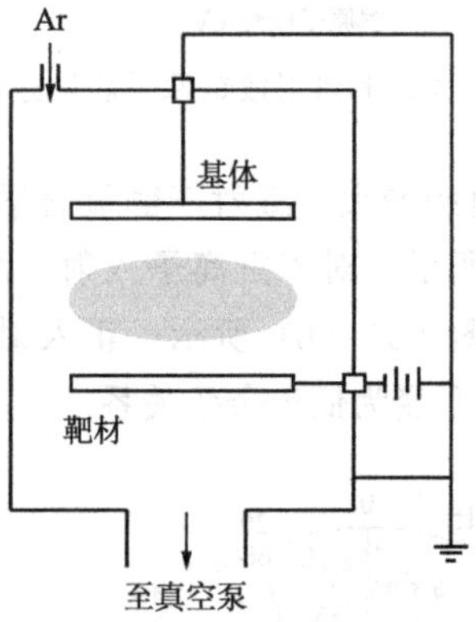

图 4-17 直流二极溅射镀膜示意图

直流二极溅射镀膜示意图如图 4-17 所示，基片和靶材置于真空室，基体是阳极，靶是阴极。将真空室抽真空到压强低于 10^{-3}Pa，再向真空室充入 Ar 气到 10Pa 左右，然后阴阳两极施加电压，调整电压到合适值时，气体被击穿，发生辉光放电，形成等离子体。等离子体中的 Ar^{+} 离子在电场力作用下向阴极靶材移动，穿过阴极位降区时获得能量，到达阴极表面时与靶交换动能和动量，使靶材发生溅射，溅射出来的粒子向基体迁徙，并在基体表面沉积，形成薄膜。

可见，溅射镀膜过程包括氩离子产生，氩离子对靶材原子溅射，溅射出来的粒子在真空中输运以及粒子在基体表面成膜等过程。其中，氩离子通过辉光放电产生，4.1 节已经阐述，而离子对表面的溅射在 4.2 节也已经阐述。

直流二极溅射镀膜时，气体压强在几十帕左右，此时气体平均自由程约为 0.01cm。靶到基体之间的距离必须满足辉光放电稳定进行的条件，即至少是阴极暗区宽度的 3～4 倍，一般选择 5～10cm，所以溅射镀膜中从靶材溅射出来的原子和工作气体原子或离子之间碰撞频繁。

在二极溅射中，从表面溅射出来的各种粒子除了正离子不能到达基体外，其他粒子都有可能到达基体。绝大多数中性粒子经过碰撞后才能到达基体，但是因为被溅射出来的粒子能量大，即使经过碰撞，到达基体时粒子仍然具有较大的能量，还能够形成黏附力强的膜。到达基体的电子和负离子对基体有加热效应，导致基体温升。

2. 溅射镀膜相关参数

4.3 节介绍了溅射产额影响因素，这些因素也都或多或少地影响溅射镀膜过程，与溅射镀膜相关的还有以下重要参量。

1）工作气体

一般使用高纯氩气（纯度高于 99.99%）为溅射气体，因为氩气溅射产额高，而且不与靶材发生反应。另外，相对于其他惰性气体来讲，氩气性价比较高。

2）工作气压

直流二极溅射镀膜工作气体压强通常在几十帕，这个压强段能保持辉光放电稳定进行。气体压强过高，粒子的散射效应强，沉积速率会减小；气体压强太低，形成的等离子密度低，辉光不稳定，沉积速率也低，所以有个合适的气压范围。

3）溅射电压

溅射电压决定轰击靶的氩离子能量，一般来说溅射存在阈值，只有能量大于阈值的离子才能产生溅射，但是离子能量不能太大，否则会出现注入现象，反而降低溅射产额。另外，两极间电压太高，电子的能量会很大，其碰撞电离截面反而变小，与原子碰撞时原子的电离率低，所以直流二极溅射镀膜时，溅射电压通常在 1～3kV 之间，具体的值由镀膜系统和所镀材料而定。

4）基体电位

直流二极溅射镀膜中基体是阳极，可以接地，如图 4-17 所示；可以不接电位，此时称基片悬浮，如图 4-18 所示；还可以接一个较小的负偏压，称为直流二极偏压溅射。

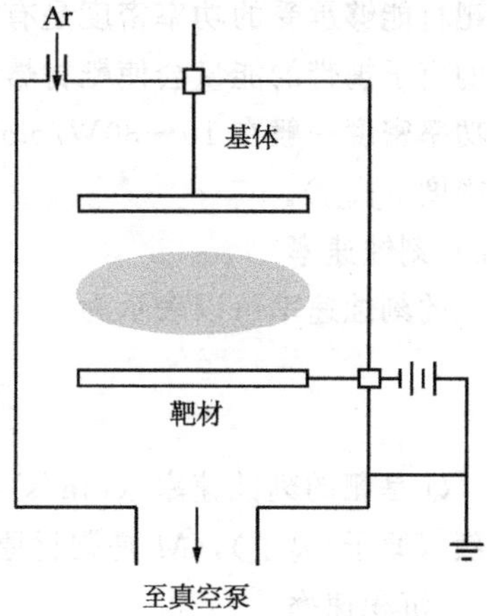

图 4-18　直流二极溅射镀膜基体悬浮示意图

假设阳极接地，阴极接 2kV 负电位，那么两极之间的电势分布如图 4-19（a）所示。阳极自身接地，是零电位，比空间等离子体电位低 V_p。如果阳极不接地，也不接偏压，即处于悬浮状态，两极间电势分布则如图 4-19（b）所示。等离子体中离子和电子运动速率有很大差别，阳极表面有电子积累，形成悬浮电位，比地电位低 $|V_f|$。V_f 通常在 −10V 左右，这样阳极电位比等离子体电位低 V_p-V_f。如果阳极接负电位 V_s，此时等离子体和基体之间电势差为 V_p-V_s，4.4.2 小节单独讨论这种情况。不管基体接什么电位，相对于等离子体来说，基体都呈负电位。

5）基体温度

基片温度直接影响到达基体表面的原子的活动能力，从而对薄膜生长、晶态结构、晶粒大小及成膜速率等有较大的影响。另外，基体温度还对薄膜的应力有一定的影响。这些问题在第二、三章已讨论过，不再重复。

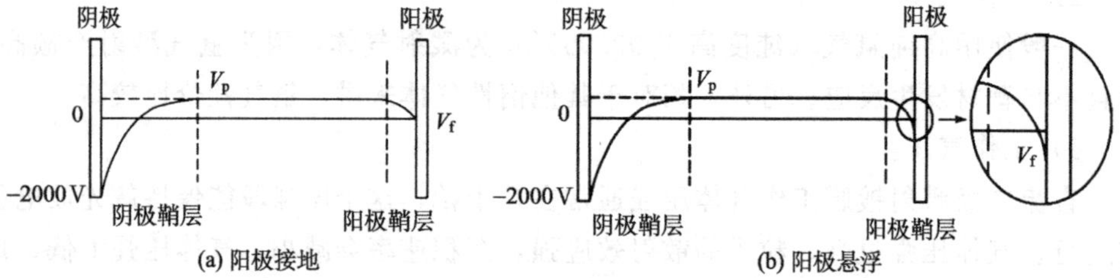

图 4-19　直流二极溅射镀膜阴阳两极间电位分布

6）靶材

靶材必须高度致密，上下两面高度平整。另外，靶材表面吸附的气体，以及靶表面氧化层对薄膜的纯度有较大的影响，所以溅射镀膜之前必须对靶材进行预溅射，以去除表面氧化层和吸附的杂质。

7）功率密度

靶材能够承受的功率密度是有限的，如果功率密度超过设定值，单位时间到达靶面的离子携带的能量会使靶材熔化或引起弧光放电。在水冷良好的情况下，金属靶的功率密度一般在 $10\sim30\mathrm{W/cm^2}$。选定溅射电压后，就可以得到靶的最大允许电流密度（$j_{\max}$）。

8）刻蚀速率

靶的刻蚀速率可以表示为

$$Q=0.1j_{\mathrm{i}}\eta\left(\frac{M}{\rho}\right) \tag{4-14}$$

式中，Q 是靶的刻蚀速率（nm/s），j_{i} 是靶上收集到的离子流（$\mathrm{mA/cm^2}$），η 是溅射产额（原子/离子），M 是靶材原子的克原子量，ρ 是靶材密度（$\mathrm{g/cm^3}$）。

9）沉积速率

在溅射镀膜中，沉积速率指从靶材溅射出来的粒子在单位时间内沉积到基片上的厚度，用 Q_{d} 表示。沉积速率与溅射产额成正比，即

$$Q_{\mathrm{d}}=Cj_{\mathrm{i}}A\eta \tag{4-15}$$

式中，Q_{d} 是沉积速率（nm/min）；C 是表征溅射装置特性的常数；j_{i} 是离子流密度（$\mathrm{mA/cm^2}$）；A 是靶面积（$\mathrm{cm^2}$）；η 是溅射产额。

对于特定的装置，式(4-15) 中 C 为定值，所以提高沉积速率的方法可以是提高基体表面离子流密度 j_{i}，或提高溅射产额 η。

为提高沉积速率，应尽量减小基片和靶之间的距离，但是距离太近，放电会不稳定。阴阳极之间距离一般为阴极暗区的 3～4 倍。

直流二极溅射典型的工艺参数为：真空度 10～100Pa、靶电压 1～3kV、靶电流密度 $0.1\sim2\mathrm{mA/cm^2}$、沉积速率低于 100nm/min。

3. 直流二极溅射镀特点

直流二极溅射镀膜的优点是设备简单，但是直流二极溅射镀膜的缺点有很多，主要有以下 4 点。

1）放电参数不能独立控制

直流二极溅射放电的电回路是依靠气体放电产生的正离子飞向阴极靶，一次电子飞向阳极而形成的，依靠正离子轰击阴极时所产生的二次电子经阴极暗区加速后补充一次电子来维持的。其电流和电压关系曲线如图 4-20 所示，在同样的工作压力下，放电电压越高，放电电流越大，即放电电流和放电电压不能独立控制。

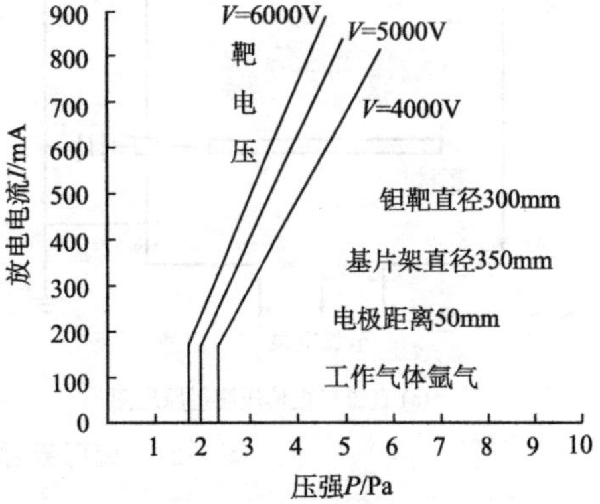

图 4-20　直流二极辉光放电放电电流、放电电压与气体压强之间的关系

2）沉积速率低

由于直流放电时氩气的电离率低，所以电流密度 j_i 低，根据公式（4-15），$Q_d = Cj_iA\eta$，薄膜的沉积速率也低。

3）基体温升高

如前所述，直流二极放电时，放电电流和放电电压不能分开控制。为了得到更大的电流密度，必须提高放电电压，这样到达基体的电子能量大，输送给基体的能量大，导致基体温升高。

4）靶材与基体必须是良导体

直流二极溅射镀膜时，靶基体都必须是良导体，否则电回路不畅。如绝缘靶表面会有正电荷积累，使阴极电位升高，最终使 Ar^+ 离子无法到达靶面，因此直流二极溅射镀膜不能溅射绝缘靶。

由于以上这些因素的综合效应，直流二极溅射在实际中运用并不多。

4.4.2　直流二极偏压溅射镀膜

直流溅射镀膜时，如果在基体上施加一个负偏压，如图 4-21（a）所示，则称之为直流二极偏压溅射镀膜。直流二极偏压溅射镀膜阴阳极和基体之间的电位关系如图 4-21（b）所示。

设基体上施加的负偏压为 V_s，基体相对于等离子体的电位是 $V_p - V_s$，等离子体中靠近基体附近的正离子受到电位 $V_p - V_s$ 的作用而轰击基体。所以，直流二极偏压溅射镀膜时，基体上除了有中性膜材粒子的沉积，还有 Ar^+ 离子持续轰击。

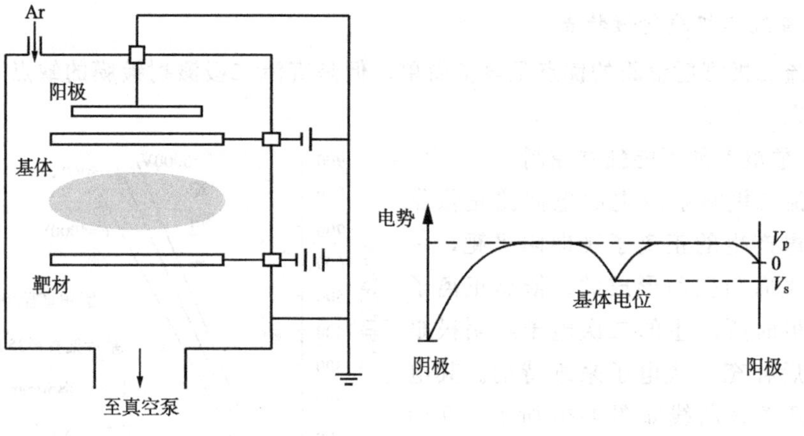

(a) 直流二极偏压溅射原理图　　　　(b) 电极间电势关系原理图

图 4-21　偏压溅射镀膜系统及电势关系

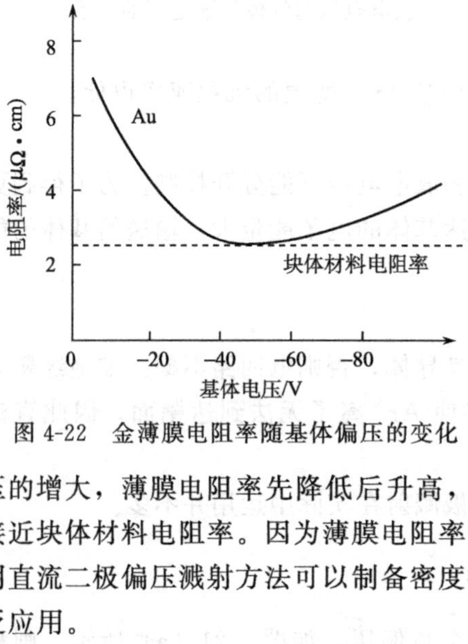

图 4-22　金薄膜电阻率随基体偏压的变化

正是由于等离子体中离子轰击基体，给成膜带来很多好处。沉积薄膜之前，利用氩离子轰击基体，可以清除基体表面吸附的气体，也可以溅射掉基体表面的氧化层，使真正的基体露出，提高膜基结合力。在薄膜沉积过程中，基体表面始终受到低能氩离子稳定轰击，可以清除进入薄膜内部的气体，清除附着力较差的膜材粒子，从而提高薄膜致密度。图 4-22 所示为直流二极偏压溅射制备的金薄膜电阻率随基体偏压大小的变化关系。随着基体偏压的增大，薄膜电阻率先降低后升高，当基体上施加－50V 偏压时，薄膜电阻率接近块体材料电阻率。因为薄膜电阻率随着薄膜密度的增大而减小，这个结果说明用直流二极偏压溅射方法可以制备密度接近块体材料的薄膜。偏压溅射镀膜得到广泛应用。

4.4.3　直流多极溅射镀膜

1. 直流多极溅射原理

在直流二极溅射镀膜中，放电电流通常通过放电电压来调控，而提高放电电压会带来一些不良效果：如离子能量过大，离子可能会注入靶内部；电子能量过大，会使基体温升过高等。多极溅射是用热电子强化放电的一种溅射镀膜方式。在直流二极溅射镀膜装置中引入一个热电子发射源即发射电子的灯丝，则称为三极溅射镀膜。在三极溅射镀膜基础上再增设一个阳极，将灯丝发射的电子引入到放电空间，称为直流四极溅射镀。直流四极溅射镀膜示意图如图 4-23 所示，除了增加电极外，还增设了螺线管及等离子体聚束线圈，以稳定放电过程。

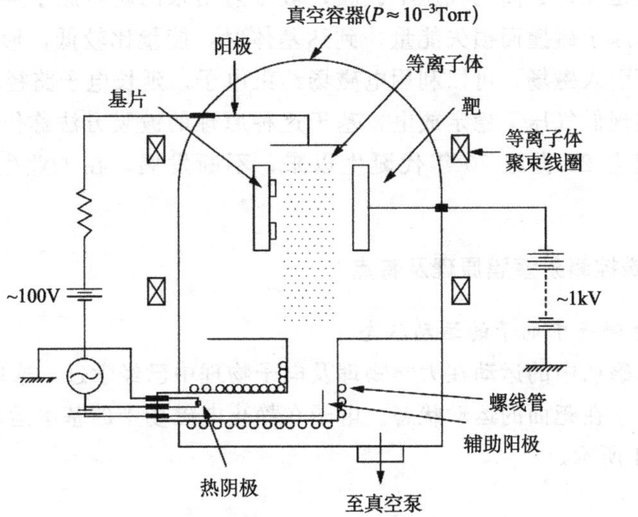

图 4-23　直流四极溅射镀膜图

由于灯丝发射热电子，所以基体和靶之间的放电不再依赖阴极发射的二次电子，这样可以通过调控灯丝发射电流调控放电电流，而通过控制放电电压来调控轰击靶材的离子能量，实现放电电流和放电电压分开控制。另外，由于灯丝发射电子，所以放电可以在更低的气压下进行。在四极溅射装置中，稳定放电的压强范围扩大到 10^{-1}Pa。低压强下放电，气体平均自由程大，被溅射出来的膜材粒子在输运到基体的过程中，被其他粒子碰撞的概率小，所以到达基体的膜材粒子保持较大的能量，形成的膜质量更好。

2. *直流多极溅射特点*

直流多极溅射主要优点如下：

(1) 可以在低压强下镀膜，沉积的膜质量优于二极溅射制备的薄膜。

(2) 能够提高气体电离率，沉积速率较高。

(3) 镀膜过程更加稳定，放电参数能独立控制，放电电流不依赖于放电电压。

不过随着磁控溅射技术的发明及广泛应用，多极溅射逐渐被淘汰，现在用得并不多。

4.5　直流磁控溅射镀膜

直流二极溅射镀膜依靠阴极发射的二次电子与氩原子碰撞形成氩离子，氩离子再轰击阴极产生二次电子来维持辉光放电。二次电子的轨迹由阴阳两极间电场决定，二次电子一旦形成，迅速离开阴极，飞向阳极。为了使电子能够与更多的气体原子碰撞以产生足够多的离子维持放电，放电气压必须足够高，通常为几十帕甚至达到百帕。但是在这么高的气压下镀膜，被溅射出来的靶材原子穿过放电空间时，会与很多气体原子碰撞而损失能量，到达基体时，能量比较低，形成的膜质量差。在阴极靶表面引入磁场，可以利用电磁场约束电子，延长电子路径，提高 Ar 原子电离概率，实现低气压下稳定放电，基于这种原理的镀膜方法称作磁控溅射镀膜。磁控溅射镀膜自 20 世纪 70 年代诞生以来，不断发展，在工业生产中得到广泛应用。

4.5.1 磁控溅射镀膜原理及特点

1. 正交电磁场中电子的运动状态

电子在电磁场中的运动在大学物理及电子物理中已经学过，这里再复习，以便更好地理解电子在靶面的运动状态。电子在静止电磁场中的基本运动状态有以下 5 种，如图 4-24 所示。

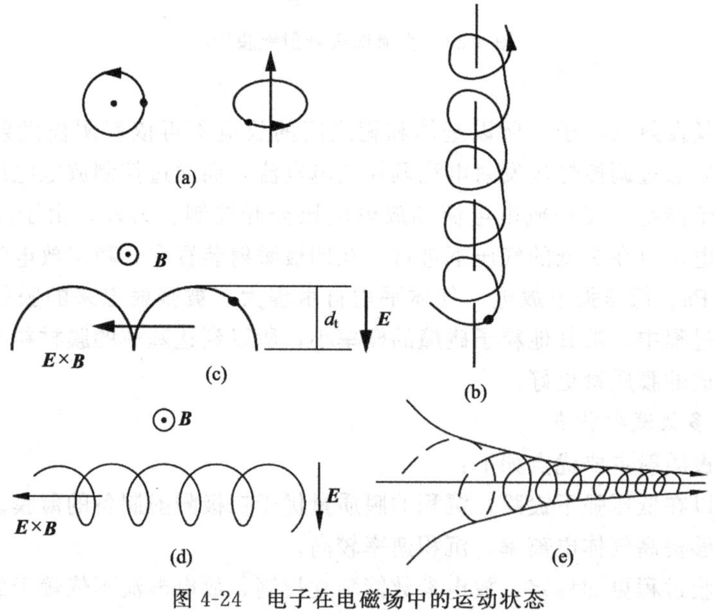

图 4-24 电子在电磁场中的运动状态

(1) 电场为零且电子沿磁场方向初速为零，则电子绕磁力线做圆周运动，如图 4-24 (a) 所示。

(2) 电场为零且电子沿磁场方向有初速度，则电子绕磁力线做螺旋线运动，即绕磁力线做圆周运动，同时沿磁力线方向做直线运动，如图 4-24 (b) 所示。

(3) 在正交电磁场中，初速为零的电子沿 $\boldsymbol{E}\times\boldsymbol{B}$ 方向做轮摆线运动，即一边做圆周运动，一边做切割磁力线的漂移运动，如图 4-24（c）所示。

(4) 在正交电磁场中，具有与电场 $\boldsymbol{E}$ 垂直的初速度时，电子做短幅或长幅轮摆运动，如图 4-24（d）所示。

(5) 当磁力线不均匀时，电子向磁力线密集或磁感应强度强的地方聚集，这是由于电子回旋半径 $r\propto\dfrac{1}{B}$，即随着磁场强度的增加，回旋半径减小的缘故，如图 4-24（e）所示。

在实际应用中，磁力线是曲线而不是直线，阴极暗区电场也不均匀，电子运动是以上多种运动的复合运动。不论是哪种运动，电子运动路径相对于没有磁场时都延长了。

2. *磁控溅射镀膜原理*

磁控溅射镀膜原理图如图 4-25 所示，真空室内主要部件是磁控溅射靶和基体。基体和靶材正对，基体接地，靶接负电压，即基体相对于靶材为正电位，所以电场方向由基体指向靶。用于产生磁场的永磁体设置在靶材背面，磁力线从永磁体的 N 极指向 S 极，并与阴极靶面构成封闭空间。靶材和磁铁由冷却水冷却。当真空室抽真空到压强低于 10^{-3}Pa 时，向真空室充入 Ar 气至 0.1～1 Pa，然后在阴阳两极施加电压，当电压值合适时（通常为 300～700V 左右），气体发生辉光放电，形成氩等离子体。氩等离子体中 Ar^+ 在电场力作用下向阴极靶材移动，穿过阴极暗区时得到加速，轰击靶材，溅射出靶材原子和二次电子。

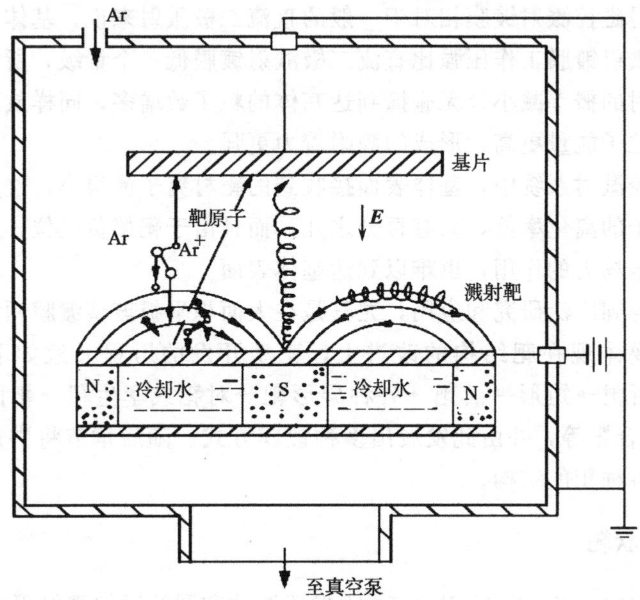

图 4-25　直流磁控溅射原理图

辉光放电时，电位降主要降在阴极暗区，而阴极暗区就在阴极附近。靶表面分布着磁场，任一点的磁场都可以分解成平行于和垂直于电场两个方向，靶表面发射的二次电子不是直接飞向阳极，而是被正交电磁场束缚在靶近表面，沿 $\boldsymbol{E}\times\boldsymbol{B}$ 方向以摆线方式运动，如图 4-26 所示，电磁场延长了电子的运行路径，因此增加了电子与气体原子碰撞概率，导致氩原子离化率提高，这样入射靶面的 Ar^+ 离子密度增大，也即提高溅射速率。溅射出来的中性原子不受电磁场约束，向基体迁徙，最后在基体表面沉积形成薄膜。

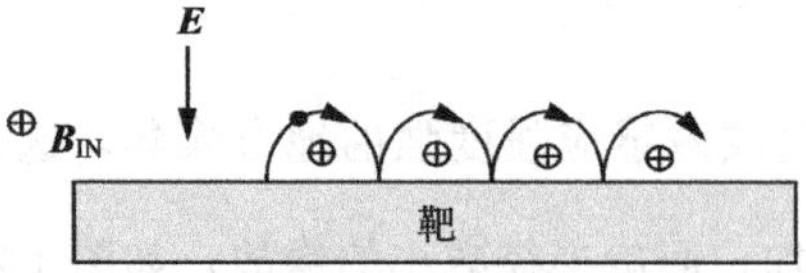

图 4-26　处于正交电磁场中的电子在靶表面的运动轨迹

3. 磁控溅射镀膜的特点

磁控溅射最主要的特点是“高速”和“低温”，其中“高速”是指沉积速率高，而“低温”指成膜过程中基体温升低。

(1) 没有磁场时，二次电子一旦形成，即刻飞离阴极，而有磁场时，由于电磁场的作用，电子的有效路径得以延长，增大了靶面氩离子浓度，氩离子轰击靶材时溅射速率增大，所以磁控溅射镀膜时，溅射和沉积速率均提高。

(2) 由于电子路径的延长提高了氩原子的电离率，所以磁控二极溅射相对于直流二极溅射放电电压降低，这样到达基体的每个电子携带的电场能降低。另一方面，由于电子被束缚在靶表面，不断与 Ar 原子碰撞，直到所有能量消耗殆尽，才在电场作用下，离开靶面，所以单位时间到达阳极表面的电子数减少。这两个因素共同作用，使得磁控溅射镀膜相对于一般的直流二极溅射来说，基体温升低得多。

(3) 磁控溅射镀膜工作压强比直流二极溅射镀膜低一个量级，所以溅射出来的膜材原子被散射的概率减小，无碰撞到达基体的粒子数增多，同样放电电压下沉积到基体表面的粒子能量更高，形成的膜附着力更强。

(4) 在磁控溅射系统中，基体表面接收到的靶材离子流很小，这是因为被溅射出来的靶材原子的离化率低，只有百分之几，而且由于靶接负电位，即使有靶材离子形成，由于电场力的作用，也难以到达基体表面。

磁控溅射得到广泛研究和应用，尤其是在大面积平板玻璃镀膜领域。磁控溅射技术的发展主要体现在靶结构的改进上，靶型开发的历程大致如下：轴状靶→S 枪→圆形平面靶→矩形平面靶→各种异形靶→对靶或孪生靶→靶面旋转的圆柱靶→磁控-弧复合靶等，并由此发展出多种镀膜方式。随后章节将讲述各种磁控溅射镀膜原理及各种靶的结构。

4.5.2　柱状靶

1936 年和 1940 年，F. M. Penning[7] 发明圆柱和圆筒磁控溅射阴极靶，1970 年圆柱靶在工业上广泛应用。

1. 柱状靶（轴状靶）结构

柱状靶结构如图 4-27（a）所示，主要由靶材、磁铁、冷却水管、屏蔽罩、密封圈、绝缘垫及螺母和垫片等组成。靶材呈圆筒状，多个环状磁铁（单元磁体）置于筒状靶材内部，同性相对，用垫片固定，与阴极同轴配置，冷却水管从磁体中心穿过，如图 4-27（b）所示。靶面磁力线方向如图 4-27（c）所示。电场是轴状靶与圆柱形真空室之间的径向场，如图 4-27（d）所示，图 4-27（d）还示出一个电

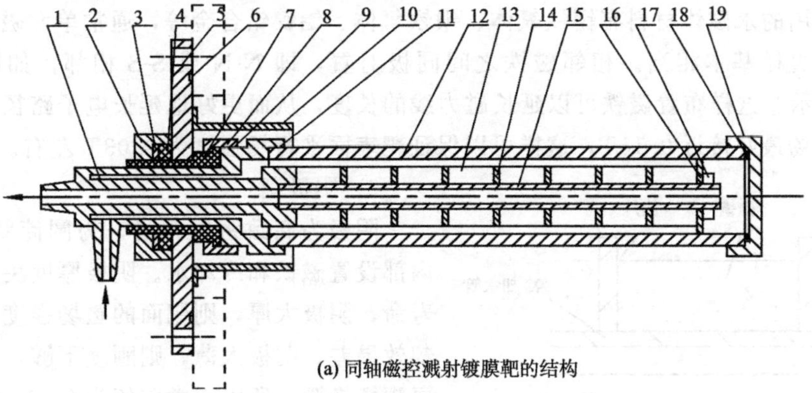

(a) 同轴磁控溅射镀膜靶的结构

1-水咀座；2-螺母；3-垫片；4-密封圈；5-法兰；6-密封圈；7-绝缘套；8-螺母；9-密封圈；10-屏蔽罩；11-密封圈；12-阴极靶；13-永磁体；14-垫片；15-冷却水管；16-支撑；17-螺母；18-密封圈；19-螺帽

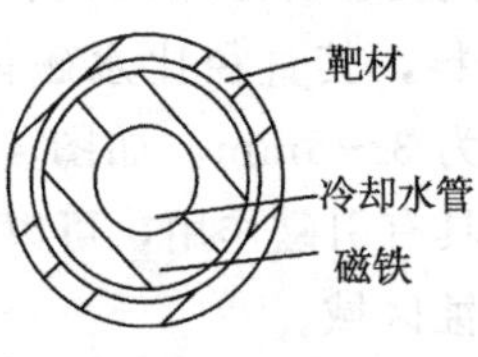

(b) 靶与磁铁的相对位置

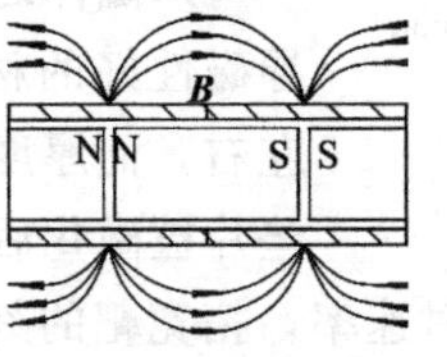

(c) 靶表面磁力线分布

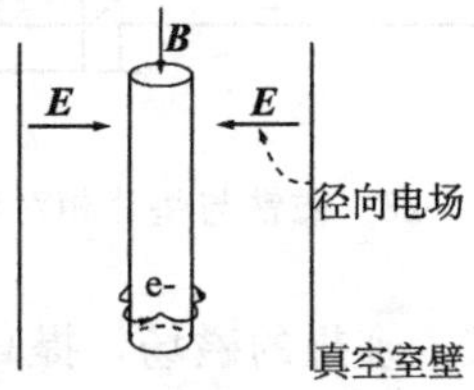

(d) 圆柱靶电磁场分布

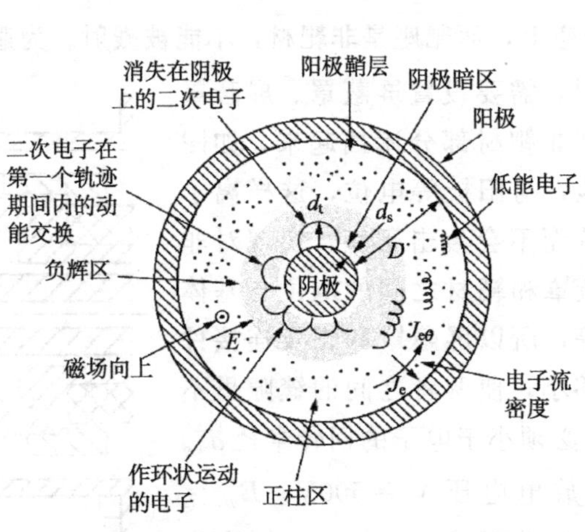

(e) 靶和阳极之间辉光放电区域分布及电子迁移

图 4-27　柱状靶结构图及电磁场分布

子的运动轨迹。图 4-27（e）标示柱状靶阴阳极之间辉光放电区域分布及电子运动轨迹。电子在放电空间的运动轨迹为一余摆线，电子运动的转折点距离 d_t 为

$$d_t = 3.37\frac{\sqrt{V}}{B} + \left[\left(3.37\frac{\sqrt{V}}{B}\right)^2 + R^2\right]^{\frac{1}{2}} - R \tag{4-16}$$

式中，V 为放电电压（V），B 为磁感应强度（10^{-4}T），R 为阴极半径（cm）。

1）磁体

常用的永磁体材料有锶铁氧体、钡铁氧体、铝镍钴合金等，通常单元磁体的长度与其直径基本相当。相邻磁铁之间同极对置，即 N-N 或 S-S 相邻，如图 4-27（c）所示。这样布置磁铁可以延长磁力线的长度，从而更好地延长电子路径。磁体端面磁场最好接近 0.15T，这样可以保证靶表面平行场强度为 0.03T 左右。

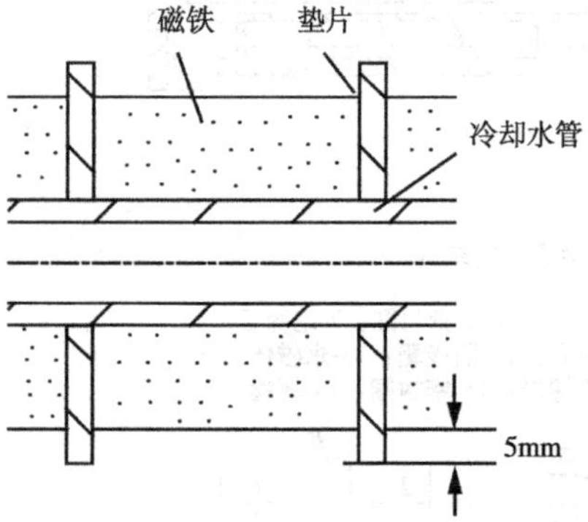

图 4-28　磁铁与垫片相对位置

2）阴极靶

阴极为高致密度靶材，为圆筒状结构，内部设置磁铁和冷却水。阴极厚度决定阴极寿命，阴极太厚，则靶面的磁场强度弱，冷却效果差。阴极太薄，则刚度不够，而且需要频繁换靶，所以通常取值为 5～10mm。

3）垫片

永磁体之间的垫片选用纯铁、低碳钢等导磁性好的材料，其直径比永磁体大 5mm 左右，而厚度为 3～5mm，如图 4-28 所示。垫片被磁化后具有引磁作用，可以在靶表面上形成较为理想的磁场，提高溅射速率，拓宽靶的刻蚀区域。

4）阴极屏蔽罩

阴极靶材固定在靶座上，而靶座是非靶材，不能被溅射。为避免暴露于真空室的靶座部分被离子溅射，需要设置屏蔽罩。屏蔽罩是一个导电的圆筒，把非靶材部分遮挡起来，如图 4-29 所示。屏蔽罩接地，与阳极等电位，这样离子就不会轰击屏蔽罩，从而不会轰击靶座，实现对非靶材的保护。由于屏蔽罩和靶材之间的电位与基体和靶材之间的电位相等，所以屏蔽罩和靶及连接件之间的距离 δ 必须足够小，使两者之间的缝隙里不能发生辉光放电，即 δ 必须小于电子的回转半径 d_t。如果靶材和基体之间放电电压 $V = 500$V，$B_{/\!/} = 0.03$T，$R = 3$cm，根据公式（4-16），d_t 大约为 2.5mm，所以 $\delta \leqslant 2.5$mm。同时，由于辉光放电起

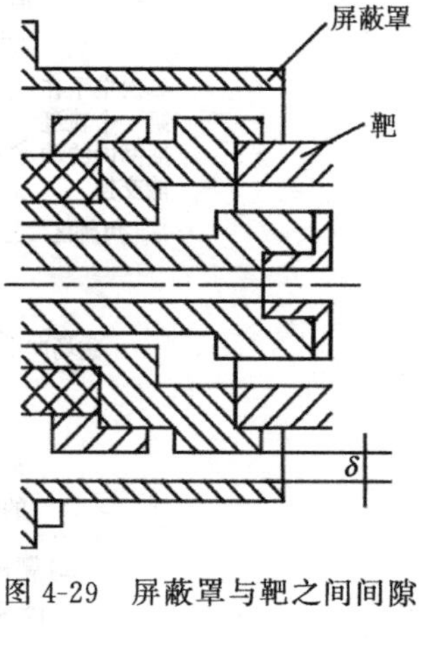

图 4-29　屏蔽罩与靶之间间隙

辉发生于屏蔽罩端面和靶面之间，所以两者之间的距离不能小于阴极暗区宽度的 4 倍，否则放电不稳定。

5）冷却水

磁控溅射镀膜靶材必须用足够量的冷却水冷却，其作用有 3 个方面：①大量氩离子轰击靶材会导致靶材温升，靶面温度过高会导致靶材熔化或引起弧光放电，无法溅射。②靶材温升过高，可能会导致陶瓷靶开裂，金属靶变形，密封圈烧坏等。③靶材背面的磁铁可能因为温度升高而失去磁性，使磁控失效。所以，磁控溅射靶的冷却非常重要。

2. 柱状靶的使用

1）电流-电压（*I*-*V*）特性

同轴圆柱形磁控溅射装置工作在不同气压和磁场强度下的典型 *I*-*V* 特性曲线如图 4-30 所示[8]，当磁场较强时，放电电压的微小变化可以导致放电电流的较大变化，类似于恒压特性。但是当磁场很弱时，放电电流随放电电压增大上升很慢，类似于恒流特性。

靶面磁场强时，电子回旋半径小，所以靶面附近电子密度大。增大电压时，每个电子在阴极暗区获得的能量增大，在被磁场束缚期间，发生的有效电离碰撞次数多，因而放电电流增加很快。当磁场比较弱时，电子回旋半径较大，磁场对电子的约束力小，电子形成后很快飞向阳极。一般磁控溅射电压大于 400V，电子穿过阴极暗区时获得的能量基本上能够使得与之碰撞的气体原子都发生有效电离碰撞，所以碰撞电离次数与电子能量关系不大，而取决于气体密度。因此，增大放电电压，放电电流变化很小，表现出类恒流特性，而增大气体压强时放电电流随之增大。如图 4-30 所示，磁场是 0.02T，对于同一放电电压，气体压强为 1Pa 时的电流密度比压强为 0.5Pa 时的电流密度大很多。

由于 *I*-*V* 曲线和磁场强度有关，所以实际应用中 *I*-*V* 曲线可以作为磁场是否有

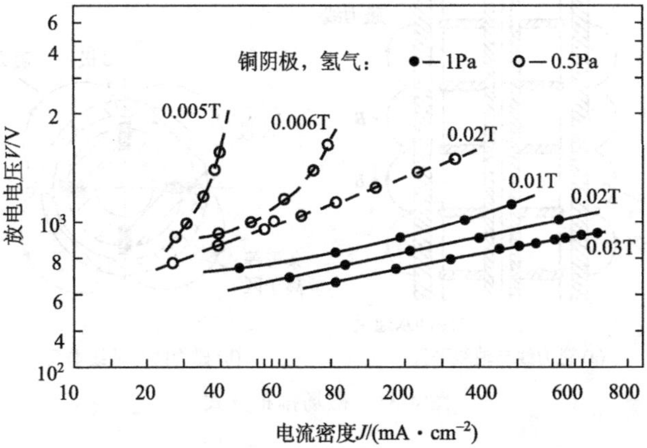

图 4-30 不同气压和磁场条件下圆柱形磁控靶的典型 *I*-*V* 特性

效的一个判据。在设备使用过程中，磁场会慢慢减弱，如果出现放电电压很大而放电电流难以增大的情况，基本可以判定磁场失效。

2）功率效率

沉积速率和靶的功率密度之比称为靶的功率效率（ξ）。靶的功率密度指靶单位面积承受的放电功率，表示为

$$\xi=\frac{Q}{P/S} \tag{4-17}$$

式中，Q 为沉积速率（nm/min），P 为放电功率（W），S 是靶的表面积（cm^2）。

功率效率衡量溅射功率密度对沉积的贡献，功率效率还与入射粒子能量、工作压强和磁场强度有关。当粒子能量大于 600eV 后，再增加粒子能量对功率效率影响非常小。放电时气体压强在 $3\sim7\times10^{-1}$Pa 范围内，磁场强度在 0.02～0.04T 情况下功率效率最好。

实验研究表明，对于柱状靶，最佳放电参数为：放电电压 500～600V，磁场强度（$B_{/\!/}$）0.02～0.04T，放电气压 0.5Pa 左右，电流密度在 10～40mA/cm^2之间。

3）磁铁的分布

磁铁的布置方式可以有多种结构，图 4-31 示出两种常用结构。磁力线沿轴线方向，如图 4-31（a）所示；磁力线垂直于轴线，如图 4-31（b）所示。不论磁铁怎么布置，在磁力线起止处，溅射速率最小，而在磁力线与电场线垂直的位置处溅射速率最大，所以靶的表面不是被均匀溅射。当溅射速率大的部位靶材被溅射完，靶就报废。关于溅射速率不均匀的原因在后续章节介绍。为了提高靶材利用率，可以采用磁力线垂直于轴线的方式，并且使靶材旋转，如图 4-32（a）所示，或使磁场旋转以使等离子体在靶面扫描，如图 4-32（b）所示，这样都能获得均匀的刻蚀速率。目前，工业上广泛使用的一种旋转靶如图 4-32（c）所示。

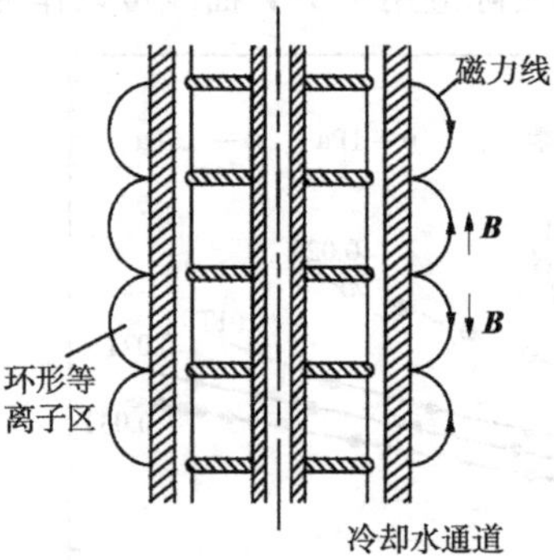

(a) 磁力线与轴线平行

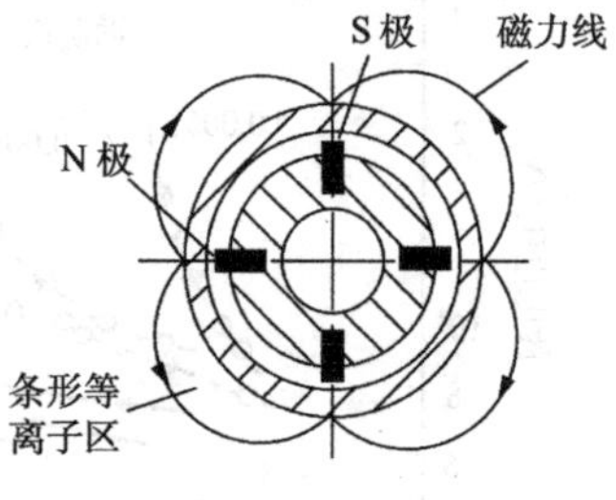

(b) 磁力线与轴线垂直

图 4-31　磁场排布方式

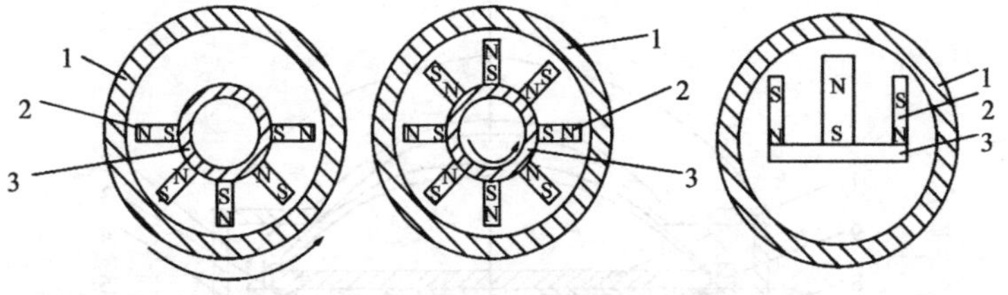

图 4-32　旋转圆柱靶

1-靶材；2-磁场；3-极靴

4）靶与基体之间的相对位置

基体或工件可以放在与靶同轴的圆筒形真空室内壁上，如图 4-33（a）所示，也可以放在真空室壁与靶面之间的空间内，如图 4-33（b）所示。在后一种情况下，镀膜时基体或工件不仅需要公转，还要自转，才可以获得厚度均匀的膜层。图 4-33（c）所示为用圆柱磁控溅射法在圆柱状太阳能热水器管表面沉积的薄膜。

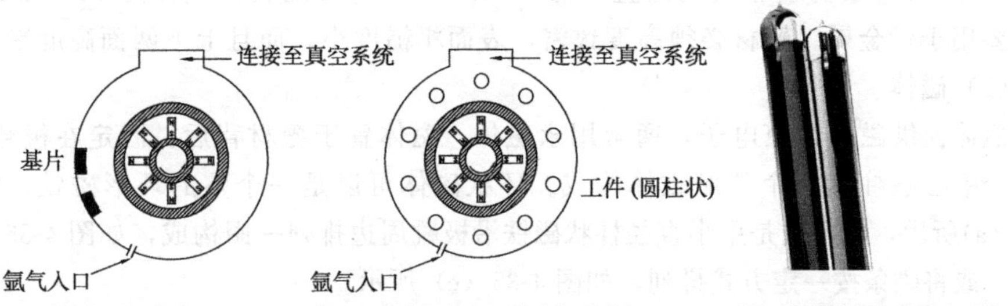

图 4-33　轴状靶磁场和基片或工作的相对位置

4.5.3　平面靶

平面靶与柱状靶几何结构不同，但是两者构成要素和工作原理基本相同。平面靶有圆形平面靶和矩形平面靶之分，实验室广泛使用的是圆形平面靶，而矩形靶特别适合工业上大平面平板基体的镀膜。

1. 圆形平面靶

1）圆形平面靶的结构

圆形平面靶主要由圆形平面靶材、永久磁铁、靶座、屏蔽罩、冷却水管和水冷套组成，主体结构如图 4-34 所示。当磁铁直接浸在冷却水中时，不需要水冷套。

（1）靶材。

圆形靶通常面积比较小，适合实验室使用，不论是金属，还是化合物，都可以制作成圆盘形靶，通常厚度为 3～5 mm，直径有 25.4 mm（1 英寸）、50.5mm、

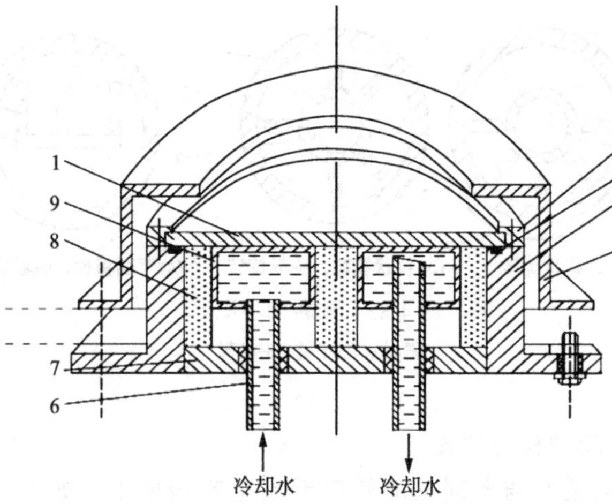

图 4-34　圆形平面磁控溅射靶的主体结构

1-靶材；2-压环；3-密封圈；4-靶座；5-屏蔽罩；6-冷却水管；7-极靴；8-环形磁铁；9-冷却水套

60 mm 和 75 mm 等。常用的是直径为 60mm 和 75mm 的靶，直径为 25.4 mm 的靶主要用于贵金属。靶材必须高度致密，表面粗糙度小，而且上下两面高度平行。

（2）磁体。

磁体提供磁场约束电子，通常用永磁体。磁体置于靶材背后，固定在极靴上，由一个中心磁柱和一个环形磁体构成。环状磁体可以是一个整的环形磁铁，如图 4-35（a)所示，也可以是用小直径柱状磁铁沿极靴周边排列一圈构成，如图 4-35（b）所示，或将磁条按一定方式排列，如图 4-35（c）所示。

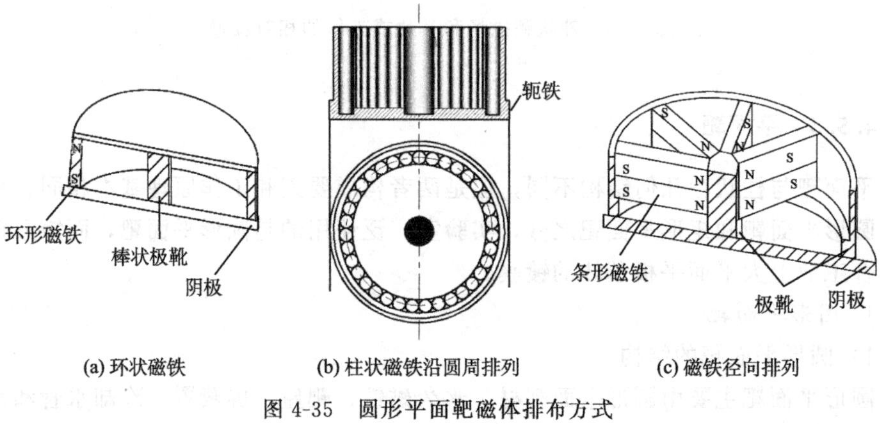

图 4-35　圆形平面靶磁体排布方式

如同圆柱靶一样，平面磁控靶使用时，磁体温度不能过高，否则磁铁会失去磁性。通常热量来自于靶材，只要靶材受到充分冷却，磁铁温升便不高。目前，靶材冷却水路设计上有两种结构，一种是磁铁直接浸在水中，另一种是磁铁不浸在水中。磁铁浸在水中时，结构比较简单，但是磁铁容易生锈，造成冷却水管堵塞，所以现在多倾向于采用水冷套结构，如图 4-34 所示。

(3) 极靴。

极靴由易磁化的金属，如纯铁或低碳钢等制成，用于导磁，极靴上开有槽，以定位磁铁。

(4) 靶材冷却。

靶材冷却分为直接冷却和间接冷却两种方式，如图 4-36 所示。图 4-36 (a) 所示为直接水冷结构示意图，靶材直接接触冷却水而冷却。这种结构必须保证靶材和靶座之间的密封可靠，而且要保证靶背面与冷却水充分接触。图 4-36 (b) 为间接水冷结构示意图，靶材通过导电钎料钎焊在铜背板上，或者通过螺母或压环紧压在铜背板上，铜背板由冷却水冷却，靶材通过铜背板传热而冷却。间接水冷因为换靶材比较方便，所以常被采用。但是，间接式水冷结构要求靶材背面高度平整，与铜背板贴合完好。否则，一方面因电接触不好，影响辉光放电稳定性，另一方面冷却效果不好会导致靶材变形或开裂。压环和靶座或铜背板之间有间隙，是为了保证靶材与冷却水或铜背板接触良好。

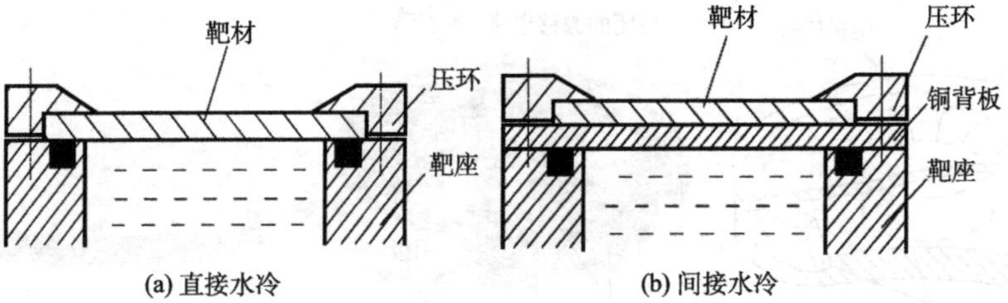

图 4-36　靶材冷却方式

(5) 屏蔽罩。

屏蔽罩在靶的最外围，平面圆形靶的屏蔽罩通常是一个圆筒状结构，端部焊接一个圆环，圆筒和圆环遮挡着用来固定靶的那些非靶材零件，圆环的中间露出靶材，如图 4-34 中元件 5。屏蔽罩接地，与基体同电位，有时也称为阳极。由于靶接负高压，所以屏蔽罩与靶体之间必须留有间隙以防止短路。缝隙不能过大，否则在屏蔽罩和靶体之间发生放电，屏蔽罩就失去屏蔽作用，通常情况下，缝隙在 2.5mm 左右。镀膜时，辉光放电起辉发生在屏蔽罩端口与靶面之间，而不是发生在阴极靶和基体之间，所以屏蔽罩端口与靶面之间的距离是个重要的量，直接影响放电特性，这一距离至少在 3mm 以上。另外，屏蔽罩在放电时吸收部分低能电子。

屏蔽罩与靶座的连接方式可以采用如图 4-34 所示的结构，即用螺钉将屏蔽罩固定在靶座上，也可以采用螺纹结构，即在靶座上设置直径比靶座直径稍大的聚四氟乙烯绝缘环，并在其表面做出螺纹结构，屏蔽罩内表面也做出螺纹结构，两者通过螺纹咬合，实现屏蔽罩的固定。

2）靶表面电磁场

通常溅射靶接500～600V负电位，基片放置在溅射靶的对面，靶与基体之间电场基本上是均匀的。永磁体在靶材表面建立起如图4-37（a）所示的曲线型磁场。

磁力线从N极到S极。只有在靶面特定的位置，磁场方向才与靶面平行，但是其他位置处，磁场可以分解成平行于靶面和垂直于靶面的两个方向。平行于靶面的磁场与垂直于靶面的电场正交，形成的正交电磁场约束电子使其做摆线运动，增加电子与气体原子碰撞概率，从而增大溅射速率。通常要求靶材表面平行于靶面的磁场最大分量 $B_{/\!/}$ 为0.02～0.05T，最好是0.03T。电子按 $\boldsymbol{E}\times\boldsymbol{B}$ 方向漂移，如图4-37（b）中箭头所示。

但是，垂直于靶面的磁场不是没有用处的，它可以阻止电子逃离靶面。因为电子在靶面运动时，具有与靶面平行的速度分量，这个速度分量受到与靶面垂直的磁场作用，使电子绕磁力线运动，并向磁极之间的区域运动，形成“磁瓶颈”效应，如图4-37（c）所示。电子在没有被其他粒子碰撞之前，不会逃离磁场瓶颈的约束。

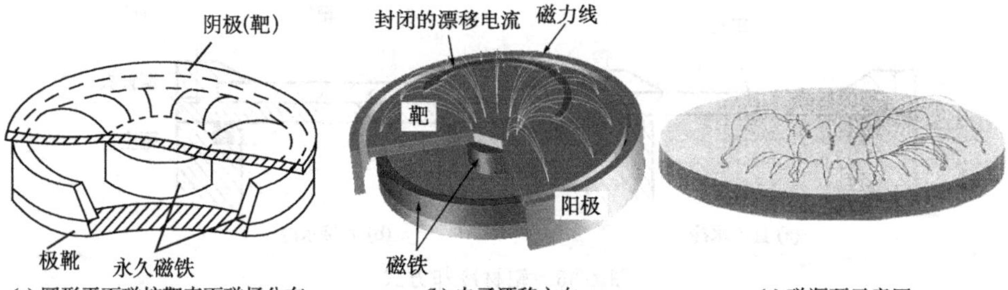

(a) 圆形平面磁控靶表面磁场分布　(b) 电子漂移方向　(c) 磁瓶颈示意图

图4-37　圆形平面靶结构、磁场分布、漂移电流及磁瓶颈示意图

2. 矩形平面靶[9]

矩形靶的基本结构与圆形靶相似，只是靶的形状是矩形，磁铁的形状做相应的变化，如图4-38所示。靶由阴极靶材、辅助阳极、磁铁和冷却水路组成。通常进气管也设在靶附近，并固定在靶上。矩形靶有多种规格，通常宽度为120～240mm，长度为数米，厚度为10～20mm，一种常用规格为240×3750mm²。

矩形靶存在端部效应，所谓端部效应指矩形靶的两端因为磁场不均匀导致溅射速率不均匀，从而制备的膜厚度不均匀。为避免端部效应，通常要求靶的长度大于宽度的3倍，基片沿着靶的宽度方向平动，并将两个端部置于基体之外，如图4-39所示。

矩形靶设计的一个要点是增加电子在靶端部的运动，图4-40给出两种提高矩形磁场均匀性的磁铁排布方式。

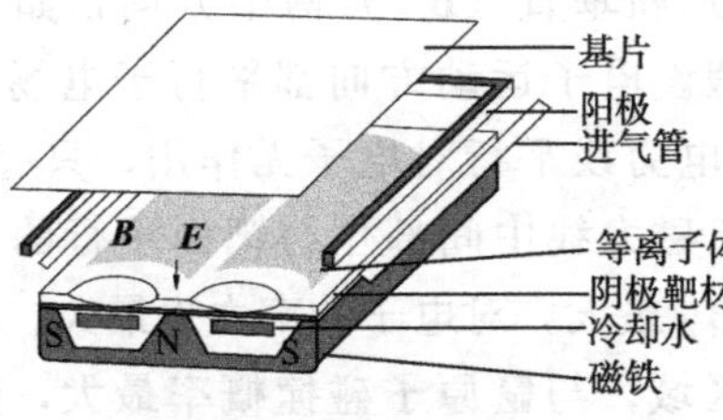

(a) 矩形平面磁控溅射镀膜示意图

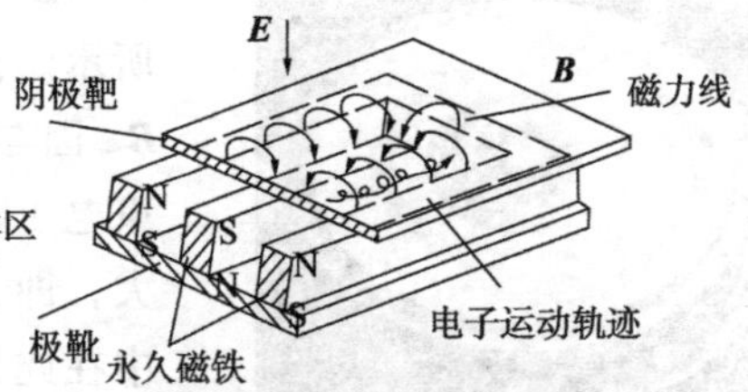

(b) 磁控溅射靶的磁力线分布

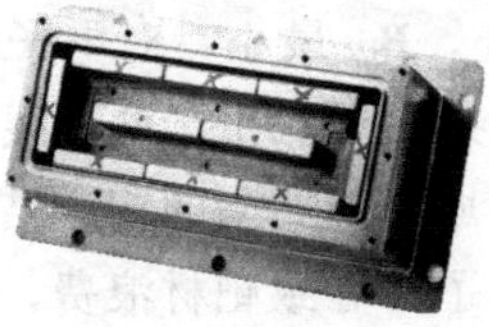
(c) 磁铁排布及冷却水进出水口

(d) 靶表面

图 4-38　矩形平面磁控靶结构及电磁场分布

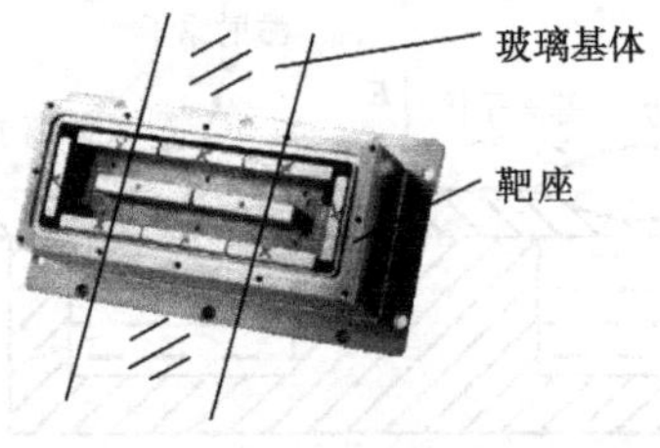

图 4-39　基体和矩形靶的相对位置

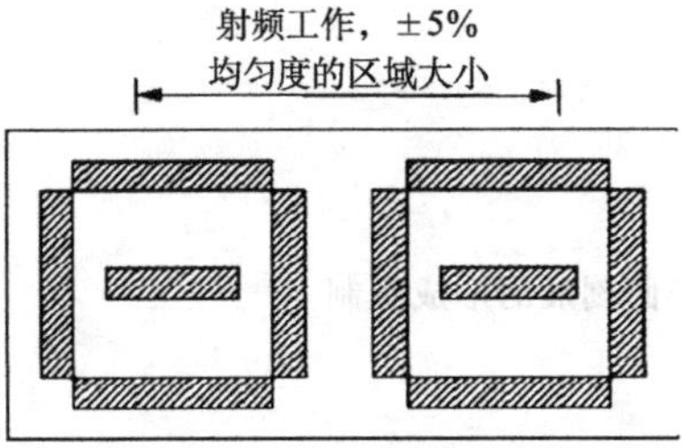

(a) 双环型结构

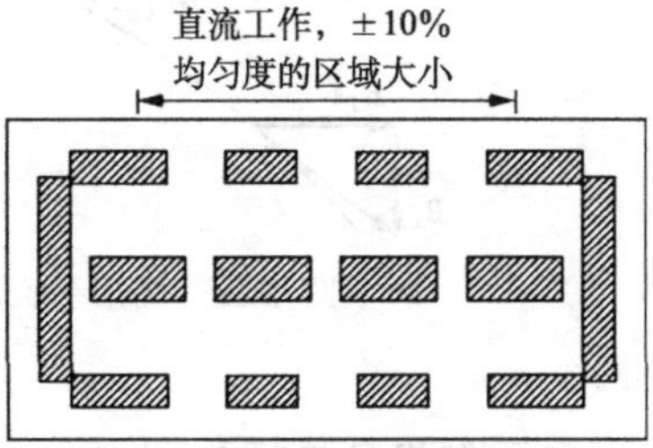

(b) 带隙磁体

图 4-40　矩形平面靶磁铁排布方式

3. 平面靶表面跑道的形成

不论什么形状的靶，经过一段时间使用后，在靶的表面都会出现刻痕，平面靶表面刻痕如图 4-41 所示，这是由于靶表面各处溅射速率不同造成的。

由于磁力线封闭，每根磁力线上磁场强度处处相同，将磁力线分解为与靶面平

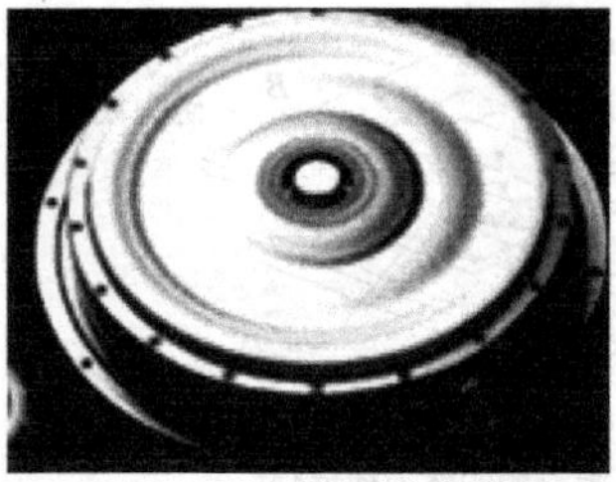

图 4-41　圆形平面靶表面的刻痕图片

行（$B_{/\!/}$）和垂直（$B_{\perp}$）两个方向，如图 4-42 所示。假设电子运动方向都平行于电场，那么 $B_{\perp}$因与电力线平行对电子无作用，只有 $B_{/\!/}$约束电子。磁力线中间部位与靶面平行的分量最大，即 $B_{/\!/}$最大，对电子约束力也最大。电子集中在此区域，与氩原子碰撞概率最大，形成的 Ar^+ 离子密度最大，所以对靶材的溅射率最大。磁力线的起止处，$B_{/\!/}$最小，对电子的约束能力最弱，因此 Ar^+ 离子密度最低，Ar^+ 离子对靶的溅射最弱。由于磁力线与靶面平行处溅射速率最大，向两边逐渐减小，所以靶表面形成中间凹陷的跑道结构。跑道中心处靶材将会被优先溅射完，剩下的靶材就没有用了，导致靶材浪费，通常平面靶材的利用率只有 30%。圆柱靶可以通过旋转靶材或磁场的方式提高靶材溅射均匀性，对于平面靶，可以采用磁场水平往复运动方式提高靶材溅射均匀性，从而提高靶材利用率。还可以通过改进靶的磁场结构来提高靶材利用率。

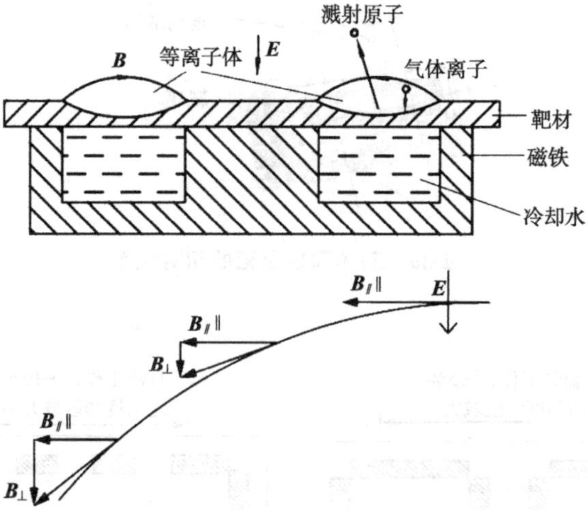

图 4-42　圆形平面靶表面刻痕的形成机制

4. 平面靶溅射均匀性提高

1）移动磁场

图 4-43（a）和（b）分别是磁铁做往复运动和旋转运动的机械结构示意图，图 4-43（a）用双向电机带动磁场做往复运动，由于磁场的移动，电场和磁场正交区域随之移动，提高溅射均匀性。图 4-43（b）中磁铁基座通过轴承座和轴承与偏心轴固定在一起，偏心轴轴座旋紧在靶座上。工作时，偏心轴作约 1rad/100min 的极慢速旋转[10]，磁铁基座跟着做垂直的偏于轴心 20 mm 的上左下右 360°旋转，电子阱的位置也随之发生变化，可以改善靶面溅射均匀性。

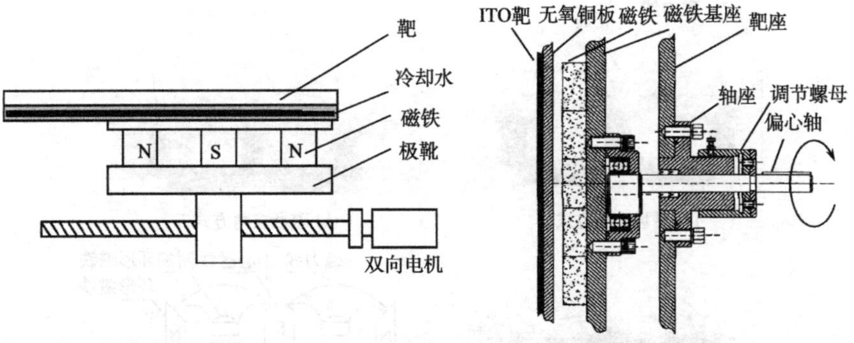

(a) 双向电机带动　　(b) 偏心轮带动

图 4-43　平面移动靶

2）平面靶磁场改进

从理论上讲，磁力线尽量多地平行于靶面，可以扩大电场和磁场正交区域，从而增大均匀刻蚀区域。通过改变磁铁形状和磁铁布局，可以改进磁场分布。图 4-44(a)和(b)为采取磁铁去角方式，图（c)为增加附加磁场的方法，图（d)为采用去角与添加附加磁场相结合的方法，这些方法均可以增加平行于靶面磁场分量的强度。图(e)①通过改变磁铁布局来改进磁场分布。

4.5.4　S 枪

1. S 枪原理

提高靶材利用率的另一种方法是采用 S 枪（Semi-inverted Magnetron）结构，这种结构是 P. J. Clark[11] 于 1968 年发明的。S 枪结构如图 4-45 所示，由倒锥形阴极靶、中心阳极、永磁体、极靴、水冷套、可拆屏蔽环和接地屏蔽罩等构件构成。中心阳极接地或接几十伏的正电压，阴极接几百伏负电压。环状磁体在阴极靶表面形成曲线形磁场，与电场构成部分正交电磁场。放电时，氩离子轰击靶材，而电子被中心阳极和屏蔽罩吸收。

把阴极靶做成倒锥台结构，使电场线和磁场线正交区域对应靶材厚度最大的位置，这样靶材厚度最大的区域也就正对等离子体密度最大处，因而可以获得最大溅射速率，而靶材厚度小的区域对应的等离子体密度小，溅射速率相对较小，从而达到靶材同时耗蚀完毕的目的，提高靶材的利用率。

2. S 枪特点

S 枪具有以下优点：

---

① Lecture about evaporaiton and sputtering—Chalmers.

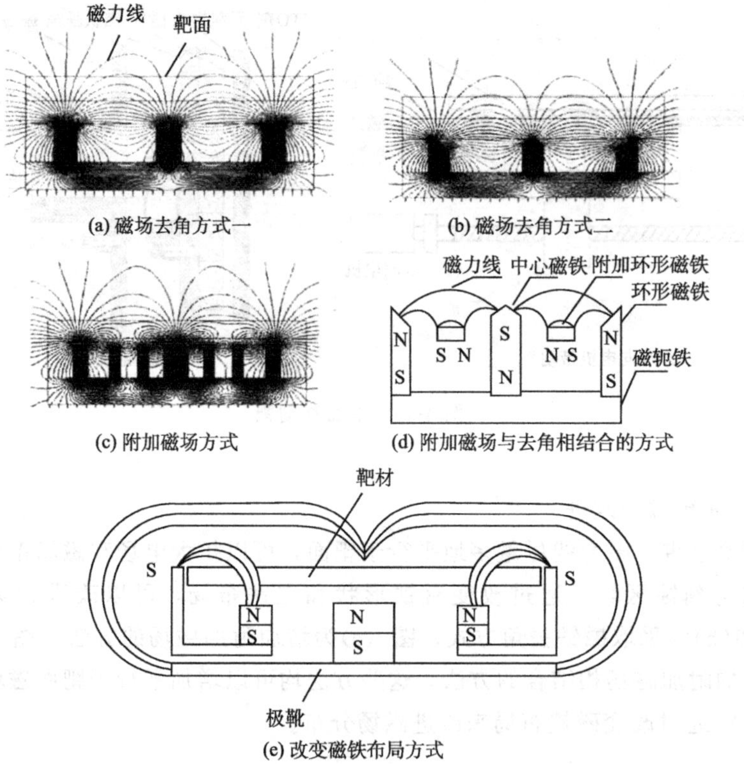

图 4-44 磁场改进方式示意图

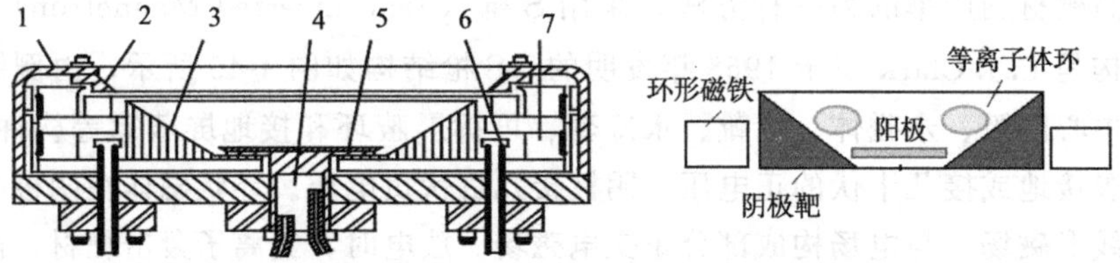

图 4-45 S枪结构图和原理示意图

1-接地屏蔽罩；2-等离子体约束屏蔽罩；3-阴极靶；4-阳极冷却水管；5-阳极；6-水冷套；7-环形磁铁

(1) 沉积速率大。电子被约束在倒锥台靶材表面，产生强等离子体，功率密度达到 45～50W/cm^2，高于平面靶一倍。

(2) 靶材利用率高。由于靶材结构的特殊设计，使得厚度最大处溅射速率最大，所以靶材的利用率达到 60%以上。

(3) 设置一个中心阳极，该中心阳极能有效捕集逃逸的二次电子，使基片免遭二次电子轰击，基片温升比平面磁控溅射靶低，所以S枪特别适用于半导体与大规模集成电路工艺之中。

(4) S枪的靶无须钎焊到水冷背板上，而是与水冷套动静配合，溅射时，靶受离子轰击发热膨胀，紧紧贴合水冷套而散热。这样的结构可避免钎焊料的污染，换靶也十分方便。

4.5.5 磁控溅射镀膜一般特征[12]

1. 磁控溅射辉光放电起辉

不论是什么形状的靶，磁控溅射起辉都不是发生在靶与基体之间，而是发生在阴极靶和与之最近的具有阳极电位的物体之间。对于柱状靶、平面靶发生在靶和屏蔽罩之间，而对于S枪，因为另设辅助阳极，所以发生在阴极靶和辅助阳极之间。

2. 磁控溅射辉光放电电场和磁场分布

Cohen[13]等研究了磁控溅射辉光放电空间区域分布，使用的是圆形平面靶，靶与屏蔽极之间放电，靶电压500V，靶电流10A，工作压强1Pa，放电气体是氮气和四氟化碳混合气体，靶面跑道上方水平平均磁场强度0.1T。从靶面开始依次是阴极位降区(1mm)、静电鞘层(0.1mm)、磁鞘层(1mm)、预磁鞘层(2mm)、等离子体区(5mm)、阳极鞘层(1mm)，最后是阳极。如图4-46所示。

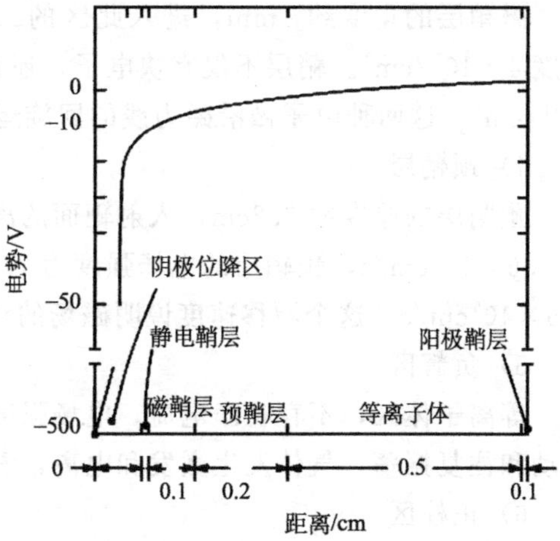

图4-46 平面磁控溅射辉光放电电位分布

1) 阴极位降区

两极之间的电压主要降在这个区间，所以称为阴极位降区，气体原子电离也主要发生在该区域，形成的电子和离子在这个区域被加速。等离子体区的热电子不会到达这个区域，只有从靶表面发射的二次电子在这里做短暂的回旋运动，并迅速离开，所以这个区域积累大量离子，形成一个正电荷空间鞘层。

二次电子从靶面出发后，在磁场作用下做回旋运动，其回旋半径和回旋频率分别为

$$r_e = 2.4 \times 10^{-4} \frac{T_e^{0.5}}{B} \quad (\mathrm{cm}) \tag{4-18}$$

$$\omega_e = 1.8 \times 10^{11} B \quad (\mathrm{rad/s}) \tag{4-19}$$

式中，B 为磁场强度(T)，T_e 为电子温度(eV)。对于500eV的电子，其回旋半

径为 0.05cm。由于暗区宽度为 0.1 cm，所以二次电子最初的运动范围不超出阴极暗区，但是由于回旋半径与磁场强度成反比，所以远离靶面时，回旋半径越来越大。

电子沿 $\boldsymbol{E}\times\boldsymbol{B}$ 方向漂移速度为

$$v_e = 10^4 \frac{E}{B} \quad (\text{m/s}) \tag{4-20}$$

式中，E 为电场强度（V/cm），B 为磁场强度（T）。

阴极暗区电场强度为 5000V/cm，磁场强度 0.1T，所以漂移速度达到 5×10^8 cm/s。

2）静电鞘层

这个鞘层厚度 0.1mm，分布正负电荷，该区电压降约 15V，电场强度 1500V/cm，磁场强度 0.1T，电子漂移速度达到 1.5×10^8 cm/s。

3）磁鞘层

磁鞘层的宽度约 1mm，进入此区的二次电子已成为快电子，能量约 500eV，密度 $4\times10^7/\text{cm}^3$。鞘层不仅有快电子，还有大量热电子，温度在 3eV，密度为 $2\times10^{11}/\text{cm}^3$。这两种电子做沿磁力线的回旋运动和沿 $\boldsymbol{E}\times\boldsymbol{B}$ 方向的漂移运动。

4）预鞘层

预鞘层的厚度约 0.2cm，入射靶面的离子在此区域被预先加速到离子声速，约为 2.6×10^5 cm/s，预鞘层的电场强度为 7.5V/cm，此时 $\boldsymbol{E}\times\boldsymbol{B}$ 方向漂移速度仅为 7.5×10^5 cm/s，这个漂移速度说明磁场的约束基本上可以忽略。

5）负辉区

等离子体区，不存在净电荷，电场强度低于预鞘层，快电子和热电子产生回旋运动和往复振荡，气体发生激发和电离，看到明亮的辉光。

6）正柱区

等离子体区，基本上不存在电位差。正柱区的等离子体电位为 5～20V。

7）阳极鞘层

介于阳极和正柱区之间，厚度 1mm，电位降 5～20 V。

3. 磁控溅射 I-V 曲线

磁控溅射放电电流与放电电压决定了施加在靶上的实际功率。当气压一定时，实验研究表明放电电流与放电电压之间关系为

$$j = k_d U^n \tag{4-21}$$

式中，j 是阴极靶电流密度，U 是阴极靶电压，n 值为 3～10。n 取决于电子被限制在等离子体中的效率，值越大，电子被束缚得越深。低压运行或弱磁场时，n 值很小。常数 k_d 取决于靶材、气压、气体种类和放电类型。

各种溅射镀膜方法的 I-V 曲线如图4-47所示，磁控溅射时，由于磁场对电子的约束强，所以 n 值比较大，能达到7～10，靶上平均电流密度最大。二极溅射放电时，放电电压最高，电流密度最低。

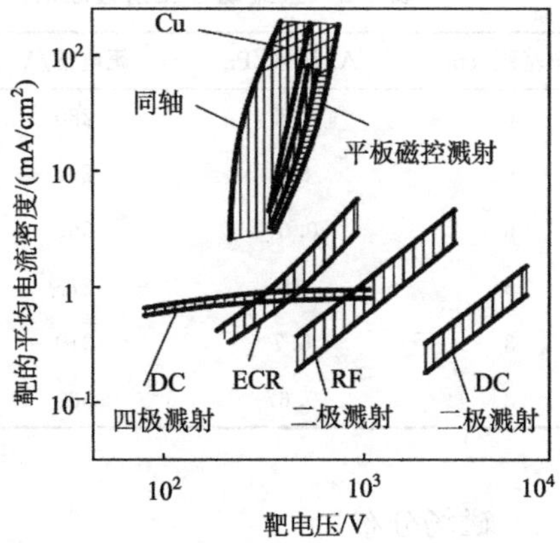

图 4-47　各种溅射镀膜中靶的 I-V 特性曲线

4. 直流磁控溅射阴极暗区

阴极暗区的宽度可以通过查耳德-朗缪尔（Child-Langmuir）方程[14]估算，该方程如式（4-22），是鞘层厚度与阴极电压之间的关系式，由于阴极暗区的宽度与鞘层厚度相当，所以可以用该方程式估算阴极暗区的宽度。

$$j_i = 0.087\frac{U^{1.5}}{d_s^2} \tag{4-22}$$

式中，j_i 为空间电荷限制的离子流密度（mA/cm²）；U 为靶电压（V）；d_s 为鞘层厚度（mm），是靶电压和放电气压的函数。

把测量得到的靶电流密度、两极之间的电压代入上式，就可以计算出阴极暗区的宽度。如对于直径为 5cm 的靶，设跑道磁场强度为 0.034T，靶电压为 350V，靶电流为 300 mA，放电气压为 0.3 Pa，根据查耳德方程，可以计算出的阴极暗区宽度约为 4 mm。

5. 磁控溅射镀膜参数

直流平面磁控溅射运行时气压为 0.1～1Pa，磁场强度为 0.01～0.1T，阴极电势为 300～700V，电流密度一般小于 100mA/cm²，功率密度能达到 50W/cm²。磁控溅射镀膜放电电压与靶材有关，主要取决于靶材二次电子产额，放电电压与靶材二次电子产额基本呈反比。另外，随着靶的使用，放电电压不断降低。这是由于靶表面材料被刻蚀，导致靶表面磁场强度增大。

6. 等离子体电位和悬浮电位

等离子体电位和悬浮电位在 4.2 节已经学过，对于直流二极平面磁控溅射，用朗缪尔探针得到 Ar^+ 离子溅射铜靶时的伏安特性曲线，经计算得到的等离子体电位和悬浮电位如表 4-2 所示。铜靶直径 7.5 cm，探针与基片同位置，与靶之间距离为 3 cm 或 6 cm。可见等离子体电位为 2～10V，而悬浮电位为 −2～−10V。等离子体与基体之间电位差达到 20V。

7. 平面磁控溅射镀膜膜层均匀性影响因素

影响平面磁控溅射镀膜膜层均匀性的因素很多，主要有磁场分布、靶-基距、溅射功率和工作气压等，分述如下。

表 4-2　直流磁控溅射镀膜时测量到的等离子体电位和悬浮电位[15]

靶基距/cm	Ar 压强/Pa	靶电压/V	靶电流/ A	等离子体电位/V	悬浮电位/V
6	13	280	0.25	2.0	−2.0
6	6.7	290	0.25	2.0	−3.5
6	0.67	360	0.25	10.0	−1.5
3	13	275	0.25	2.5	−0.5
3	6.7	310	0.25	2.5	−5.5
3	0.67	360	0.25	10.0	−7.5

1）磁场分布

磁场不均匀分布使得形成的等离子体密度不均匀，因而靶面上不同位置的溅射速率不同，沉积的膜层均匀性不好。可以通过改变磁体形状、磁体排列方式，以及移动磁场等措施，增强溅射均匀性，这些在前节已讨论过。

2）靶-基距

研究结果表明，当靶-基距较小时，形成的薄膜均匀性较差，薄膜最厚的位置大约在跑道上方。随着靶-基距的增加，基片上不同点的膜厚差值变小，均匀性逐渐变好，但沉积速率降低。

3）溅射功率

随着溅射功率的增大，靶面起辉面积增大，靶面功率密度更加均匀，从而沉积的薄膜厚度均匀性改善。

4）工作气压

在溅射功率、靶-基距相同的情况下，随着工作气压的升高，被溅射出来的靶材原子在由靶表面向基体输运过程中，与工作气体原子的碰撞概率增加，从而膜厚均匀性提高。

4.5.6　直流反应磁控溅射镀膜[16~18]

1. *直流反应磁控溅射原理及特点*

在直流溅射镀膜过程中，引入一些反应性气体，如氧气、氮气、甲烷或 H_2S、HF 等，这些反应气体加入到氩等离子体中，与 Ar 原子一起被激发、电离或离化，形成多种活性基团，这些活性基团与膜材原子一起到达基体表面，发生化学反应，形成相应的化合物薄膜，如氧化物、氮化物、碳化物、硫化物或氟化物等，称为直流反应磁控溅射镀膜。例如，用氩气溅射钛靶时，向真空室充入氧气，氧分子被激活成活性基团，与 Ti 原子在基体表面发生反应，形成 TiO_2 薄膜。

直流反应磁控溅射金属靶制备化合物薄膜是一种重要的制膜方法，在工业上获得广泛应用，主要原因是容易实现大面积流水线生产，且膜的纯度高，这是化学方法不能比拟的。通过调节反应气体和工作气体（Ar）的比例，可以很容易地调节薄膜的组分。如用氧氩混合气体溅射硅靶时，改变氧氩比例，可以镀制含氧量不同的 SiO_x 薄膜。另外，因为氧气分子在辉光放电中被激发，形成活性基团，使反应能在较低的温度下发生，所以反应溅射法制备化合物薄膜时，基体温度相对来说比较低。直流反应溅射制备化合物薄膜时，氧的流量是一个重要参数，流量太小，那么溅射出来的金属原子氧化不够充分；氧流量太大，靶会被氧化，使溅射过程不稳定，出现靶中毒、阳极消失及靶面打火等现象，影响膜层质量，甚至使镀膜过程终止。

2. 直流反应溅射过程中的一些现象

1）阴极中毒

在直流反应溅射镀膜过程中，到达基体表面的靶材原子和反应气体分子或原子发生化学反应，形成的膜的成分取决于到达基体表面的金属原子和反应气体原子的相对速率。与此同时，靶表面也会发生化学反应。如果靶表面氧化物形成速度小于溅射速度，那么靶呈金属性。随着反应气体分压强的增大，靶表面氧化物合成速度增大，靶面逐渐被氧化物覆盖，当靶的表面全部被氧化物覆盖时，靶的溅射速率会突然降低，这种现象称为靶中毒。

图 4-48（a）示出反应气体流量与沉积速率的关系[19]，随着氧气流量增大，沉积速率沿 ABCD 路线减小。反应气体流量减小时，沉积速率沿 DCEFA 路线增大。从 A 点到 B 点称金属溅射模式，从 B 到 C 为过渡模式，而从 C 到 D 称反应模式。当充入的反应气体流量超过 B 点对应的气流量时，沉积速率快速下降，显示靶逐渐被氧化。伴随着靶的氧化，真空室中反应气体的含量迅速增加，如图 4-48（b）中 B-C 段所示。一般来说，直流溅射反应镀时，最好选择过渡模式。

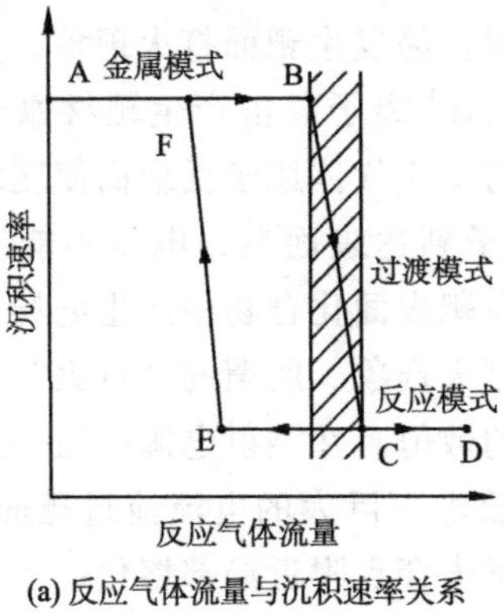

(a) 反应气体流量与沉积速率关系

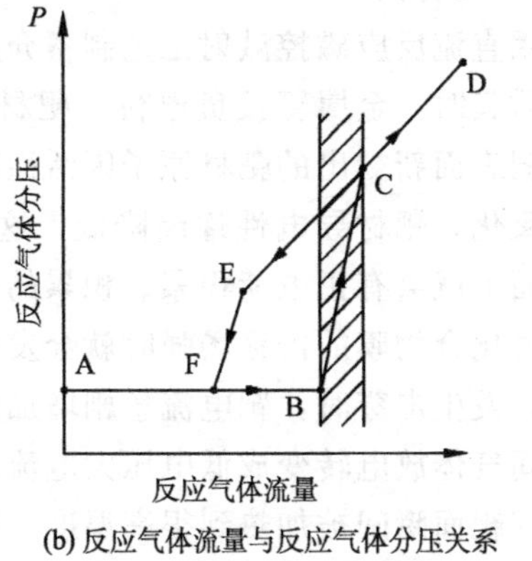

(b) 反应气体流量与反应气体分压关系

图 4-48　反应溅射镀膜时阴极靶中毒过程及现象

靶中毒是由于靶材被氧化造成，靶中毒后沉积速率降低的主要原因是大部分化合物溅射速率比对应的金属单质溅射速率低。同时，化合物的二次电子发射系数高，从而损失入射离子的能量。另外，溅射时如果保持总压强不变，反应气体含量高，则氩气含量低，而反应气体离子的溅射率比氩离子溅射率低，所以当反应气体含量提高后，靶的溅射速率降低。

从反应模式回到金属模式，需要不断减少氧的含量，通常需要减小到一个比临界值小的值，图 4-48（a）中，气体流量减小到 E 点后，才会返回金属模式，FBCE 称为直流反应磁控溅射的迟滞回线。回线形状受很多因素影响，如靶材、泵的抽速、靶基距及靶的功率密度等[20]。

2）阳极消失

在直流溅射镀膜过程中，基体是阳极，靶是阴极。阳极表面必须清洁，接地畅通，溅射过程才可以稳定进行。在用金属靶通过反应溅射制备化合物薄膜的过程中，阳极表面逐渐被化合物覆盖，由于化合物多是绝缘体，所以辉光放电中二次电子到达阳极表面后，不能及时输运走而积累在阳极表面，导致阳极电位不断下降，直到与阴极靶电位相等，这时电子失去驱动力而不能到达阳极，这种现象称为“阳极消失”。阳极消失现象发生时，辉光放电过程终止。“阳极消失”是一个慢慢积累的过程，阴阳两极间的电阻不断增大，等离子体电势会从正变负，并且值不断增大，而电子温度不断上升。等离子体电势、电子温度与气体电阻之间的关系如图 4-49 所示。

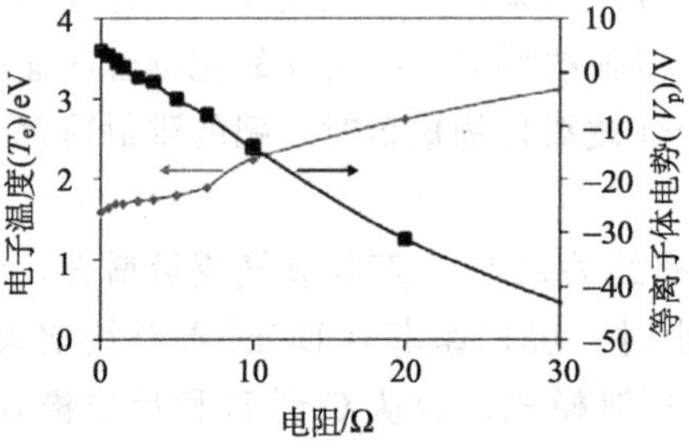

图 4-49　直流反应溅射镀膜中气体电阻与等离子体电势、电子温度之间的关系

3）靶面打火

利用直流反应磁控溅射工艺制备介质薄膜时，易发生靶面打火现象。直流溅射制备介质膜时，金属靶接负电位，靶材表面被 Ar^+ 离子轰击产生靶材原子溅射的同时，靶表面新露出的靶材原子因活性高，易与反应气体原子反应而使靶氧化。随着靶的氧化，靶材导电性逐渐降低，这样氩离子到达表面后，电荷不能及时被中和，靶面上就会有正电荷积累。积累的电荷将在靶表面化合物中产生电场，当电场强度超过化合物膜的击穿场强时就会发生靶面打火现象。所谓的“打火”其实是弧光放电，发生击穿时，靶电流急剧增加到很高的数值，在溅射电源内阻一定的情况下，空间气体放电转变成低电压大电流的弧光放电。巨大的电流流过靶面击穿点，导致局部靶面瞬间被加热到很高温度，引起靶材击穿点附近局部熔化、蒸发甚至喷射。从现象上看，靶面不断有跳跃的火花。只有设法使靶面上积累的正电荷在强电场建立之前就被释放，打火现象才不会发生。

3. 反应溅射不稳定现象解决措施

要解决上述问题，可以采用以下措施。

（1）改变反应气体和工作气体的气路。

将反应气体进气孔设置在基体附近，工作气体（Ar 气）进气孔设置在靶附近，如图 4-50 所示，这样可以使发生在靶面的反应速率降低，延缓靶中毒。

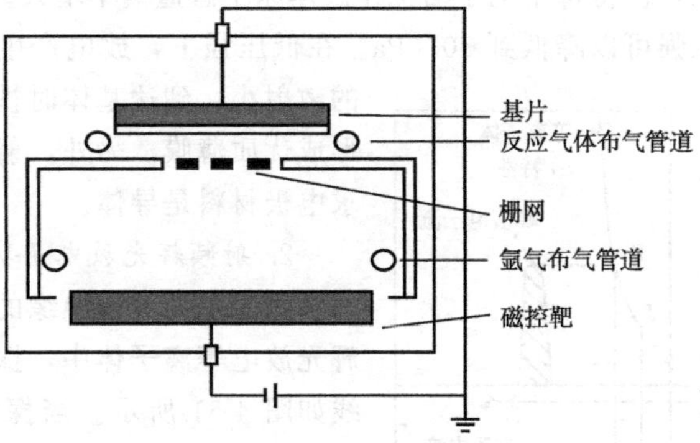

图 4-50　磁控溅射镀膜进气口布置改进方式

但是，一方面由于反应气体不与等离子体作用，其活性无法提高；另一方面，栅网降低到达基体的粒子流，因此降低基体上薄膜沉积速率，而且因为栅网表面有膜沉积，需要经常拆洗，比较麻烦。

（2）采用脉冲进气法。

这种方法是间歇式进气，在靶中毒之前停止供应反应气体，待靶表面氧化物被溅射掉后，再通入反应性气体。这种方法能够阻止靶中毒，但是工艺过程稳定性差，膜的组成元素在深度方向上配比不均匀。

（3）采用射频或中频磁控溅射。

（4）采用脉冲磁控溅射。

射频、中频磁控溅射和脉冲磁控溅射是重要的制备氧化物薄膜的方法，后续章节陆续详细讲解。

4.6　射频溅射镀膜

1966 年，IBM 公司采用射频 13.56MHz 电源溅射镀制绝缘的 SiO_2 膜，开启了射频溅射镀膜的历程。射频溅射镀膜建立在射频辉光放电基础上，所以本节先学习射频辉光放电相关知识。

4.6.1　射频辉光放电

1. 射频辉光放电原理

将一定幅值的电压以 13.56MHz 交变频率加在两个电极上，当气体压强合适时会发生辉光放电，形成的等离子体中的电子由于质量小，能够随着电场方向的高速改变而改变运动方向，即电子不是如在直流二极溅射装置中那样从阴极发射直接飞到阳极，而是在放电空间跟随外电场振荡多次，最后到达阳极，这样就延长了电子实际行走的路径，使得每个电子与工作气体原子碰撞概率增大。所以射频辉光放电时，放电气体压强可以降低到 10^{-2}Pa。在低压强下，放电产生的膜材原子受到的散射小，到达基体时携带的能量大，能形成优质薄膜。另外，射频辉光放电不要求电极材料是导体。

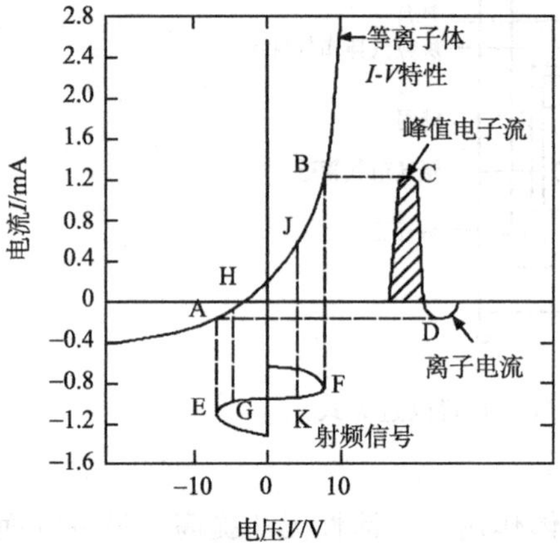

图 4-51 射频辉光放电 *I-V* 特性曲线

2. 射频辉光放电 *I-V* 特性曲线

用一个与大地绝缘的探针，置于射频辉光放电等离子体中，探针的 *I-V* 特征曲线如图 4-51 所示。当探针上施加负电压时，探针吸引离子，随着电压幅度变小，离子流的幅值也变小，如 $V_E > V_G$，$I_A > I_H$；当探针上施加正电压时，探针吸引电子，随着电压幅度的增大，电子流增大，如 $V_K < V_F$，$I_J < I_B$。但是，对于相同的正负电压值，电子流比离子流大得多，如 $V_E = V_F$，而 $I_A < I_B$，这是由于电子运动速度快，而离子运动速度慢的原因。

4.6.2 射频溅射镀膜

靶材是绝缘体时，射频溅射是最好的镀膜方法。射频溅射也可以溅射金属靶材，制备金属或化合物薄膜，不过这时，靶和放电回路之间需要用电容隔开。

1. 射频镀膜原理

在前面介绍的各种直流溅射镀中，只要把直流电源换成射频电源，就成为射频溅射镀。如图 4-52 所示，射频电源部分包括射频发生器和匹配网络。匹配网络用来调节输入阻抗，使其与射频电源的输出阻抗相匹配，以达到最大的功率传输效率。真空室内基体和靶相互对置，靶通过电容耦合到射频电源上（靶因此称为容性耦合电极）。基片和真空室等电位并接地（基片因此称为接地电极）。靶基距一般为 5～10cm，真空室抽真空到压强低于 10^{-3} Pa，向真空室充入工作气体 Ar 气到 0.1～1Pa，打开射频电源，细心调节射频电源的匹配电容，使入射功率最大，反射功率最小，射频辉光放电发生，在靶上迅速建立起自偏压，一旦自偏压建立，靶就得到溅射，基体上就有膜形成。

射频辉光放电时，两个电极交替地作为正负极，但是为什么只有靶得到溅射而基体不被溅射？这主要由以下 2 个因素决定。

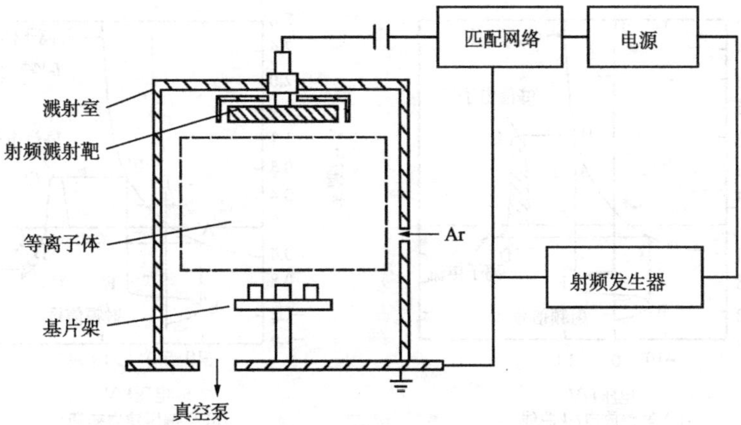

图 4-52　射频磁控溅射镀膜系统示意图

1）靶上自偏压的建立

在射频溅射镀中，如果靶是导体，则靶必须通过电容耦合到射频电源上，如图 4-52 所示。如果是绝缘靶，则不需要电容，直接接到射频电源上。另一个电极为基片或样品或工件，与真空室壁等电位，为直接耦合电极，即接地极。辉光放电时，到达容性耦合电极表面的电子，由于电容的阻隔而不能流通，只能积累在靶表面，这样靶的表面就会因电荷积累而产生偏压，这个偏压是系统自建的，称为自偏压。正是这个自偏压，引起靶的溅射。

下面讨论靶材表面自偏压建立过程。根据射频等离子体 *I-V* 曲线，对于相同幅度的负电压和正电压，离子流比电子流小很多。如图 4-53（a）所示，*I-V* 曲线上 A 点和 B 点对应于射频信号 E 点和 F 点，电压幅值相等，但是 A 点对应的放电离子流为 I_D，比 B 点对应的电子流 I_C 小很多。一个周期后，靶电极表面就有电子积累（因为靶被电容阻隔）。靶电极表面积累的电子使电极电位降低，这个降低的电位 U 就是自偏压，如图 4-53（b）所示。由于这个自偏压的存在或者说是由于电子的积累，在随后的一个周期里，飞向靶的电子的运动受到抑制而离子受到加速，使到达靶的电子流变小（$I_{C'}<I_C$），离子流变大（$I_{D'}>I_D$），但是电子流仍然是大于离子流（$I_{C'}<I_{D'}$），所以靶电极上积累的电荷量进一步增大，自偏压因此也增大。如此循环下去，自偏压不断增大，直到达到一个值，使到达靶电极的电子流与离子流大小相等，即净电荷为零，如图 4-53（c）所示，这时自偏压达到一个稳定值。随后每个周期内到达靶表面的电子流和离子流相等，靶表面积累的电荷量不会再增加，靶就受到离子稳定的轰击，实现对绝缘靶的溅射镀膜。自偏压建立的过程非常迅速，放电稳定后自偏压也就稳定。

2）阴阳两极面积比

镀绝缘膜时，上述过程在绝缘基体表面也会发生，即基体表面也会建立自偏

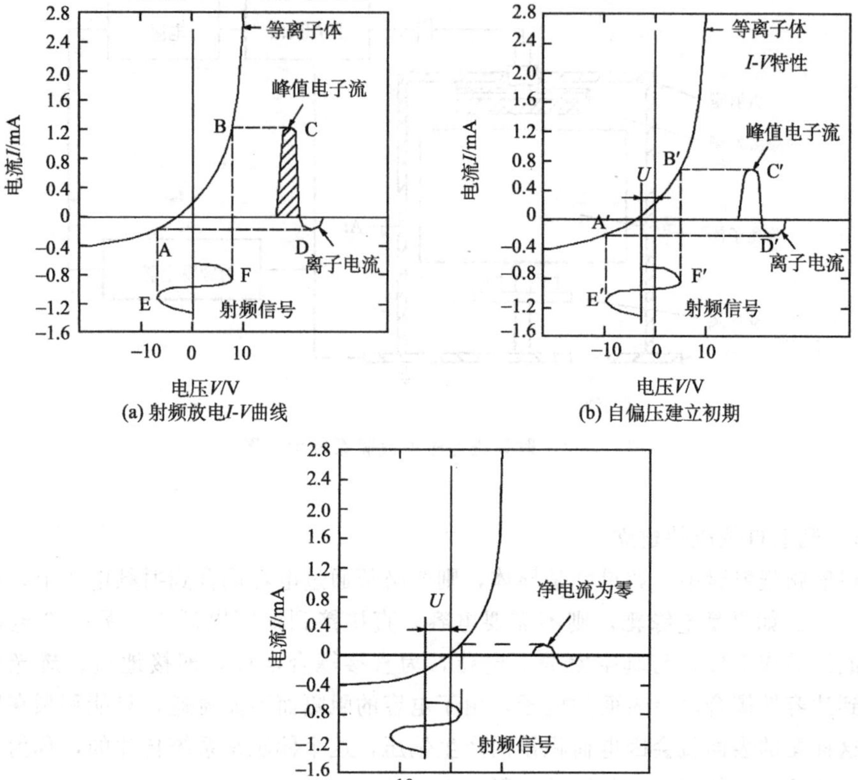

(a) 射频放电I-V曲线

(b) 自偏压建立初期

(c) 稳定的自偏压

图 4-53　靶表面自偏压建立过程

压，因而可能被溅射。为避免基体上膜被溅射，可以把基体接地，并与真空室等电位连接。在这样一个系统中，设辉光放电空间和靶之间的电压为 V_c，辉光放电空间与直接耦合电极之间的电压为 V_p，则两者有如下关系：

$$V_c/V_p=(A_p/A_c)^m$$

式中，A_p 和 A_c 分别为直接耦合电极、容性耦合电极的面积。在理想情况下，$m=4$，但是对一般的系统而言，m 为 1.5～2。如果 $A_p \gg A_c$，那么 $V_c \gg V_p$。在实际装置中，由于基片与真空室同接地，所以直接耦合电极（基体）面积比容性耦合电极（靶）面积大很多，从而基体表面的偏压很小，不足以引起基体表面沉积的薄膜的有效溅射。

由于靶上有稳定的自偏压且阳极面积比阴极面积大很多，所以在实际射频溅射镀膜中，只有靶被溅射，而基体不被溅射。

2. 射频溅射特点

利用射频溅射可以很方便地溅射绝缘靶，制备绝缘膜，镀膜过程非常稳定。另外，射频辉光放电时工作气压可以低到 10^{-2} Pa，放电气压低，溅射出来的原子在空间被碰撞的概率减小，所以沉积到基体上的膜材粒子能量大，形成的膜结合力好。但是，射频溅射镀膜成膜速率低，只有直流溅射速率的一半。另外，射频溅射镀膜设备比较昂贵，而且射频对人体有一定的危害。

3. 射频溅射镀膜应用

射频溅射主要用于制备各种绝缘膜，通常用于绝缘靶的溅射，但是也可以溅射金属靶制备绝缘膜。如制备二氧化钛薄膜，可以在氧气氛围中溅射金属 Ti 靶，也可以直接溅射二氧化钛靶，获得二氧化钛薄膜。下面分别介绍两种靶的镀膜过程。

1）溅射钛靶制备二氧化钛薄膜的镀膜过程

（1）将基体和靶材清洗干净，放入真空室固定好，并将挡板旋转到靶材上方；

（2）将真空室封闭，并抽真空到压强低于 10^{-3} Pa；

（3）向真空室充入氩气到 1Pa 左右，启动射频辉光放电电源；

（4）细心调节电容，使输入功率最大，反射功率最小（设备上有仪表指示），这时射频辉光放电发生；

（5）降低气压到 0.1 Pa 左右（具体值因不同膜而有所不同），对靶材进行预溅射；

（6）3～5min 后，向真空室充入氧气，到一定的氧氩比（具体值因设备不同而有差别），并同时增大射频功率到设计值，等放电稳定后，打开靶材前面的挡板，在基体上成膜；

（7）一段时间后，停止供气，切断射频电源，并按照常规停机程序停机，取出样品。

2）溅射二氧化钛靶的镀膜过程

（1）将基体和靶材清洗干净，放入真空室固定好，并将挡板旋转到靶材上方；

（2）将真空室封闭，并抽真空到压强低于 10^{-3} Pa；

（3）向真空室充入氩气到 1Pa 左右，启动射频辉光放电电源；

（4）细心调节电容，使输入功率最大，而反射功率最小（设备上有仪表指示），这时射频辉光放电发生；

（5）降低气压到 0.1 Pa 左右（具体值因不同膜而有所不同），对靶材进行预溅射；

（6）3～5min 后，增大功率到设计值，放电稳定后，打开基体前方的挡板，在基体上成膜；

（7）一段时间后，停止供气，切断射频电源，并按照常规停机程序停机，取出样品。

两种镀膜方法程序上差别很小，但是溅射氧化物靶时由于不需要控制氧氩比，所以过程简单得多。另外，溅射氧化物靶时，有时也会向真空室充入少量氧气（不需要精确控制氧气含量），避免氧化物薄膜中形成较多的氧空位。

4.7 中频磁控溅射镀膜

射频辉光放电很好地解决了介质薄膜的制备问题，但是射频溅射镀膜的溅射速率相对来说比较低。以 Al 为靶材，溅射速率和溅射电源频率有如下关系：频率为 60kHz、80kHz、100kHz 和 13.56MHz 时的溅射速率为直流溅射时的 100%、85%、70%和 55%。因此，为了获得较高生产率（溅射速率），在满足抑制靶面打火的前提下，电源的频率应取较低的值，一般不超过 80kHz。基于这个频率范围的磁控溅射镀膜称为中频磁控溅射镀膜。在工业标准中，中频溅射的频率定为 40kHz。

1. 中频辉光放电镀膜原理

在真空室中放置靶材和基体，当靶材和基体之间接中频电源进行辉光放电时，由于频率低（40kHz），在每个周期内，不论是电子，还是离子都有足够的时间迁移，在电极极性变化之前到达电极表面。所以，当靶上施加的电压处于负半周时，靶被到达其表面的正离子溅射；而正半周时，等离子体中的电子被加速到靶面，中和靶面上积累的正电荷。下一个周期的负半周，靶材又被正离子溅射，正半周时，电子到达靶面中和电荷，从而实现对靶的溅射。如果靶和基体交替地做阴阳极，靶和基体也就交替地得到溅射，不能实现在基体上镀膜。

实际上，中频溅射镀膜系统设置两个靶，这两个靶尺寸和外形完全相同，并排放置，因此也称为孪生靶。在镀膜过程中，两靶与真空室绝缘，处于悬浮电位，但是两靶之间接中频交流电源，因而两靶交替地做阴阳极。这样在整个工作时间段内，处于负电位的那个靶被 Ar^+ 离子溅射，处于正电位的靶上聚集电子，电子中和前半个周期积累的正电荷，从而两靶交替被溅射，保证每个周期溅射速率恒定。如图 4-54 所示为工业生产中中频辉光放电在玻璃基体上在线镀膜装置图。图 4-54（a）适用于平面基体，而图 4-54（b）适用于具有弧面的工件。

2. 中频磁控溅射特点

中频磁控溅射解决了直流溅射镀绝缘膜时靶面打火和阳极消失问题，沉积速率比射频溅射高五倍左右。设备购置费和维修费较射频溅射低，设备安装、调试及维护比射频溅射容易，而且膜层致密程度与射频溅射镀的膜层相当。

中频溅射镀膜由于溅射速率大，而且能够抑制打火等现象，所以在工业生产中得到广泛应用。各种绝缘薄膜都可以用中频磁控溅射镀膜方法制备。但是中频溅射对孪生靶要求很高，两靶外形和结构必须高度一致，否则溅射速率不稳定。

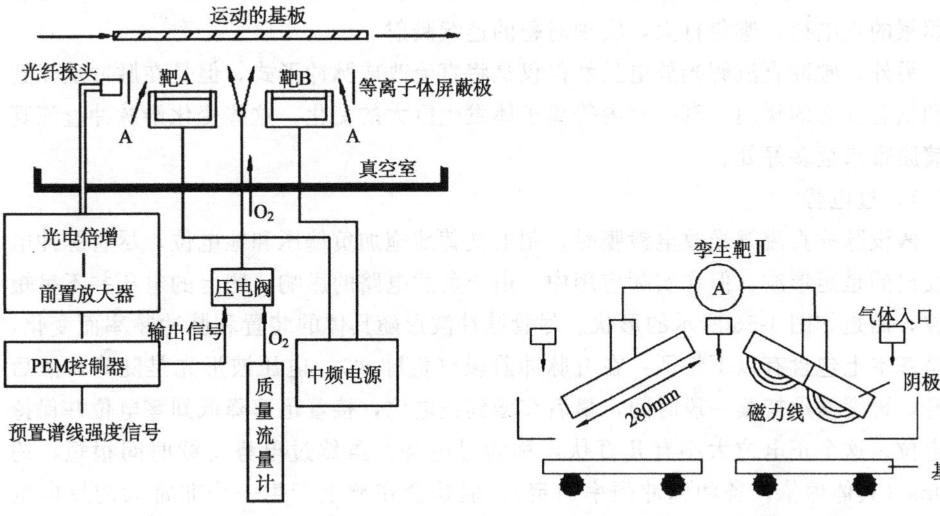

(a) 适用于平面基体　　(b) 适用于弧面基体

图 4-54　中频磁控溅射镀膜系统示意图

4.8　脉冲直流辉光放电镀膜

直流磁控溅射法制备介质膜遇到的困难用脉冲直流磁控溅射（pulsed magnetron sputtering，PMS）方法也可以很好地解决。脉冲直流磁控溅射镀膜时，靶电压以 50～250kHz 的频率周期性地作用到一个靶上，实现绝缘膜的制备。根据电压的极性分成两种工作模式，如果靶上电压周期性从负电位转换到地电位，称为单极模式，如果转换到一个正电位，则称为双极模式。如果一个周期内正电势和负电势幅值不相等，则称为不对称脉冲。典型的单极脉冲和不对称双极脉冲的电压波形如图 4-55（a）和（b）所示。占空比是指脉冲时段占一个周期的比值：脉冲频率为 50kHz 时，周期为 20μs；如果占空比为 50%，那么有脉冲和无脉冲时段将各占 10μs。

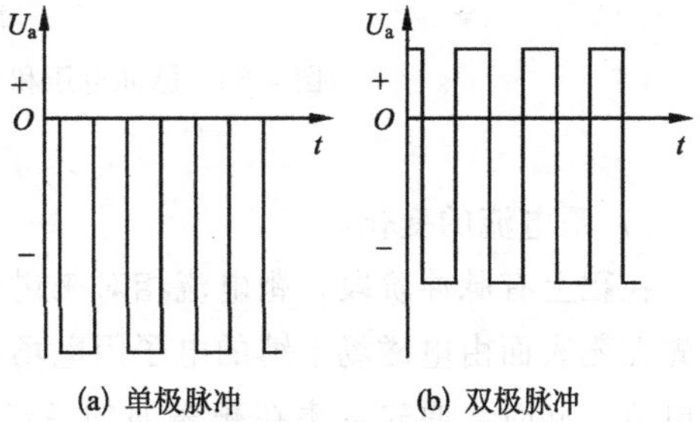

(a) 单极脉冲　　(b) 双极脉冲

图 4-55　电压波形图

1. *脉冲直流磁控溅射镀膜原理*[21,22]

脉冲磁控溅射工作在 50～250kHz 频率范围，在这个频率段，电子和离子都能够周期地响应靶表面电势和等离子体电势的变化，所以在靶上加负脉冲阶段，离子流被吸引到靶表面，引起靶材溅射。在氧气环境下，靶依然可能被氧化而中毒，表面会有电荷积累，但是，在正脉冲或不施加脉冲阶段，电子飞向靶表面，中和靶表面积累的正电荷，避免打火，实现对靶的连续溅射。

另外，脉冲直流辉光放电虽然仅仅是将直流改成脉冲形式，但是在脉冲从无到有和从有到无的瞬间，真空室内等离子体发生巨大的变化，这些变化给脉冲直流真空镀膜带来很多好处。

1）过电势

假设脉冲直流辉光放电镀膜时，靶上交替地施加负偏压和地电位，尽管脉冲电源发出的是矩形波，但在实际应用中，由于负载电路的影响，靶上的电压并不呈矩形波，而是如图 4-56 所示的形状。尽管脉冲波形随具体的装置和脉冲频率而变化，但是基本上包含有以下特征：在有脉冲阶段（负脉冲），电压波形先是陡降，然后上升，再缓慢地持续一段时间，最后突增到正电位，接着迅速降低到零电位并保持零电位。这个正电位大小有几百伏，称为过电势。虽然过电势持续时间很短，约 250ns（具体值依设备和脉冲频率而定），但是会在靶上产生一个非常大的反向电流，这个特征对放电有非常重要的影响，因此对沉积过程有重要作用。

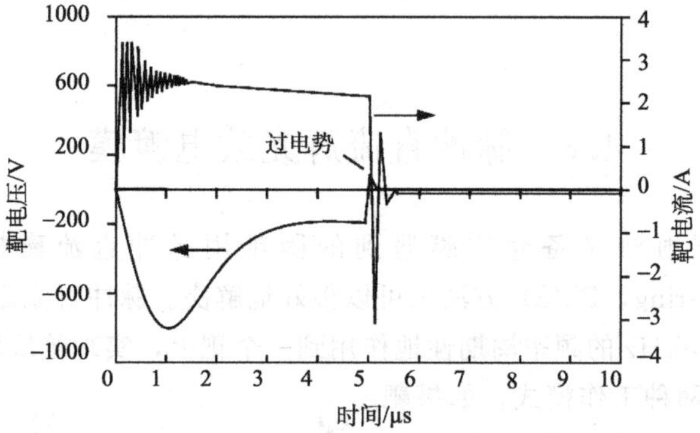

图 4-56　脉冲电压和电流随时间变化过程

2）靶电流的变化

在靶上有脉冲阶段，靶电流相对来讲比较稳定。在脉冲从有到无转变的瞬间，原先在靶表面由电磁场束缚的电子因电场方向突然变化而轰击靶材，形成强大的反向电流。同时，原先富集在靶表面的 Ar^+ 离子离开靶，进入放电空间，部分可能轰击基体，从而提高薄膜致密度和硬度；部分 Ar^+ 受靶上聚集电子的影响返回靶面，所以又形成一个正的电流。在电势突变时，电流出现振荡。

3）等离子体电位

等离子体电位通常比镀膜系统中最正的电位高。对于脉冲直流磁控溅射镀膜来说，当靶接负电位时，也就是有脉冲时，等离子体电位比地电位略高。当靶接地或接正电位，等离子体电势与靶电位相当并略高。但是，在脉冲极性变化的瞬间，等离子体电位比过电位还要高。实验探测到，当过电位是 250V 时，等离子体电位达到 376V，这时在接地的基体上将形成 376V 的鞘电位，基体表面受离子轰击发射的二次电子瞬间得到 376eV 的能量，进入放电空间，大大增强气体电离度。所以，在极性突变之时，等离子体中电子温度和密度都有较大的提高。

4）脉冲放电离子能量

文献报道，对于频率为 100kHz、占空比为 50%、功率为 500W 的氩气脉冲直流放电形成的氩等离子体，在无脉冲阶段，离子能量在 2～5eV；在稳定脉冲阶段，离子能量为 20～25eV，而过电势形成时离子能量在 75eV 附近。

5）占空比与弧光放电

占空比越小，靶被氧化的概率越小，所以发生弧光放电的概率也越小。沉积铝膜时，对于 60kHz 的频率，占空比与靶表面发生的弧点关系如图 4-57 所示，不论占空比是多少，开始时总有一个无弧点的阶段，但是一旦弧光放电发生，弧点呈指数上升。随着占空比的减小，无弧运行时间延长，当占空比降到 64%时，无弧运行持续两个小时。但是占空比降低时，沉积速率也降低，所以应当取一个适当的占空比。

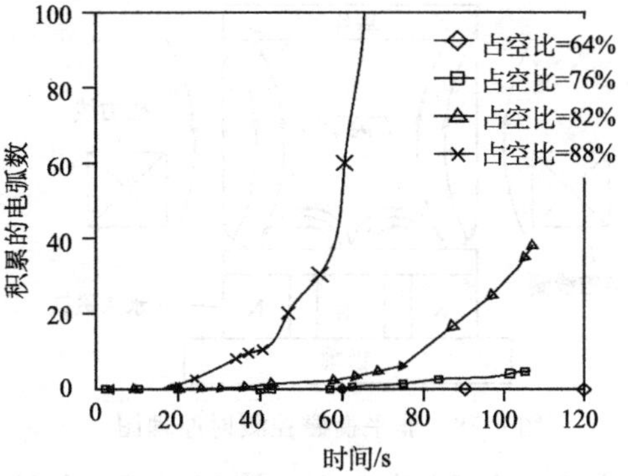

图 4-57　占空比与表面弧点总数关系

2. 脉冲直流磁控溅射的特点

脉冲磁控溅射镀膜虽然是个间歇式地在靶上施加直流电压的过程，但是由于脉冲短，以及磁场空间分布和等离子体密度的变化，脉冲磁控溅射镀膜机理非常复杂，至今认识不充分。从实践中总结出以下一些特点：

(1) 脉冲磁控放电时，电子温度和密度比连续放电时高。

(2) 在脉冲突变时刻，电子温度有个突增，脉冲频率是决定放电特征的一个重要因素。

(3) 脉冲磁控溅射镀膜可以制备各种高致密度、无缺陷、表面粗糙度小的化合物膜。

3. 脉冲直流磁控溅射镀膜的应用

脉冲直流磁控溅射可以制备各种氧化物薄膜，如 Al 掺杂的氧化锌、氮化钛薄膜，以及类金刚石型薄膜等。用脉冲磁控溅射方法镀制的 TiN 薄膜能够增强刀具抗磨损特性，明显提高刀具寿命。近年来，高能脉冲磁控溅射正在被广泛研究，并已经投入生产。高功率脉冲磁控溅射实质上是一种离子镀，所以放在磁控溅射离子镀一节介绍。

4.9 非平衡磁控溅射镀膜

在普通的磁控溅射镀膜中，磁场集中于阴极靶表面附近有限的区域内，基体表面没有磁场，这种溅射镀膜称为平衡磁控溅射。1985 年，澳大利亚的 B. Window 提出增大普通磁控溅射阴极的杂散磁场，使磁场延伸到基体表面，从而提高基体表面等离子体密度。Wolf-Dieter Munz[23] 指出如果通过磁控溅射阴极内、外两个端面的磁通量不相等，则为非平衡磁控溅射。

1. 非平衡磁控溅射原理

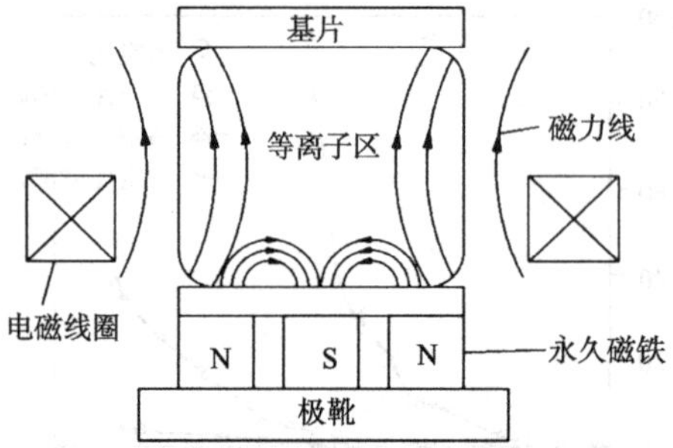

图 4-58 非平衡磁控溅射原理图

图 4-58 是非平衡磁控溅射示意图，在原平衡磁控溅射镀膜系统外部增加一电磁线圈，该电磁线圈产生的磁场与原磁场共同作用，不但在阴极表面构成横向（平行于放电阴极）磁场，还能将部分纵向（垂直于阴极表面）磁场延伸到镀膜区域和基体表面。

在平衡溅射系统中，磁力线集中在靶面附近，因此二次电子也被约束在靶面附近，从而电离区也在靶面附近。电子经过碰撞失去能量后，在电场力的作用下，飞向阳极——基体和真空室壁。但是，在非平衡磁控溅射情况下，由于磁力线伸入到基体表面，这部分磁力线能够约束电子，使得部分二次电子沿着磁力线到达基体附近，再与中性粒子碰撞，使中性粒子电离，增大工作气体在基体表面区域的电离率，即等离子体不再被限制在靶材表面区域，而是能够延伸到基体表面，使到达基体的离子浓度增大，离子束流密度可达 10 mA/cm^2，甚至能达到 20 mA/cm^2 以上。另一方面由于部分膜材原子被离化，膜材原子的活性提高，有利于化合物薄膜的制备。

总之，在非平衡磁控溅射镀膜中，基体表面接收离子流，束流密度达到 20mA/cm^2，这种轰击能够提高膜基结合力，提高膜层致密度。同时，由于膜材原子活性大，利于化合物薄膜制备。

2. 非平衡磁控溅射装置

1）磁场设置

非平衡磁控溅射镀膜最主要的特点是靶面磁力线不闭合，这就要求中心磁柱和边缘磁环场强不能相等。可以采用如图 4-58 所示外加电磁线圈的方式，也可以采用不同的磁体材料来实现，比如中心部分采用强磁铁，如铷铁硼，而外环采用高纯铁，或反之，分别如图 4-59（a）和（b）所示，这样磁力线都可以延伸到基体表面附近。

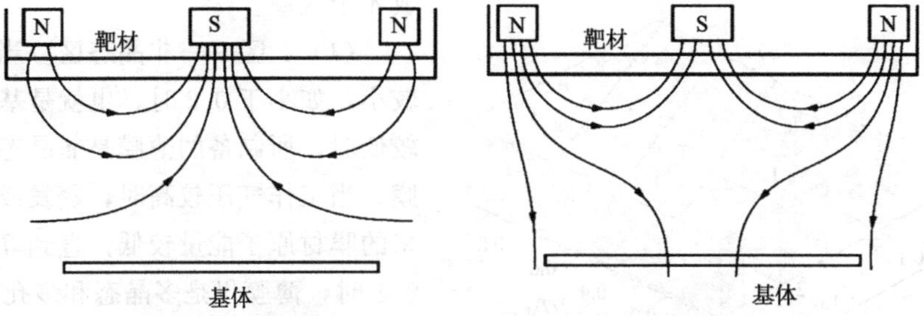

(a) 中心磁场比周围磁场强　　(b) 周围磁场比中心磁场强

图 4-59　非平衡磁控溅射磁场分布

2）磁控靶的排列

除前面讨论的单靶非平衡磁控溅射镀膜外，还有多种双靶或多靶非平衡磁控溅射镀膜系统。图 4-60（a）是共面型，两靶并排放置，基体在靶对面，两个靶磁力线闭环，但是部分磁力线穿过基体。图 4-60（b）是闭环构型，两靶相对放置，基体在两靶之间，两靶磁场设置使得两靶部分磁场穿过基体。图 4-60（c）是镜面构型，两个靶的磁力线完全镜像对置。在两靶外部有磁场，使得部分磁场穿过基体。另外，还有四靶结构和八靶结构等。

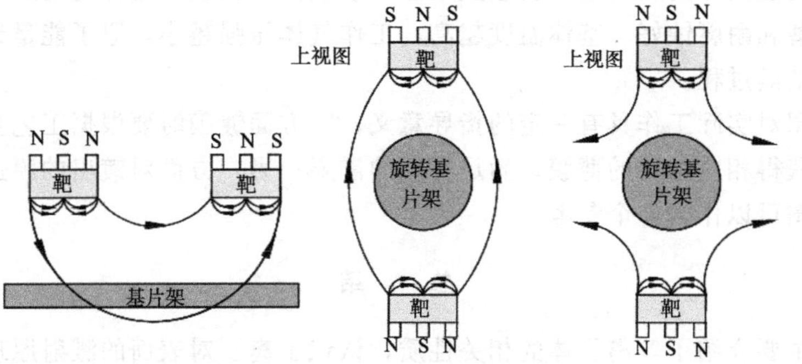

(a) 闭场结构(共平面)　(b) 闭场结构(垂直相对)　(c) 镜像场配置(纵向相对)

图 4-60　非平衡磁控溅射靶的排布方式

4.10　真空蒸发和溅射镀膜参数与薄膜形貌关系

由真空镀膜方法制备的薄膜的形貌与制备方法和参数有很大关系，如图 4-61 所示为 B. A. Movchan 和 A. V. Demchishin 所建模型[24]，适合真空蒸发镀和真空溅射镀。设 T_M 表示膜材的熔点，而 T 表示基体温度，纵坐标表示工作气体压强（P）和蒸发或溅射出来的原子的能量（E）。根据参数 P、E 和 T/T_M，薄膜的形貌基本可以分

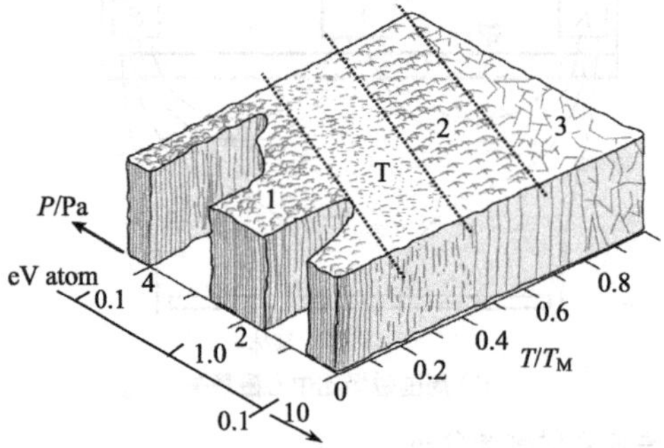

图 4-61 适用于真空蒸发镀和真空溅射镀的薄膜结构模型

成4个区域。

(1) 1区——非晶态区。当 T/T_M 较小，如小于0.2时，也就是基体温度较低时，所制备的薄膜是非晶态、多孔膜。当工作气压较高时，蒸发或溅射出来的膜材原子能量较低，直到 $T/T_M=0.4$ 时，薄膜仍是多晶态和多孔状。

(2) T区——过渡区。这个区域是从非晶态向晶态过渡的区域，膜通常含有小的晶粒，因为颗粒小，所以膜相对来讲比较致密，表面平滑。

(3) 2区——柱状晶区。当 T/T_M 较大时，也就是基体温度较高时，膜容易形成柱状晶结构。柱状晶高而细，这种结构的膜强度低，薄膜表面粗糙度相对前两种状态大。工作气压越低，膜材粒子能量越大，形成柱状晶时基体温度越低，如 $P=2\text{Pa}$ 或 $E=1.0\text{eV}$，当 $T/T_M=0.6$ 时，形成的膜为柱状晶结构，但是当 $P=4\text{Pa}$ 或 $E=0.1\text{eV}$，则 $T/T_M=0.8$ 时形成的膜仍为柱状晶结构。

(4) 3区——重结晶区。当 T/T_M 很大时，也就是基体温度非常高，接近膜材熔点时，到达基体的膜材粒子发生重结晶，形成大晶粒膜，这样的膜致密度高、硬度高，耐磨和耐腐蚀好。基体温度越高，工作气体压强越小，原子能量越大，越容易发生再结晶过程。

这个图对实际工作具有一定的指导意义，一方面镀膜时要根据工艺要求合理选择参数，获得相应结构的薄膜，满足不同的需要；另一方面对镀出的膜进行形貌分析时，本图可以作为一个参考。

总 结

本章主要介绍了等离子体的相关性质，认识了离子对表面的溅射原理及影响因素，重点学习各种真空溅射镀膜的基本原理、特点、装置和应用。真空溅射镀膜基于辉光放电产生的等离子体，所以认识等离子体性质、等离子体电位、悬浮电位，辉光放电时空间电位分布，特别是阴极暗区的性质尤为重要。本章介绍了多种溅射镀膜，实际应用最多的是磁控溅射镀膜，包括直流平衡和非平衡磁控溅射，以及中频、射频磁控溅射镀膜及脉冲磁控溅射。本章用较大的篇幅讨论这些溅射镀膜原理、装置和应用，这其中射频磁控溅射镀膜自偏压的建立是很多初学者难以理解的问题，本章对这一概念及自偏压的建立过程进行具体的分析。本章多处引用了相关参考书的共同内容，所以在书中没有一一指出这些引用。

参考文献

[1] Grove W R. On the electro-chemical polarity of gases. Philosophical Transactions of the Royal

Society，1852，142：87
[2] Chapin J S. 美国专利. 4166018. 1974
[3] Window B，Sharpies F，Sawides N. Magnetically confined sputter source with high ion flux. Journal of Vacuum Science & Technology A，1985，3 (6)：2368-2372
[4] 宁兆元，江美福，辛煜. 固体薄膜材料于制备技术. 北京：科学出版社，2008
[5] Wesson J. Tokamaks. England：Oxford University Press，1997
[6] Woodyard J R，Cooper C B. Mass spectrometric study of neutral particles sputtered from Cu by 0 to 100eV Ar Ions. Journal of Applied Physics，1964，35 (4)：1107
[7] Penning F M. Physica. III. 1936，87
[8] Kirov K I，Ivanov N A，Atansova E D，et al. DC magnetron system for cathode sputtering. Vacuum，1976，26：237-241
[9] 范垂祯. 磁控溅射镀膜技术的基本概念与应用（讲习班讲稿）. 2004
[10] 黄福民，王朴. 偏心旋转移动平面磁控溅射在 ITO 玻璃生产中的应用与探讨. 真空 ，2005，42：27-29
[11] Clark P J. 美国专利. 3616450. 1968
[12] 范毓殿. 磁控溅射离子镀. 中国真空学会薄膜专业委员会，2001
[13] Cohen S A. Plasma Etching. San Diego：Academic Press，1989 ：185-258
[14] Chapman B. Glow Discharge Process. New York：Wiely，1980
[15] Holland L，Samuel G. Substrate floating potential characteristics in planar magnetron and ht sputtering systems. Vacuum，1987，30：267-274
[16] 茅昕辉，陈国平. 反应磁控溅射的进展. 中国真空学会薄膜专业委员会，2001
[17] Musil J，Baroch P，Vlcek J， et al. Reactive magnetron sputtering of thin films：present status and trends. Thin Solid Films，2005，475：208-218
[18] Sproul W D，Christie D J，Carter D C. Control of reactive sputtering processes. Thin Solid Films，2005，491 ：1-17
[19] 余东海，王成勇，成晓玲等. 磁控溅射镀膜技术的发展. 真空，2009，46：19-25
[20] Berg S，Nyberg T. Fundamental understanding and modeling of reactive sputtering processes. Thin Solid Films，2005，476：215-230
[21] Kelly P J，Bradley J W. Pulsed magnetron sputtering-process overview and application. J Optoelectronics and advanced materials ，2009，11：1101-1107
[22] Bradley J W，Welzel T. Physics and phenomena in pulsed magnetrons：an overview. Journal of Physics D：Applied Physics，2009，42：093001
[23] Munz W D. The unbalanced magnetron：current status of development. Surface and Coatings Technology，1991，48 (1)：81-94
[24] Movchan B A ，Demchishin A V. Study of the structure and properties of thick vacuum condensates of nickel，titanium，tungsten，aluminium oxide and zirconium dioxide. Phys. Met. Metallogr，1969，28：83-90

第五章 真空离子镀

前面两章讨论了真空蒸发镀和真空溅射镀，真空蒸发镀具有高的沉积速率，但膜层和基体结合力弱，膜多为柱状结构，不耐磨也不耐腐蚀。磁控溅射镀克服了上述部分缺点，可以制备致密性好的膜，而且镀膜过程可控性好，所以在工业中得到广泛应用，但是溅射速率相对来讲比较小，所以沉积速率低。另外，溅射出来的膜材粒子离化率低，只有1%左右，因而化学活性差。本章介绍真空离子镀，真空离子镀是当今发展最快、应用最广的镀膜技术之一，真空离子镀最主要的特点是在镀膜过程中气化的膜材粒子被大量离化，形成高密度的膜材等离子体；同时，基体上施加负偏压，加速膜材离子，使其以工艺所需的动能定向撞击到基体或膜层上，形成致密度高、与基体结合力强、耐磨耐腐蚀性好的薄膜。另外，由于气化的膜材原子离化率高，膜层化学活性高，所以易于在较低的基体温度下制备化合物薄膜。离子镀在装饰镀和刀具镀中有广泛的应用。

离子镀不断发展，已经形成多种形式，基本可以分成三大类，即等离子体离子镀（ion plating)、电弧离子镀（arc vapor deposition）和束流离子镀（ion beam deposition)。等离子体离子镀是指在真空室形成氩气和气化的膜材原子的混合等离子体，通过在基体上施加负偏压，使离子在电场力的作用下带着动能到达基体表面，形成薄膜的一种镀膜技术。等离子体离子镀主要有真空蒸发离子镀和真空溅射离子镀。电弧离子镀是把膜材做成致密的靶，通过引弧电极在靶表面引发弧光放电，使膜材气化并形成高度离化的膜材等离子体，然后沉积到基体上，形成薄膜。束流离子镀主要包括离子束沉积（ion beam depositon)、团簇离子束沉积（ionized cluster beam，ICB）和离子束辅助沉积（ion beam assisted depositon)。它们共同的特点是含有定向离子束，离子束可以来源于离子源，也可以通过热丝发射电子使团簇离化而形成。

总之，离子镀是将低压气体放电和真空蒸发、溅射、弧光放电、离子沉积和注入等过程结合起来的一个复杂过程。本章分别介绍等离子体离子镀、电弧离子镀和束流离子镀，其中包括等离子体活性离子镀、高功率脉冲磁控溅射镀及过滤的电弧镀等。重点阐述各种方法的原理、特点和应用。

5.1 等离子体离子镀概述

1963年，Donald M. Mattox[1]发明了等离子体离子镀。等离子体离子镀是指在一定的真空度下，将膜材原子蒸发或溅射出来，通过辉光放电使气化的膜材原子离化，形成等离子体，同时在基体上施加负电位，等离子体中的离子在电场力作用下，带着较高的能量到达基体并轰击基体表面或正在生长的薄膜，这种成膜方式称为等离子体离子镀。其典型特征是：①膜材经历气化、离化过程；②基体带负偏压，浸渍在等离子体中。在离子镀基础上引入反应气体，形成活性反应离子镀，能镀制各种优质化合物薄膜。本节首先以电阻蒸发离子镀为例，讲解等离子体离子镀的原理、过程及特点。

5.1.1 等离子体离子镀原理

1. 真空蒸发离子镀过程

图 5-1 是 Donald M. Mattox 申请等离子体离子镀专利时用的示意图[2]，基体和膜材置于真空室内，基体接地。采用电阻加热蒸发膜材，电阻加热回路和基体之间接电源，使基体相对于膜材处于负电位。镀膜时，先将镀膜室抽真空到 10^{-3} Pa，然后充入氩气到 0.1～10Pa，接通基体和加热回路之间的电源，电压通常在几十到几千伏特，两极间发生辉光放电，氩离子在电场力作用下轰击基体，清除基体表面吸附的气体，并可能溅射掉表面层，露出清洁的基体。再接通电阻蒸发源，给膜材加热，使膜材气化，气化的膜材原子进入放电空间，通过两种方式被离化：①与电子碰撞；②与亚稳相氩原子碰撞。两种电离过程可以分别表示为

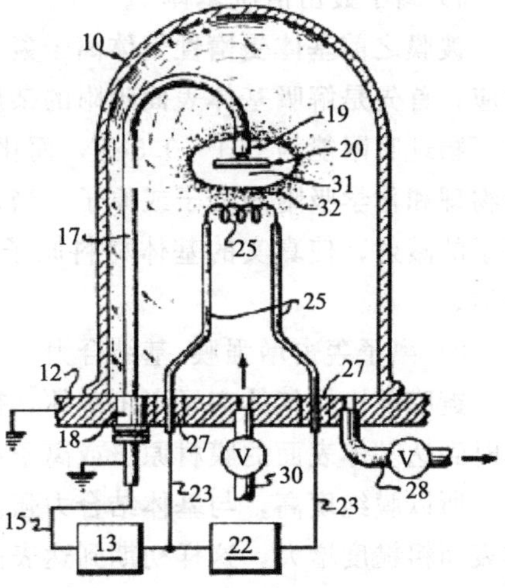

图 5-1 Mattox 离子镀原理示意图

$$e + M \rightarrow M^{+} + 2e \tag{5-1}$$

$$e + Ar \rightarrow Ar^{*} + e \tag{5-2}$$

$$Ar^{*} + M \rightarrow M^{+} + Ar + e \tag{5-3}$$

其中，式（5-1）称为碰撞电离，式（5-2）称为碰撞激发，式（5-3）称为潘宁(Penning）离化。

对于低密度电子（$n_e \ll 10^{17}\,m^{-3}$）来说，Penning 离化是主要过程，而对于高密度电子（$n_e \gg 10^{17}\,m^{-3}$）来说，主要通过电子碰撞离化。

当金属原子混合于惰性气体之中时，金属原子的离化率相对来说大一点，因为镀膜中常用的金属为 Cu、Ti、Al 和 Ta 等，它们的离化势为 6～8eV，比惰性气体的离化势（>10eV）小得多，所以放电时金属粒子会优先电离。

最后，离化的膜材粒子和中性粒子一起到达基体表面成膜。

综上所述，等离子体离子镀主要包括镀膜前氩离子对基体的轰击清洗、膜材气化、气化的膜材粒子离化、离化的膜材粒子及中性粒子在真空室输送及在基体表面

沉积等过程。伴随着这个过程，膜材离子和惰性气体离子对膜有持续或间歇式的轰击。

离子镀区别于其他真空镀膜方式最主要的特点是在镀膜过程中，基体及正在生长的薄膜受到离子轰击，正是这种轰击，使得离子镀具有其独特的优点。下面首先分析离子轰击的作用。

2. 离子镀中离子轰击的作用

1）离子轰击清洗基体

镀膜之前基体受惰性气体离子轰击，除了热效应以外，离子轰击主要引起两个效应，首先是解吸基体表面吸附的杂质分子或原子，其次是溅射掉基体表面的氧化层。物理吸附能为 0.1～0.5eV，而化学吸附能为 1～8eV，所以离子轰击很容易解吸物理和化学吸附的分子或原子。当入射离子能量大于 50eV 时，就可以引起表面原子的溅射，使真实的基体材料原子显露出来。这两个过程使基体表面得到充分清洁。

2）离子轰击增强膜-基结合力

镀膜前惰性气体离子轰击基体，彻底清洗基体，使基体原子显露出来，这样镀膜时到达基体表面的膜材原子或离子可以直接与基体原子键合，形成牢固的化学吸附，所以膜纯度高，与基体结合力强。镀膜之前，氩离子轰击基体表面可能导致基体表面粗糙度增大，这样初期到达表面的膜材原子与基体原子键合，形成膜材原子与基体原子物理混合层，这个物理混合层介于基体和膜层之间，大大增强膜对基体的附着力。另外，到达基体表面的膜材离子会释放大量能量，增强膜基界面原子扩散，也可能增强膜基原子间的化学反应，从而进一步增强膜基结合力。所以，镀膜之前离子轰击基体，大大增强膜和基体的结合力。

3）离子轰击膜层的 3 种作用

成膜初期，离子轰击可以增大基体表面成核密度，从而提高膜的致密度。这是由于离子轰击导致基体表面原子发生溅射、离位而形成缺陷，缺陷处势垒高，到达那里的原子难以越过表面势垒，因而不能在表面扩散，也就不能加入到已经形成的核中，只能独自成核，所以离子轰击增大成核密度。

在成膜过程中，离子轰击正在生长的膜，会解吸掉早先到达的与基体或膜材原子结合不牢的原子。这个过程非常重要，能大大提高膜的致密度。

柱状晶粗大，如图 5-2（a）所示[3]，由柱状晶粒构成的膜，硬度低、不耐磨，并因为有孔洞存在，所以容易被氧化。不断到达薄膜表面的离子轰击正在生长的膜，有一定的阻止柱状晶的生成的作用。图 5-2（b）是在优化的等离子体离子镀工艺条件下制备的薄膜截面形貌图，可见薄膜晶粒细化。

另外，在离子镀过程中，薄膜内部形成较大的压应力，而压应力能够增强薄膜的硬度。

总之，离子镀中能量离子轰击能提高膜的纯度，增强膜-基结合力，提高膜层

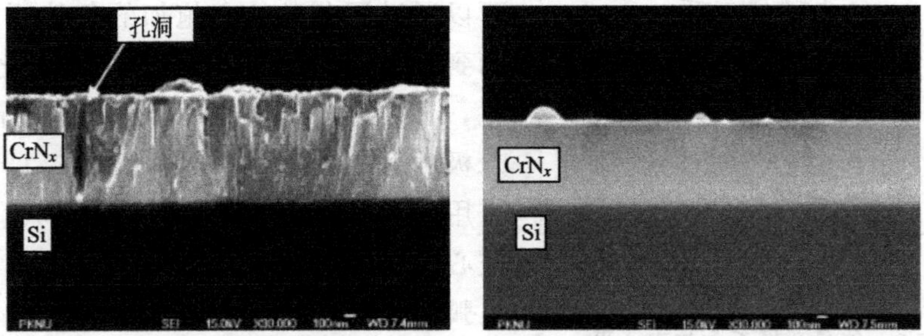

(a) 呈柱状晶生长的膜　　(b) 离子镀中形成的致密膜

图 5-2　扫描电子显微镜图像

致密度、硬度和耐腐蚀性。

3. 离子镀中的离化率

离化率（α）指被电离的膜材原子占全部被气化的膜材原子的百分数，离化率是离子镀中一个重要参量。膜层表面能量活性系数 ε 定义为单位时间到达基体的总能量与到达基体的中性粒子能量之比。设单位时间到达基体单位面积的中性原子数为 n_v，单位时间到达基体单位面积的离子数为 n_i，那么

$$\varepsilon=\frac{n_v w_v+n_i w_i}{n_v w_v} \tag{5-4}$$

式中，w_v为单个中性粒子具有的能量，w_i为单位离子携带的能量。

$$w_v=1.5kT_v \tag{5-5}$$

式中，k 为玻耳兹曼常数，T_v为蒸发源温度。

$$w_i=eU_i \tag{5-6}$$

式中，U_i为基体上施加的电压。

在一般情况下，$n_v w_v \ll n_i w_i$，所以

$$\varepsilon \approx \frac{n_i w_i}{n_v w_v}=\frac{n_i}{n_v}\frac{w_i}{w_v}=C_1\frac{eU_i}{T_v}\frac{n_i}{n_v}=C_2\frac{eU_i}{T_v}\alpha \tag{5-7}$$

式中，C_1 和 C_2 为常数。根据式（5-7），能量活性系数正比于放电电压和离化率。图 5-3 是蒸发源温度为 1800K 时，能量活性系数与放电电压之间的关系随离化率的变化情况，可见能量活性系数随放电电压增大而增大，同时离化率的增大能较大幅度地提高表面能量活性系数。

能量活性系数反映薄膜表面化学活性，ε 越大，越容易形成高质量的化合物薄膜，所以可以通过增大膜材原子离化率和放电电压两种方式来提高薄膜表面化学活性，而通过提高离化率的方式效果更明显。

通过以上分析可知，离子镀中最重要的两个物理量是到达基体表面的离子“通

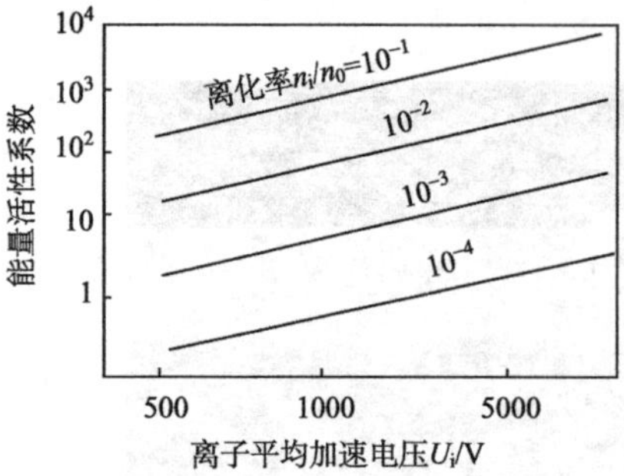

图 5-3　能量活性系数与离子平均加速电压及离化率之间关系

量”和“能量”。到达基体的离子“能量”可以通过调节基体上施加的负偏压来调控，而到达基体的离子“通量”与离化率成正比，必须通过其他技术手段才能调节。直流二极溅射镀膜时，离化率仅为0.1%～1%；采用射频增强时，离化率达到10%；而采用空心热阴极放电时，离化率为22%～40%；电弧离子镀离化率高达60%～100%。后续章节陆续探讨这些问题。

5.1.2　等离子体离子镀特点

根据前面的分析，等离子体离子镀主要有以下特点。

1）膜基结合力强

等离子体离子镀中，在膜材粒子沉积之前，基体受到氩离子的轰击。氩离子轰击不仅去除表面吸附的污染物，还能溅射掉金属基体表面的氧化层，使基体表面裸露出活性原子，这个清洗过程一直持续到膜材粒子到达基体表面为止，所以膜层和基体之间无污染层。膜材离子和基体表面裸露的活性原子之间形成强的化学吸附，甚至在膜和基体之间形成过渡层或混合层，所以膜和基体的结合力特别强。

2）膜层质量好

在薄膜生长过程中，膜层受到惰性气体离子和膜材离子连续或间歇轰击，不仅解吸吸附不牢的膜材粒子，而且具有一定的阻止柱状晶生长的作用，所以膜层致密。由于到达表面的粒子放出大量热量，膜的压应力大，所以膜层硬度高，因而膜耐磨性和耐腐蚀性好。

3）可以在多种基体上制备优质化合物薄膜

离子镀过程中，膜材粒子的离化率高，离化的粒子活性高，所以离子镀的表面能量活性系数高，膜材粒子与反应气体粒子在基体表面容易发生化学反应，从而制备出优质化合物薄膜。而且由于离子活性高，有时甚至不需要通过基体加热的方式来增加膜基结合力，所以离子镀可镀材质广泛，可以在金属或非金属，如陶瓷、铁氧体、玻璃，甚至塑料、橡胶等基体上镀制金属或金属化合物膜层，用于装饰和防腐。

4）沉积速率高

在离子镀中，薄膜的生长伴随着入射离子对已经形成的薄膜的轰击，这种轰击可能引起溅射刻蚀，但是有些离子镀的沉积速率仍能高达每分钟微米量级，这个值比溅射镀的沉积速率高几十倍。

5）膜材粒子绕射性能好

离子镀时，真空室的压强一般在 1Pa 左右，气体的自由程非常短，粒子基本上经过碰撞后才能到达基体。由于碰撞作用，部分粒子能够到达基体背面，所以离子镀具有绕射性。离子镀具有好的绕射性的另一个原因是基体处于负电位，离化的膜材离子在电场力的作用下能够飞行到工件背面成膜。两个因素综合作用，在工件不旋转的情况下，工件背面也能沉积薄膜。

6）设备可按产品要求配置、操作简便

等离子体离子镀设备可根据镀膜产品的要求进行不同等级配置。要求不高时，通常用扩散泵作主泵，滑阀泵作为前级泵，真空室特别大时，增设罗茨泵为中间泵，这些泵相对来说比较便宜。近年来，要求高的真空离子镀膜系统也采用分子泵和旋片泵机组。国产的离子镀设备技术已取得长足的进步，可满足许多领域工业生产要求，镀膜过程全自动控制，操作简便。

可见离子镀优点根本所在是膜材离子和氩离子对基体表面和正在生长的膜的轰击，不过，离子对膜层的轰击对薄膜也有负面影响，惰性离子会被埋进薄膜内部，同时又会向表面迁徙，导致膜基界面结合力变弱，薄膜孔隙率增大。但是，由于到达基体的离子放出大量热量，促使埋入在薄膜内部的惰性气体离子及时扩散并解吸出来，所以惰性气体对薄膜的质量影响不大。离子轰击会改变薄膜的晶态结构，不容易形成单晶薄膜。另外，离子能量太大时，薄膜表面粗糙、光泽度低，从而形成乳化面。

所以，要体现离子镀的优势，必须首先增大等离子体密度，即增大放电空间离子与中性粒子的比值。要获得优质膜层，还必须同时合理选择放电方式和基体负偏压，以控制轰击表面的离子通量和能量。

5.1.3 等离子体离子镀分类

等离子体离子镀主要分为真空蒸发离子镀和真空溅射离子镀两大类，每一类又派生出多种。凡是通过蒸发方式使膜材气化，并通过适当的技术使膜材原子离化的镀膜方式都是真空蒸发离子镀。除电阻蒸发源以外，常用的还有电子束蒸发源，根据不同的电子束形成机理，真空蒸发离子镀又可分为 e 型枪电子束蒸发离子镀、空心阴极放电离子镀等。溅射离子镀采用溅射的方法使膜材气化，并通过一定的方式使膜材粒子离化，最后沉积到基体上形成薄膜，主要有离化的磁控溅射离子镀、高能脉冲磁控溅射离子镀、自溅射离子镀和空心阴极辅助的高密度溅射离子镀等。由于这些技术发展快，涉及的内容多，所以后续两节分别介绍各种真空蒸发离子镀和真空溅射离子镀。

5.2 等离子体蒸发离子镀

真空电阻蒸发离子镀在5.1节中已经介绍，所以本节介绍e型电子枪蒸发离子镀、空心阴极放电蒸发离子镀和等离子体活化离子镀，最后讲解目前工业上需求广泛的等离子体激活高速离子镀，这种方法是将高能电子枪与弧光放电结合起来的高速沉积离子镀。

5.2.1 e型电子枪蒸发离子镀

1. e型电子枪蒸发离子镀原理

e型电子枪蒸发离子镀是用e型电子枪作为膜材加热源的一种离子镀膜方式。由于e型电子枪工作真空度高于10^{-2}Pa，而离子镀工作真空度在1Pa左右，所以必须设置压差板，将真空室分成上下两室，同时分别满足电子枪和离子镀对真空度的要求，一般上室为镀膜室，下室为电子枪室。可以用一套真空机组通过调控压差板上的压差孔径调整两室压强，必要时可设置两套机组，以更好地调控两室压强。

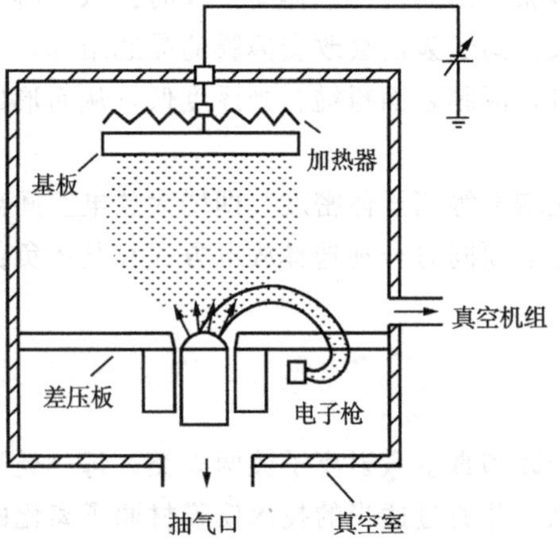

图5-4　e型电子枪蒸发离子镀原理图

e型电子枪蒸发离子镀基本原理如图5-4所示，真空室接地，基体接负电位。镀膜时，将清洗好的基体和膜材放入真空室，对真空室抽真空。上下室达到10^{-3}Pa真空度时，向上真空室充入Ar气到1Pa左右，然后基体接上负电位，通常在1kV以上，进行辉光放电以清洗基体表面。3～5min后，清洗完毕，停止Ar气供应，待真空室真空度恢复到10^{-3}Pa后，用电子枪给膜材加热，预熔或除气3～5min。待真空度恢复后，再充入Ar气，进行辉光放电，并增大电子枪的功率，使膜材熔化进而气化。电子束中高能电子所携带的能量可达几千甚至上万电子伏，不仅熔化膜材，而且能在膜材表面激发出二次电子。气化的膜材粒子与入射电子束中高能电子、膜材发射的二次电子碰撞而被激发或电离，其中二次电子的能量较低，对膜材粒子的激发和电离起关键作用。膜材粒子进入放电空间后，参与放电，被进一步离化。离化的膜材离子在基体负电位的作用下和中性膜材粒子一起沉积到基体表面，形成薄膜。

另外，上述装置的基体也可以接几十伏特的正电压，进行辉光放电，沉积薄膜，这时称为低压等离子体离子镀（low pressure plasma deposition，LPPD）。不过，这两种方法用得都不多。

2. e 型电子枪蒸发离子镀特点

e 型电子枪蒸发离子镀在基体和真空室壁之间发生辉光放电，而且基体上施加负偏压。蒸发出来的膜材粒子与入射电子束及膜材发射的二次电子作用而得到一定的离化，随后在放电空间进一步被离化，所以离化率较电阻蒸发离子镀高，这种方法可以用于高熔点金属或化合物膜材的蒸发以制备相应的薄膜。如果用金属膜材镀制化合物薄膜，通常采用后续章节介绍的活性反应蒸发离子镀，该技术是在 e 型电子枪蒸发离子镀基础上增加一个探极。尽管只是增设一个探极，却带来很多好处。

5.2.2 空心阴极放电离子镀

空心阴极放电（hollow cathode discharge，HCD）时将电子束引出，利用电子束加热膜材，使膜材蒸发、离化并沉积到基体上的镀膜方式称为空心阴极放电离子镀。

1. HCD 枪的结构

HCD 枪结构如图 5-5 所示，主要由空心钽管或钨管、辅助阳极、聚焦线圈、偏转线圈、冷却系统及其他附件组成。

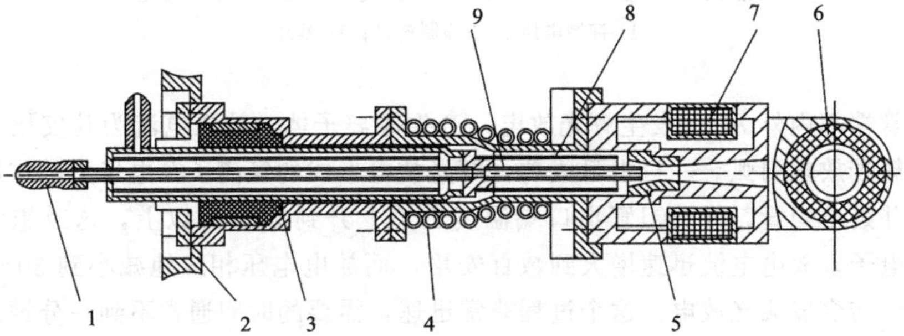

图 5-5 KLD-500 HCD 枪结构图

1-水冷电极；2-密封法兰组；3-绝缘套；4-冷却水管；5-阳极口；6-偏转线圈；7-聚焦线圈；8-阴极罩；9-空心阴极

空心钽管或钨管是 HCD 枪的核心部件，称为空心阴极。阴极管直径大于 3mm，壁厚为 0.2～3mm，长度为 60～80mm。钽管一端通冷却水冷却，另一端口附近设有辅助阳极，用于引燃放电。钽管外设阴极罩，用于对钽管保温。聚焦和偏转线圈分别用于对引出的电子束聚焦和偏转。枪的使用功率一般在 5～10kW。

2. HCD 枪的工作原理

HCD 离子镀系统示意图如图 5-6 所示。HCD 枪工作时，首先将真空室抽到约 10^{-3}Pa；通过钽管向真空室充入 Ar 气，当真空室压强达到 1Pa 左右（此时钽管内压强为几十帕到几百帕）时，在 HCD 枪阴极和辅助阳极之间施加100～150V 的电

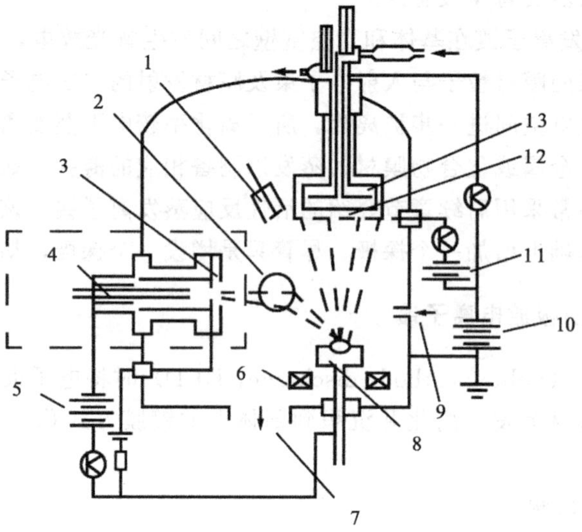

图 5-6　HCD 离子镀系统图

1-测厚装置；2-偏转；3-辅助阳极；4-阴极空心钽管；5-主电源；
6-聚焦线圈；7-抽气口；8-坩埚；9-反应气体入口；10-基片偏压；
11-抑制电压；12-抑制栅极；13-基片

压，钽管端部内外 Ar 气发生辉光放电，产生等离子体，放电电流为几安培。这个过程称辉光放电引弧。一旦引弧成功，辉光放电形成的氩离子在电场力的作用下返回钽管并轰击钽管，导致钽管出口端温度迅速上升到 2300K 以上，这时钽管大量发射热电子，放电电流迅速增大到数百安培，而放电电压相应地减小到 30～50V，辉光放电转变成弧光放电。这个过程非常迅速，需要的时间通常不到一分钟。在阴极出口附近有一个明亮的斑点，称为热斑或阴极斑。不断进入钽管的氩气被钽管发射的电子激发或离化，氩离子返回阴极使阴极温度上升，维持钽管内的弧光放电，使放电自持。这时接通坩埚与 HCD 枪之间的主电源，高密度电子就会从枪体内被引出，通过聚焦、偏转，入射到坩埚上，使膜材熔化蒸发。

蒸发出来的膜材粒子在坩埚上方与入射的电子束相遇并被离化，形成膜材等离子体。由于入射电子能量低，碰撞电离截面大，而且电子束密度高，所以膜材粒子离化率高，能达到 22％～40％。坩埚上方的基体上施加有负偏压（50～200V），离化的离子受到负偏压作用，以较大的动能入射到基体表面。

HCD 枪蒸镀时，到达基体的粒子中不仅离子动能大，中性粒子动能也大，这是因为在等离子体向基体运动的过程中发生如式（5-8）所示的对称共振型电荷交换碰撞，使得高能离子变成高能中性粒子，而低能中性粒子变成低能离子。低能离子一旦形成，立即被电场加速，变成高能离子，所以即使在基体上施加很小的偏压，到达基体的粒子平均能量也很高。

$$M^+(\text{高速离子}) + M(\text{热运动原子}) = M^0(\text{高速中性粒子}) + M^+(\text{低速离子}) \tag{5-8}$$

坩埚下面设置电磁线圈，该线圈起聚焦作用，用于控制到达膜材表面的电子束斑直径，即控制束流密度。因为膜材粒子离化率高，所以基体上施加的偏压不能太大，否则因大量离子携带高能，将会使基体温度上升得过高，甚至使工件软化。另外，高能离子还影响膜的生长速率及薄膜表面光泽度等。所以，基体偏压一般在50～200V，有的装置上设置抑制电极（约25V）用以控制到达基体的离子能量。

3. HCD枪离子镀主要特点

（1）HCD枪电子能量低、束流密度大，束流不仅使膜材气化，同时和被蒸发的膜材分子和原子碰撞，使之离化，离化率高达22%～40%。

（2）由于对称共振型电荷交换碰撞，到达基体的粒子总能量高，利于形成牢固坚实的膜。

（3）HCD枪处于低电压大电流工作模式，比较安全。

（4）HCD枪的钽管寿命短。

4. 其他类型的HCD枪

1）压差室结构的HCD枪[4]

具有压差室结构的HCD枪离子镀系统示意图如图5-7所示，设置一个与真空室壁等电位的压差室，将HCD枪室和镀膜室分开。压差室气阻孔的设计要保证钽管端部气体压强为10^2～10^3Pa时真空室压强在1Pa左右，这样接通电源后，钽管和压差室之间发生辉光放电，继而转换成钽管端部自持弧光放电，产生电子，而钽管和坩埚之间的电压引出钽管内电子，入射到坩埚上熔化膜材。钽管的结构可以是直通式的，也可以做成如图5-8所示的结构，减小出口直径，利于增大钽管内外压差。这种结构的电子枪比较简单，省略辅助阳极、一次聚焦线圈和偏转线圈。

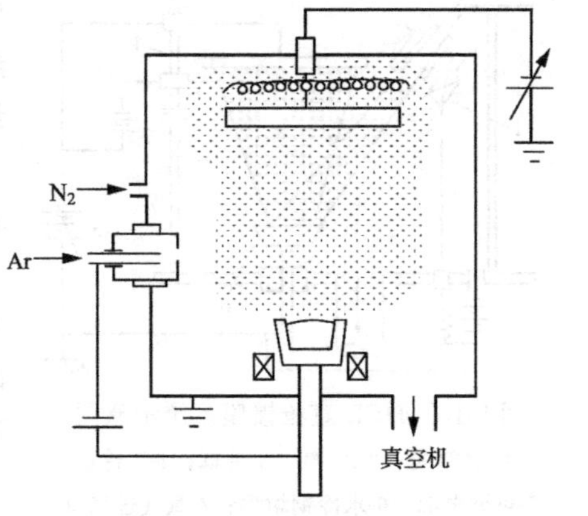

图5-7　具有压差室结构的HCD枪原理图

2）一种火花放电引燃的HCD枪[5]

这种结构的HCD枪与前面介绍的HCD枪的主要区别在于引弧方式不同，它不是依靠阴极与辅助阳极之间的辉光放电引弧，而是通过火花放电引弧，其原理如图5-9所示。空心阴极是钨管，内径和外径分别为1mm和2mm，管长20～30mm。辅助阳极是环形不锈钢管，内外径分别为2.3mm和3mm。枪的引弧极是直径0.5mm的钨丝，通过在阴极和引弧极之间进行火花放电（4kV，20mA）来实现引

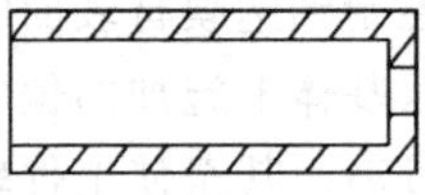

图 5-8　收口式钽管

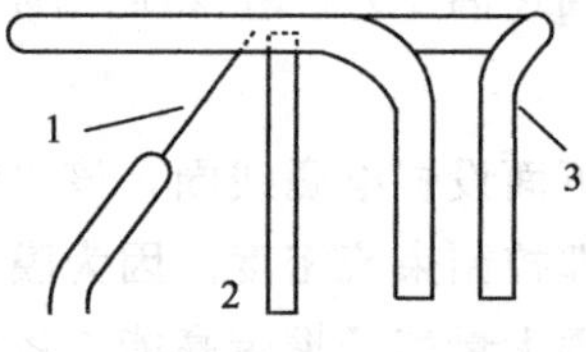

图 5-9　一种火花放电引燃的电子枪

1-引弧针；2-空心阴极；3-辅助阳极

弧。同时，在环状阳极和阴极之间施加 300V 电压，通过离子碰撞使阴极产生足够的热能，发射热电子，直到稳态运行。这种枪的特征是离化率高，等离子体密度达到 $10^{18}\sim10^{22}m^{-3}$，电子温度在 2～6eV 之间。典型的运行电流范围为 5～20A，运行电压取决于气体和阴极材料，对氩气来说，典型值为 20～70V。

5. HCD 枪离子镀应用

HCD 枪使用时，可以水平安装，如图 5-6 所示，也可以如图 5-10 所示倾斜安装，这时电子束不经过偏转，直接打到坩埚上，称为直枪。HCD 枪主要用于熔化高熔点金属，通入反应性气体可以制备各种化合物薄膜。

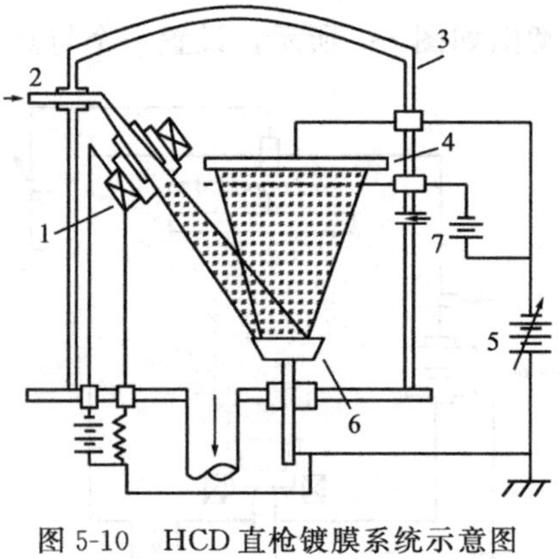

图 5-10　HCD 直枪镀膜系统示意图

1-HCD 枪；2-Ar 气；3-钟罩；4-工件；5-可调电源；6-水冷铜坩埚；7-氮气进气口

利用 HCD 枪制备 TiN 薄膜过程如下：

(1) 将高纯金属 Ti 块置于真空室坩埚内，工件固定在工件架上，放入真空室，然后封闭真空室，将真空室抽真空到压强约 10^{-3}Pa。

(2) 抽真空过程中，对工件预热，并在 450～520℃范围内保温 15～20min。

(3) 向真空室充入 Ar 气到 1Pa 左右，基体施加 1000V 左右的电压，引起辉光放电，产生的 Ar 离子轰击基体，对基体表面进行清洗，持续约 5min。

(4) 向钽管内充入 Ar 气，流量为16～30ml·min^{-1}，钽管内部压强合适时辉光放电发生，产生电子。

(5) 坩埚接 50～60V 电压，真空室充入氮气，流量为 70～90ml·min^{-1}，使工作压强达到 1Pa，这时枪内高密度电子被引出轰击膜材，使之加热蒸发并离化。

(6) 工件负偏压为 20～50V，吸引膜材离子入射到基体表面，并沉积在基体上形成薄膜。

(7) 沉积 50～90min 后，膜厚达到 3～7μm，停止电子枪供电，断开坩埚和基体间施加的电压，停止充气。

（8）冷却工件，达到安全温度后，按照常规程序停系统，取出工件。

5.2.3 等离子体激活蒸发离子镀

上面介绍的离子镀都可以采取措施进一步增强气化的膜材粒子的离化率，这种技术称为等离子体激活或增强离子镀，特别适合用金属靶制备化合物薄膜。

1. 射频增强的真空蒸发离子镀

1）射频增强的真空蒸发离子镀原理

射频蒸发离子镀原理如图 5-11 所示，是在直流二极蒸发离子镀基础上，增设一个射频线圈。射频电极线圈一般为 7 圈，高 7cm，用直径 ϕ3mm 的铜丝绕制而成，安装在蒸发源上方。射频线圈使放电空间分成 3 个区：以蒸发源为中心的蒸发区、以线圈为中心的离化区和以基片为中心的沉积区。根据射频辉光放电原理，射频放电时，形成的电子跟随射频场（频率为 13.56MHz）改变运动方向，在射频线圈内部振荡，延长电子路径，增加电子与膜材粒子碰撞概率，所以增设射频线圈后，直流二极蒸发离子镀的离化率提高，从而增强了离子镀的效果。

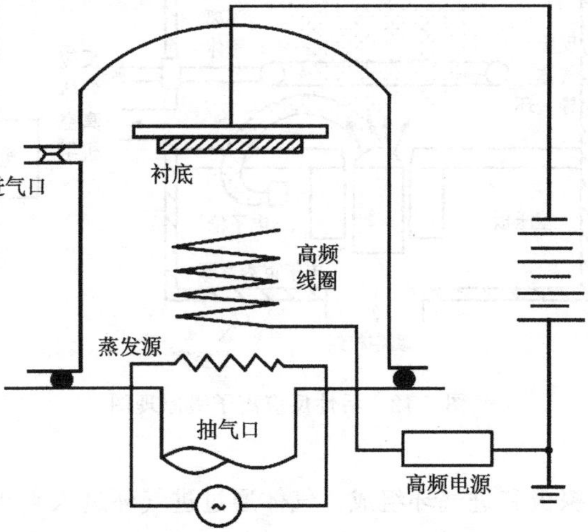

图 5-11 射频蒸发离子镀原理图

2）射频增强的真空蒸发离子镀特点

因为镀膜空间被分成 3 个区域，即蒸发区、离化区和沉积区，三个区域参数能够独立控制，所以射频蒸发离子镀过程容易控制，能在低压强（$10^{-2}\sim10^{-1}$Pa）下稳定放电。同时，射频辉光放电的电离率大，约为 10%，所以射频蒸发离子镀形成的膜致密且纯度高。由于离化率大，离子活性大，所以适合镀化合物膜。

2. 活性反应蒸发离子镀

在离子镀过程中，向真空室充入反应气体，并用各种放电方式使金属蒸气、反应气体分子和原子激活或离化，促进化学反应进行，就会在基体上获得各种化合物薄膜，称为反应离子镀。1972 年 R. F. Bunshah 引入术语“活性反应蒸发镀[6]（activated reactive evaporation，ARE）”。

1）ARE 原理

活性反应蒸发镀是用电子束蒸发膜材，同时向真空室充入反应性气体，被气化的膜材原子和反应气体原子经过电离区时被电离，随之被电场加速到达基体表面，在基体表面发生化学反应形成化合物薄膜的一种镀膜方式。图 5-12 是 ARE 镀膜系统示意图，装置分上下两室，下室是 e 型电子枪发射室，上室是沉积室，两室之间有压差孔。设置压差孔的主要原因是 e 型枪的工作压强需要低于 10^{-2}Pa，而沉积室的工作压强必须高于 10^{-1}Pa。

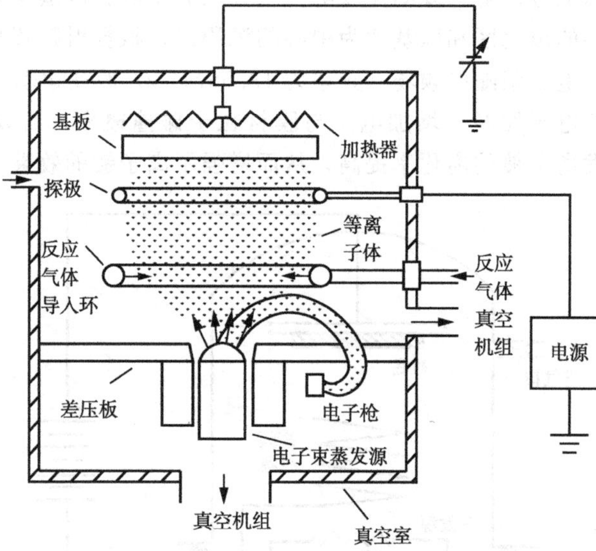

图 5-12　活性反应离子镀原理图

上室由基体、探极和进气环组成。气体通过进气环进入真空室，进气环是个环状的管道，沿管子周长均匀开有散气口，这样气体能在真空室均匀分布，均匀电离，从而提高化学反应的均匀性。在进气环和基体之间设置有探极，探极一般用 $\phi 2 \sim \phi 5$mm 的钼丝加工成环状或网状，正是由于探极的设置，电子束蒸发镀才成为等离子体激活镀。工件上方安装有电阻加热烘烤源，并以热电偶测温。

镀膜时，探极上加 25～40V 的正偏压，吸引部分电子到其周围的空间，使探极和进气环之间放电易于发生，同时增加放电空间等离子体密度，这个作用称为等离子体激活。入射到坩埚中膜材表面的高能电子不仅熔化膜材，而且能在膜材表面激发出二次电子，这些二次电子在探极电场的作用下，加速飞向探极空间。坩埚上方的膜材蒸气和反应气体分子或原子受到加速的二次电子轰击而激发或电离，形成的等离子体主要分布在进气环和探极之间的空间。被激发、电离的膜材原子和反应气体原子化学活性很高，它们在从探极周围到基片的空间里开始化合，并在工件表面形成膜。

如用等离子体激活 C_2H_2 和 Ti 通过反应制备 TiC 薄膜时，C_2H_2 发生裂解形成活性 C、CH 或 CH_2，在放电空间有 Ti_xC_y、Ti_2C_y、$Ti_2C_yH_z$ 形成。在基体上通过以下反应形成 TiC 薄膜，即

$$Ti + C \rightarrow TiC$$

$$Ti + CH \rightarrow TiC + H$$

$$Ti + CH_2 \rightarrow TiC + 2H$$

$$Ti + CH_3 \rightarrow TiC + 3H$$

$$Ti_xC_y \rightarrow TiC + C$$

$$Ti_xC_yH_z \rightarrow TiC + C_yH_z$$

整个过程包括反应物输送到反应界面，形成的产物在基体表面成核、长大，反应副产物离开反应界面，被排出到真空腔外。

工作时，首先将真空室抽真空到压强低于 10^{-2}Pa，期间对基体进行除气，然后向真空室充入氩气到 1Pa 左右，接通基片电源（−1～−3kV），对基体表面进行轰击，清洗 5～10min，停止氩气供应，等真空室压强再次低于 10^{-2}Pa 时，接通电子枪电源，预热膜材并给膜材除气 3～5min。待真空室恢复本底真空度后，向上真空室充入惰性气体 Ar 和反应气体，使上真空室真空度处于 10^{-1}Pa 左右，这时接通探极电源，并不断升高电压，直到真空室内出现稳定的辉光，再打开挡板，即可在基体上成膜。

在活性反应蒸发镀中，电子枪不仅用于蒸发膜材，同时为探极和进气环之间的辉光放电提供电子，但是活性反应蒸发镀中电子枪也可以用一般的电阻蒸发源替代，实现活性反应镀，如图 5-13 所示[7]，称为电阻活性反应蒸发镀。此时需要增设一个灯丝用于发射电子，实现活化。

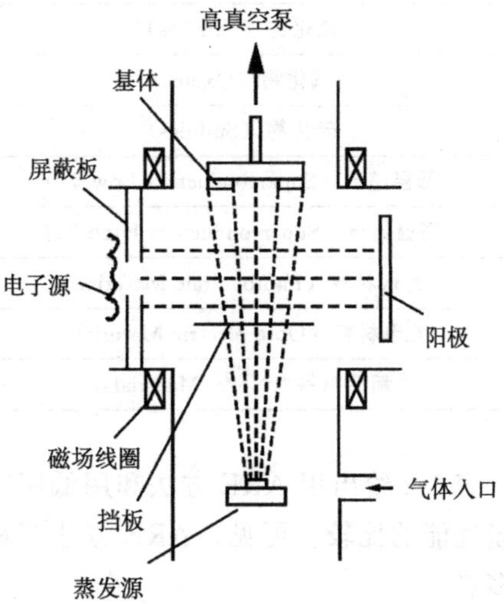

图 5-13　电阻活性反应蒸发镀的原理图

电子束活性反应蒸发镀可以制备高熔点的金属及其氧化物、氮化物和碳化物薄膜，而电阻活性反应蒸发镀适合制备低熔点金属及其化合物薄膜。

2）ARE 特点

ARE 技术可以高速低温制备优质化合物薄膜。ARE 方法成膜时，由于膜材粒子离化率高，化学活性大，基体甚至可以不接负偏压就能制备优质薄膜，这种情

况下，入射到基体上的离子具有的动能较低，不会使基体温度有大的上升，因而可镀材质广泛，如金属、非金属，甚至塑料等。ARE 可以制备厚膜，膜的厚度达到或超过 10μm。另外，放电电流不依赖于放电电压，过程可控性好。

3）ARE 方法运用

ARE 方法是制备化合物薄膜的理想方法，同一金属源选择不同的反应气体，可以得到不同的化合物镀层。例如，对于金属钛，要获得碳化钛镀层，只需导入碳氢化合物气体（如 CH_4、C_2H_2）即可。要获得氮化钛镀层除需导入氮气外，还应导入微量氢气或氨气，以防膜料氮化而影响蒸发速率。镀制氧化钛薄膜时，只需要导入氧气。当然以上各种镀膜过程中都必须导入适量的氩气，以稳定辉光放电过程。

制备 TiC 薄膜的反应可以表示为

$$\text{Ti(蒸气)} + \frac{1}{2}C_2H_2\text{(气体)} \xrightarrow{\text{电离}} \text{TiC(沉积物)} + \frac{1}{2}H_2\text{(气体)} \tag{5-9}$$

而生成 TiN 的反应可以表示为

$$2\text{Ti(蒸气)} + N_2\text{(气体)} \xrightarrow{\text{电离}} 2\text{TiN(沉积物)} \tag{5-10}$$

另外，若要获得较好的绕射性，可在不改变反应气体配比（多种反应气体）的情况下，适当多充入一些氩气，以提高工作压强来增强气体绕射性。用 ARE 方法制备的薄膜如表 5-1 所示。

表 5-1　用 ARE 方法合成的化合物[8]

碳化物（Carbides）	TiC，HfC，ZrC，VC，W_2C，TaC
碳氮化合物（Carbonitride）	Ti（C，N）
氮化物（Nitrides）	TiN，HfN，ZrN
氧化物（Oxides）	TiO_2，ZrO_2，Al_2O_3，SiO_2
硫化物（Sulfides）	TiS_2，MoS_2，MoS_3
低温超导（Superconductors Low Tc）	Nb_3Ge，$CuMo_6S_8$
高温超导（Superconductors High Tc）	$YBa_2Cu_3O_{7-x}$
光伏材料（Photovoltaic Materials）	a-SiH，$CuInS_2$
光电材料（Opto-electric Materials）	$In(Sn)O_2$，ZnO
新型材料（Novel Materials）	c-BN，Diamond，i-C，a-C

表 5-2 给出用 ARE 方法和用低压等离子体蒸发离子镀（LPPD）制备的氮化钛薄膜性能的比较。可见，ARE 方法沉积温度更低，沉积的薄膜厚度更厚，颜色也更多彩。

表 5-2　用 ARE 方法和用低压等离子体蒸发离子镀制备氮化钛薄膜参数及性能比较[9]

	基体温度/℃	氮分压/Pa	电子束功率/kW	膜厚/μm	显微硬度（HV）（载荷 0.25N）	镀层颜色	X射线分析
ARE	500	1.1×10^{-1}	2	12	1900	白色	Ti_2N
	500	2.0×10^{-1}	2	17	1300	淡金黄色	$TiN+Ti_2N$
	250	1.1×10^{-1}	2	12	1700	淡金黄色	Ti_2N+TiN
	250	2.0×10^{-1}	2	13	1900	金黄色	TiN
	250	2.5×10^{-1}	2	12	1000	金黄色	TiN
	250	2.6×10^{-1}	2	17	600	深金黄色	TiN
	150	1.1×10^{-1}	2	17	1500	金黄色	TiN
LPPD	300	6.9×10^{-2}	3	6.5	2800	白色	Ti_2N
	300	1.8×10^{-1}	3	4	1400	白色	Ti_2N
	300	2.2×10^{-1}	3	3	1300	白色	Ti_2N
	300	2.9×10^{-1}	3	3	650	金黄色	$TiN+Ti_2N$
	300	4.0×10^{-1}	3	1.5	340	深金黄色	TiN

5.2.4　等离子体激活高速离子镀

工业生产需要高速沉积薄膜，这样要求电子枪能够提供高功率，但是沉积速率高时，薄膜易于呈柱状晶生长，致使薄膜致密性差，不耐磨，也不耐腐蚀。近年来，很多研究者将高能电子枪蒸发和等离子体技术联合起来，用等离子体激活被高能电子枪蒸发的膜材原子，使之激发和电离，增强活性，这时在基体上加负偏压，或者不加偏压，就可以实现高速制备优质薄膜，这种方法称为等离子体激活高速离子镀。5.2.3 节讲的是等离子体激活的离子镀，但是沉积速率较小，本节所述方法的一个重要特点是沉积速率高，所用的电子枪主要是轴向高能电子枪。没有性能稳定可靠的高能电子枪就无法实现高速离子镀，目前高能电子枪已经国产化。

等离子体激活高速离子镀主要有空心阴极弧激活离子镀（hollow cathode arc-activated deposition，HAD）、无斑点弧激活离子镀（spotless arc-activated deposition，SAD）和棒状阴极弧激活离子镀（rod cathode arc-activated deposition，RAD）等。本节逐一介绍。

1. 高能电子枪[10]

高能电子枪功率能达到 300kW 或更高，而 e 型电子枪功率通常不超过 10kW。高能电子枪分为热阴极电子枪和冷阴极电子枪，热阴极电子枪除 HCD 枪外，还有热丝或热丝辅助的块状阴极电子枪，冷阴极电子枪由于不容易损坏，受到越来越广泛的关注。

1）高电压气体放电冷阴极电子枪

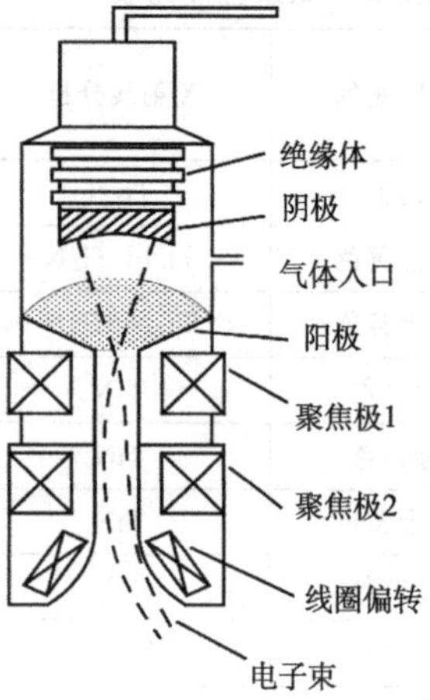

图 5-14　高压电子枪原理示意图

图 5-14 是德国 Fraunhofer 电子束和等离子体公司（FEP）生产的一种冷阴极高电压电子枪（High Voltage Eelectron Beam，HVEB）示意图，由块状阴极、聚焦极、偏转电极等组成。通常工作气体不是单一氩气，而是混合气体，放电气体压强在 1～5Pa。在放电空间施加几十千伏的高压，产生高密度等离子体。其中，离子一方面轰击阴极，使阴极发射二次电子；另一方面，在阴极表面形成强电场，导致阴极表面发生强的场致电子发射。将高密度电子聚焦成束，引出枪体并打到膜材上，就可以实现高速蒸发膜材。

HVEB 枪的主要特点是结构简单，易于制备。HVEB 枪不像空心热阴极电子枪那样复杂，比如不需要空心钽管，不需要调整阴极-辅助阳极之间的距离，外部只有一根电缆线等，所以 HVEB 不容易损坏。在放电电压不变的情况下，可以通过调节放电室气压来改变枪的输出功率，操作简单，在工业上得到广泛应用。图 5-15 是乌克兰 Chervona Hvilya 公司的 BTP-100 型放电电子枪，这种放电型电子枪在乌克兰、俄罗斯、爱沙尼亚和美国得到广泛使用。

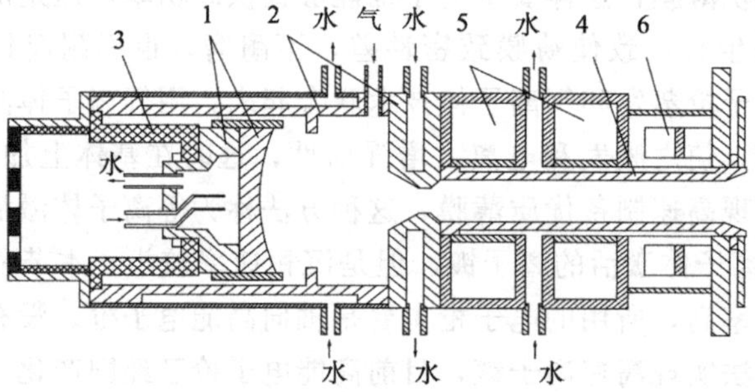

(a) 结构图

(b) 外形图

图 5-15　BTP-100 型放电电子枪

1-阴极组件；2-阳极组件；3-绝缘体；4-束流发射器；5-聚焦线圈；6-偏转线圈

2）高功率热丝辅助的气体放电电子枪

图 5-16 是德国 Fraunhofer 电子束和等离子体公司（FEP）生产的一种高功率热丝辅助的气体放电电子枪的原理图，由丝状阴极、块状阴极、控制极、阳极、聚焦电极和偏转电极等元件组成，利用热丝阴极辅助块状阴极提高电子束密度。

2. 空心阴极弧激活离子镀

1）空心阴极弧激活离子镀原理（HAD）[11]

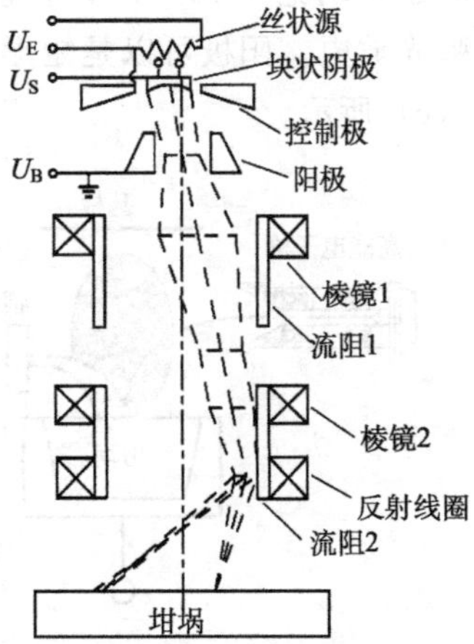

图 5-16　热丝辅助的高功率电子枪

这种方法基于高功率电子枪和空心阴极弧光放电基础之上，其原理如图 5-17（a）所示，镀膜室内主要元件有高能轴向电子枪、蒸发源、空心阴极放电回路和基体，其中空心阴极放电回路与基体距离很近。

空心阴极放电回路由空心管和阳极组成，如图 5-17（b）所示，空心阴极内部充入氩气，进行空心阴极放电，产生等离子体，同时空心阴极与阳极之间接有几十伏的电压，空心阴极内部产生的等离子体中电子被引到阴阳极之间的空间，使空心阴极与阳极之间发生弧光放电。

高能电子枪发射的高密度高能电子束偏转到膜材上，使膜材蒸发，蒸发出来的膜材粒子穿过空心阴极弧光放电区，与低能量（10～15eV）电子碰撞，被电离和活化，在基体附近形成高密度膜材等离子体，再沉积到基体上，形成高质量的合金或化合物薄膜。用这种方法可以沉积金属，如 Al 或 Al 合金薄膜，以及非晶态 C 膜；还可以沉积氧化物薄膜，如 SiO_x、TiO_2 等，沉积速率达到 50～120nm/s，基体上离子流密度达到 30～50mA/cm^2。

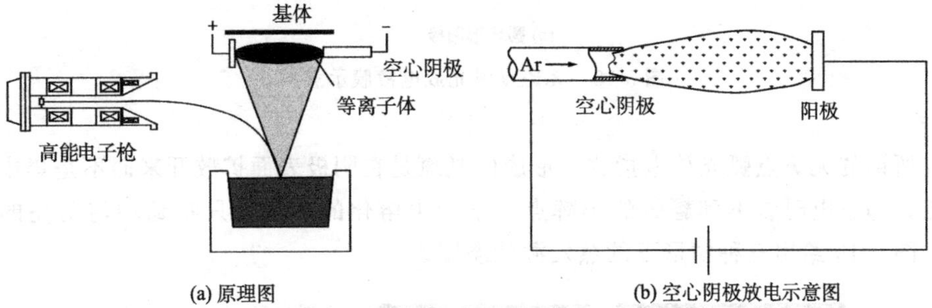

图 5-17　空心阴极弧激活离子镀

2）空心阴极弧激活离子镀特点

空心阴极弧激活离子镀可以实现大面积基体上高速沉积薄膜，并且易于形成致密度高、表面平滑、硬度高的合金或化合物薄膜。

3. 无斑点弧激活离子镀（SAD）[12,13]

这种方法的原理如图 5-18 所示，通常由高能轴向电子枪、盛膜材的坩埚、辅助阳极及基体组成，制备化合物薄膜时设置反应气体进气口。电子枪水平放置，加速电压达到 50kV，最大功率达到 300kW。坩埚上方 10～50mm 处设置一个阳极，相对于坩埚施加 10～40V 正电压，用于在阳极和电子束加热的膜料之间触发无斑点弧光放电。阳极可以是矩形棒条、空心圆筒或空心环，分别如图 5-18（a）、（b）和（c）所示。

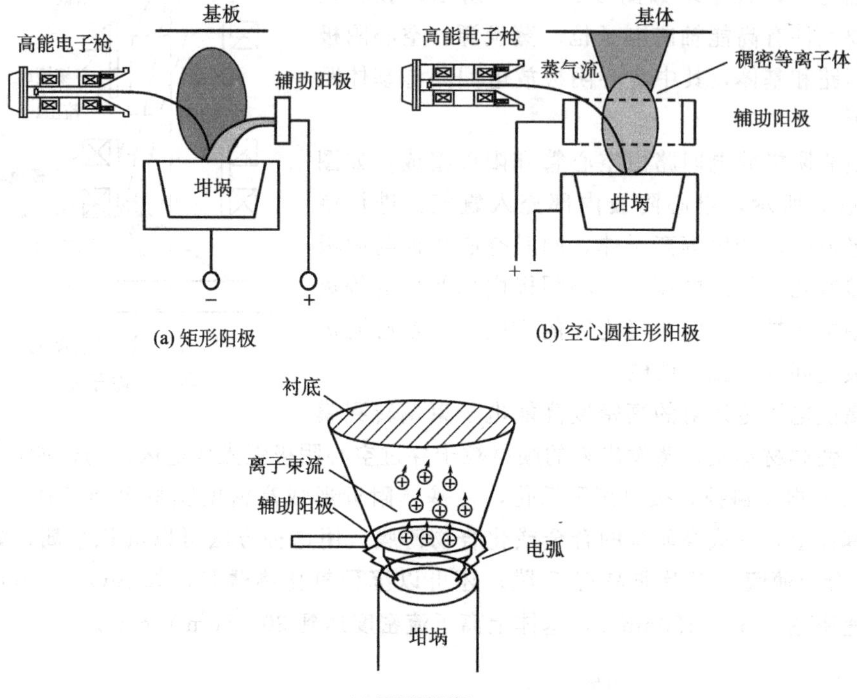

图 5-18　无斑点弧光放电镀膜示意图

所谓的无斑点弧光放电指放电形成的光斑是在阴极表面扩散开来而不是集中在一点，即放电时看不到耀眼的小辉点，不产生熔化的液滴，只看到均匀明亮的辉光。图 5-19 给出三种情形下的蒸发源状态图。

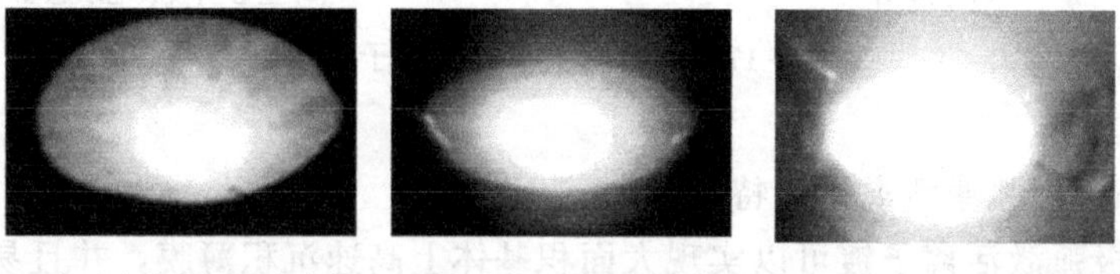

(a) 电子束蒸发(能量集中)　(b) 无斑点电弧放电起弧阶段（弧光集中在靶材中心）　(c) 无斑点弧光放电稳定状态（弧光在整个靶面扩散开来）

图 5-19　膜材受热时光辐射状态图

电子束加热时，只有电子束轰击的区域接受热量，变成炽热状态，如图 5-19（a）所示。高能电子枪的电子束不容易快速扫描，从而膜材难以均匀受热蒸发，而且由于电子束能量高，提供的能量可能使膜材液滴发生迸发现象，使得蒸发出来的粒子中含有微小液滴，这些微小液滴沉积到基体上，则形成大颗粒，降低膜的质量。如果在膜材附近增设一个辅助阳极，辅助阳极和盛膜材的坩埚之间发生弧光放电，能使电子束输送到膜材的能量在整个坩埚内均匀分散，形成无斑点弧光放电。图 5-19（b）是无斑点弧光放电起弧阶段的照片，弧光集中在靶中心，当无斑点弧光放电进入稳定状态时，弧光扩散到整个靶面，如图 5-19（c）所示。无斑点弧光放电蒸发的好处是束斑直径大，蒸发均匀，特别是没有熔融液滴存在，所以膜的质量会有大的提高。

如果没有阳极，那么从坩埚蒸发出来的膜材原子在坩埚上方与入射电子碰撞，膜材原子会有一定量的电离，其实就是 HCD 离子镀。在坩埚上方增设一个阳极（环状，或矩形），并且与坩埚之间有 10～40V 电势差时，阳极与坩埚之间由于存在大量电子，发生扩散型弧光放电，膜材粒子被大量电离，离化率达到 50%，基体施加较小的偏压就能获得高度致密的薄膜，沉积速率达到 0.1～2μm/s。工业上已经成功地镀制高熔点薄膜，如 Cr、Mo、Ta、Ti、TiN、TiO_2、TiC、W、WC、Y、Y 合金、Zr、ZrO_2和 ZrN 等。

4. 棒状阴极弧激活离子镀（RAD）[14]

RAD 技术本质上与 SAD 技术相同，其原理如图 5-20 所示，RAD 主要由高能轴向电子枪、水冷坩埚、钨电极和基体组成。电子枪水平放置，加速电压达到 50kV，最大功率达到 300kW。直径 10mm 的钨棒电极与真空室绝缘安装，且在长度方向上可以滑移，以使电极顶端处于坩埚正上方高密度的膜材蒸气中。棒顶端与熔化的膜材之间的距离为 2cm 左右，钨棒电极相对于坩埚施加几十伏的负电位，两者之间发生弧光放电。

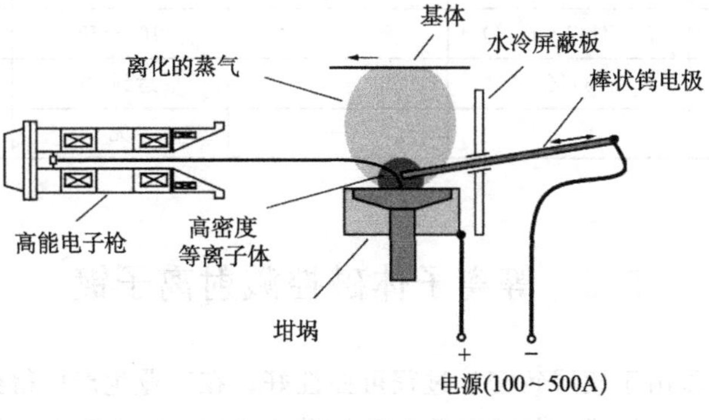

图 5-20　棒状阴极弧激活离子镀原理图

工作时，电子枪发射的电子偏转后打到膜材上，使膜材熔化蒸发。钨电极相对于膜材为负电位，当电子束辐照到膜材上时，入射电子束的边缘电子、打到膜材上反射的电子及蒸发源的热辐射，使得钨电极与坩埚之间易于发生弧光放电，增大膜材原子的离化率。

电极位置必须控制好，使电极的温度适中。如果温度太低，放电会不稳定而且会形成斑点放电，有液滴形成，这对成膜不利。电极温度也不能太高，否则电极本身会被烧蚀。只有一个适当的温度区间可以使弧光放电稳定且工作在扩散放电模式。扩散放电模式的典型特征是放电发生在阳极蒸气中，阴极本身并不熔化。一般来说，钨电极放电电压在 50～80V，离化率达到 20%～50%比较好。另外，工作时钨电极上有膜材沉积，它们会在随后的放电过程中再蒸发，没有副作用。

这种方式非常适合镀制熔点比较低的金属或合金薄膜，因为这些低熔点金属在用 SAD 方式制膜时，难以形成无斑点的弧光放电。

电子束蒸发、RAD 和 SAD 镀膜基本参数如表 5-3 所示。根据表 5-3，普通的电子束蒸发适合所有的金属或合金，SAD 适合高熔点金属，RAD 最适合低熔点金属或合金蒸发。SAD 镀膜时，放电电压较低，放电电流较大，而 RAD 放电电压略高。在两种离子镀方式中，膜材粒子的离化率都能达到 50%，没有液滴形成；而在电子束蒸发镀中，膜材粒子离化率很低。

表 5-3 电子束蒸发、RAD 和 SAD 镀膜基本技术参数比较

	镀膜参数	EB 工艺	RAD 工艺	SAD 工艺
蒸发材料的适用范围		几乎所有金属及合金	大多数金属、合金、低熔点金属	难熔金属
电子束功率	P_{EB}/kW	30～300	30～300	30～300
电弧电流	I_B/A	—	100～500	100～2000
电弧电压	U_B/V	—	40～100	10～50
镀膜速率	v/(μm/ s)	0.1～10	0.1～2	0.1～2
基体离子流密度	j_{ion}/(mA/cm^{-2})	—	10～150	10～400
离化率	α/%	—	达到 50	达到 50
液滴		—	无	无

5.3 等离子体磁控溅射离子镀

磁控溅射镀膜由于膜层致密、过程可控性好，在工业生产中得到广泛应用，如各种平板玻璃的工业镀膜、集成电路中的扩散势垒层，以及高深宽比的沟槽底部或边壁上形成种子层等都大量使用磁控溅射方法制备。但是，磁控溅射速率较低，更重要的是随着微电子工业的快速发展，集成电路的尺寸不断缩小，沟槽的深宽比不断增大，用磁控溅射方法来填充沟槽也面临很多挑战，通常会在沟槽的底部形成孔洞（见图 5-47（b））。

通过动量转移增强基体表面顶戴原子迁移率和化学活性是提高金属膜或金属线质量的重要途径。在磁控溅射镀膜过程中，如果膜材粒子离化率高，那么可以通过在基体上施加偏压的方式来吸引并加速等离子体中的离子，定向能量离子能够直线到达成膜区域，而且由于离子能量大、活性高，所以能够完美地填充高深宽比的沟槽底部。本节首先学习磁控溅射离子镀，然后探讨提高从靶材溅射出来的膜材原子离化率的方法。

5.3.1 磁控溅射离子镀

磁控溅射离子镀有时称为偏压溅射离子镀，因为从原理上讲，这种方法相当于磁控溅射镀膜时在基体上施加负偏压的情况。

1. 磁控溅射离子镀原理

在传统磁控溅射系统中，磁控溅射靶相对于基体处于负电位，真空室充入 Ar 气后，在阴阳两极间发生辉光放电，Ar 原子与电子碰撞而电离，形成的 Ar^+ 在鞘电位作用下，加速并轰击靶材。Ar^+ 离子轰击靶材溅射出来的靶材原子穿过靶面附近鞘层，最终到达基体表面，形成薄膜。膜材原子在穿越鞘层时可能被电离，但是由于靶处于负电位，形成的离子返回靶面的概率大，同时基体与等离子体电位差较小，所以正离子难以到达基体。

磁控溅射离子镀如图 5-21 所示，基体上施加相对于真空室为负的电位，设置辅助阳极并接地，辉光放电发生在靶与辅助阳极之间。放电产生的氩离子轰击靶材，从靶材溅射出来的粒子，穿过真空室放电空间被电离，离化率约为 1%。除中性膜材原子外，膜材离子和 Ar^+ 离子受到基体负电位的作用，以较大的动能和动量到达基体，给成膜带来很多好处。

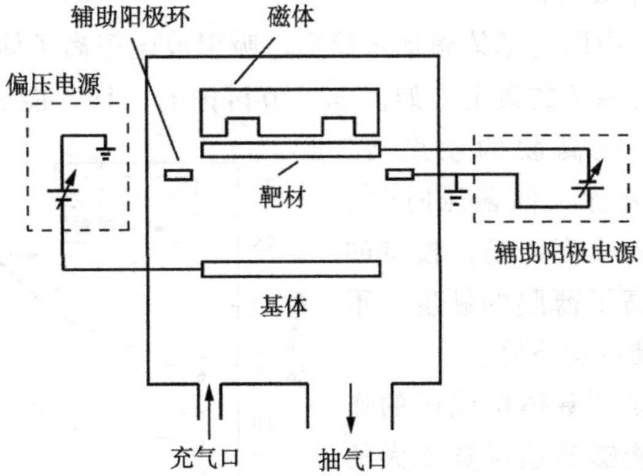

图 5-21 磁控溅射离子镀系统示意图

2. 磁控溅射离子镀基体 I-V 曲线[15]

磁控溅射离子镀基体上的偏压和偏流是两个重要的物理量。基体 *I-V* 曲线与

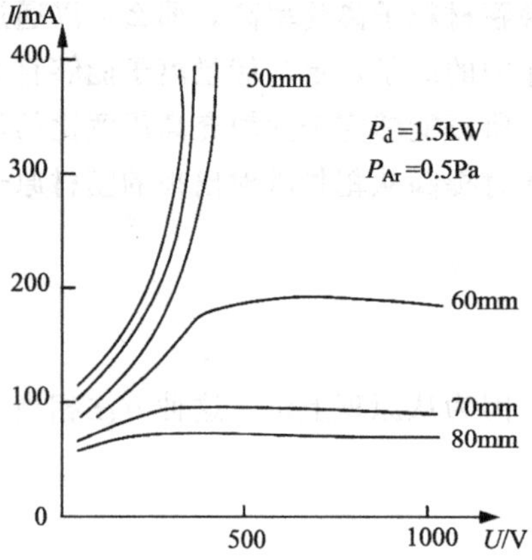

图 5-22 磁控溅射离子镀伏安特性曲线与靶基距之间的关系

靶基距有关，放电功率为 1.5kW，气体压强为 0.5Pa 时，测量得到的 I-V 曲线如图 5-22 所示。

基本可以分成两种类型，即恒流型和恒压型。当靶基距较大时，基片位于距靶面较远的弱等离子体区，随着靶电压的增大，靶电流先不断增大，当偏压增大到一定值后，基体上收集到的电流达到饱和，表现出恒流特性。当靶基距离较小时，基体位于靶面附近强等离子体区域，偏流为受正电荷空间分布限制的离子流，随着偏压的增大，偏流先不断增大，当偏压增大到一定值后，偏流突增，表现出恒压特性。实际镀膜时要求偏压能独立调节，并保持放电稳定，所以通常靶基距较大，为 50～80mm，基本处于恒流模式。

3. *磁控溅射离子镀偏压的选择*

在磁控溅射离子镀中，偏压是一个重要的参量，偏压越大，到达基体的离子能量越大；偏压越大，对等离子体中离子的吸引力也越大，从而到达基体的离子通量也越大。但是，随着偏压的增大，到达基体的离子的溅射效应增强，降低成膜速率。另外，偏压越大，到达基体的离子携带的能量越大，基体温升也越高，而基体温度会影响薄膜的晶态结构。所以，偏压大小需要根据工艺对薄膜硬度、致密度及晶态结构的要求综合确定，一般不超过－400V。

4. *磁控溅射离子镀特点*

磁控溅射离子镀中因为基体施加负偏压，吸引放电等离子体中离子到达基体表面，这种持续不断的离子的轰击，如同 5.1 节讨论的一样，能够提高膜基结合力，增加膜的致密性，提高膜的硬度等。图 5-23所示为基体施加不同偏压时[16]，形成的碳化钛薄膜的硬度和杨氏模量的变化，可见偏压提高了薄膜的硬度，不过偏压太大时膜的硬度会下降。

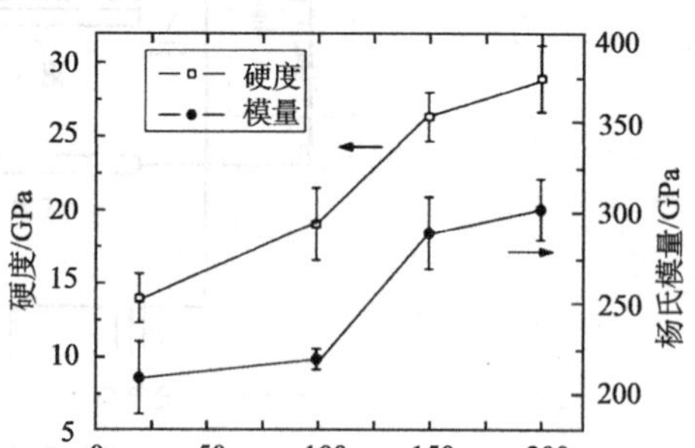

图 5-23 不同偏压下制备的 TiC 薄膜的硬度和杨氏膜量随偏压的演变

虽然膜材离子受到基体负偏压的作用，定向性提高，能够到达深宽比大的沟槽底部，提高器件质量，但是由于膜材粒子离化率低，到达器件表面的膜材离子数少，所以对器件质量的改善效果非常有限。

直流磁控溅射离子镀实用性有待于进一步提高的另一个原因是由于膜材粒子离化率低，到达基体表面的膜材离子密度太小，所以薄膜表面活性系数小，不能够在较低的基体温度下高速沉积优质化合物薄膜。

过去十几年，人们一直在为提高磁控溅射离子镀的膜材粒子离化率及到达基体表面离子通量而努力。到目前为止，主要方法有：①增设射频或微波线圈；②采用高能脉冲磁控溅射；③增加基体表面磁场强度（如采用非平衡磁控溅射离子镀）；④增设附加离子源等。本节主要讲解采用射频线圈增加离化率，以及高能脉冲磁控溅射离子镀。增设离子源将放在最后一节讲解。

5.3.2 离化的磁控溅射离子镀

离化的磁控溅射离子镀是在普通溅射镀膜基础上，采用方法增大从靶材上溅射出来的膜材原子离化率的一种镀膜技术。

如同真空蒸发离子镀一样，一种能够有效提高膜材离化率的等离子体磁控溅射镀膜系统是在普通磁控溅射离子镀系统上，在靶和基体之间增设二次放电装置，以产生高密度膜材等离子体。第一次放电是阴极放电，靶表面原子发生物理溅射；第二次放电可以是电感耦合放电，称为电感耦合的磁控溅射离子镀（ICP-MS），也可以用微波驱动放电，或采用如图 5-17 所示空心阴极放电，使磁控溅射产生的膜材粒子到达基体之前经历一个放电区，增大膜材原子离化率。

ICP-MS 系统原理如图 5-24 所示[17]，真空室接地，基体相对于真空室接负电位，磁控溅射靶与真空室绝缘并相对于真空室为负电位。电感线圈由射频电源驱动，并通过匹配网络输入到真空室，射频频率为 13.56 MHz，电感线圈功率为 200～1000W。镀膜时，从磁控溅射靶上溅射出来的靶材原子，穿过射频线圈放电空间时，被大量电离，产生的空间等离子体密度在 $10^{17}\sim10^{18}\,m^{-3}$，膜材原子的离化率大大提高。

研究表明，等离子体密度随着输入的射频功率增大而线性增大，当射频功率为常数时，则随着气体压强的增大而增大。对于 Cu 靶，用 Ar^{+} 溅射时，离子密度随着功率和气压的变化趋势如图 5-25 所示[18]。由于射频放电增大了空间等离子体密度，而且基体上施加有负偏压，所以到达基体的离子通量增大。

相比于磁控溅射离子镀，ICP-MS 具有以下优点：

（1）膜材粒子的离化率高，空间等离子体密度达到 $10^{17}\sim10^{18}\,m^{-3}$。

（2）膜材离子通量和能量能够独立地通过改变射频功率和基体偏压来调控，过程稳定。

（3）膜材粒子离化率高，通过调整基体偏压，易于制备附着力强、致密度高的薄膜。

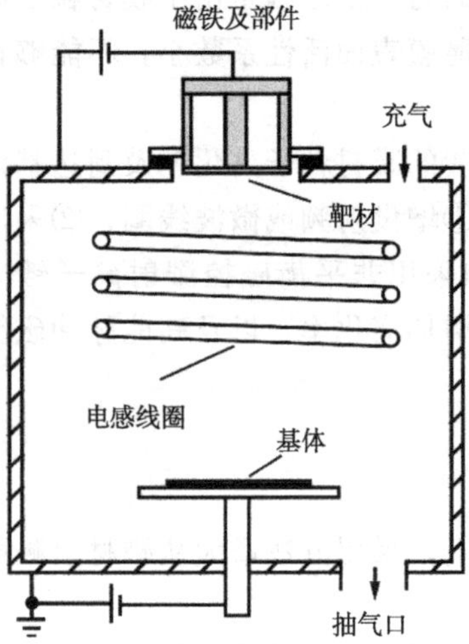

图 5-24 射频线圈离化的等离子体溅射离子镀示意图

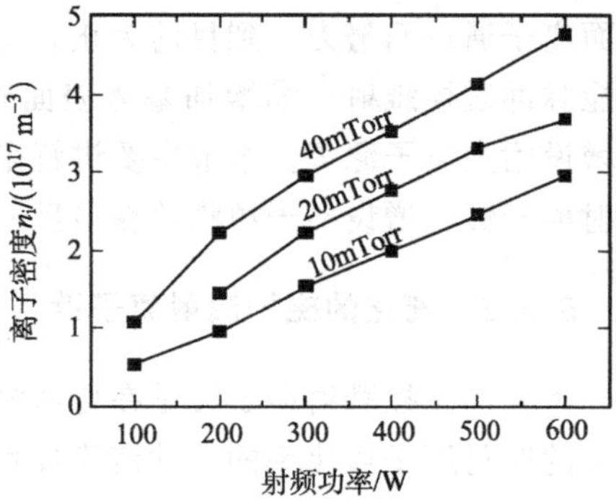

图 5-25 ICP-MS 中离子通量与射频功率和放电气压之间的关系

5.3.3 高能脉冲磁控溅射离子镀[19]

1. 高能脉冲磁控溅射离子镀装置

高能脉冲磁控溅射离子镀（high power impulse magnetron sputtering，HIPIMS）系统示意图如图 5-26 所示，由磁控靶、基体、高功率源、同步发生器、触发脉冲及附件组成。高能脉冲磁控溅射镀膜时，磁控靶上功率和基体上偏压同步施加，所以设置同步信号发生器。为保证两者同步，磁控溅射靶附近设置一个小的电弧靶，小靶由触发脉冲引燃，触发脉冲和靶电压及基体偏压同步。一旦靶上施加功率，脉冲触发小靶，小靶立即引起磁控靶的溅射，基体上同时施加偏压，这样能保证基体接受高能粒子，从而保证膜的质量。

2. 高能脉冲磁控溅射离子镀原理

高能脉冲磁控溅射离子镀（HIPIMS）是一种靶材原子离化率达到 70%～90%，且等离子体密度高达 10^{19} m^{-3}的磁控溅射离子镀。它与普通磁控溅射离子镀的主要区别是靶不再是由恒定的电压源或中频脉冲电源驱动，而是由高功率脉冲电源驱动。在普通磁控溅射离子镀中，靶面功率密度小于 50 W/cm^2；在 HIPIMS 中，高功率电源的脉冲频率一般在 50～60Hz，脉宽在 100～500μs，这样占空比只有 1%～5%。在这么短的时间内，向靶面输入每平方厘米几千瓦的功率，靶表面原子被大量溅射出来。

在环境相同的情况下，粒子的离化率取决于粒子在放电空间停留的时间，以及粒子自身的能量。在普通磁控溅射系统中，等离子体主要是惰性气体的离子和电子，电子在电磁场的作用下，沿 $\boldsymbol{E}\times\boldsymbol{B}$ 方向漂移，与几乎是静止的惰性气体原子碰

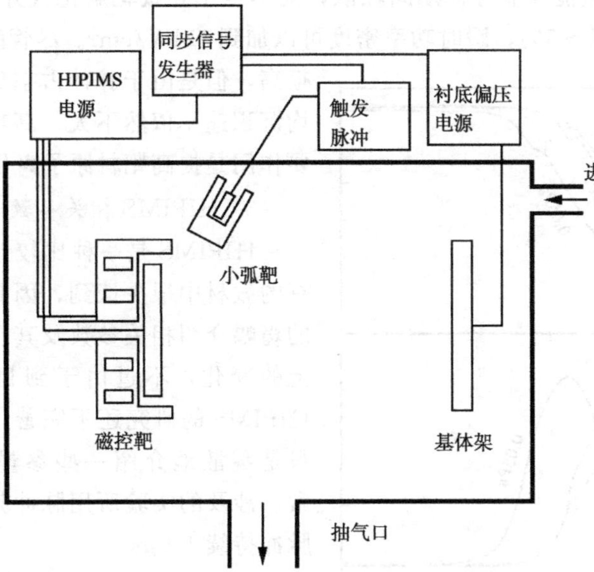

图 5-26　HIPIMS 系统示意图

撞，形成 Ar^+ 离子，Ar^+ 轰击靶材，溅射出靶材原子。靶材原子的能量为几电子伏特，在毫秒时间内穿过等离子体区，由于停留的时间短，膜材原子与电子碰撞引起电离的概率小。

在高能脉冲溅射离子镀中，峰值功率增加两个量级时，放电电流增大约 30 倍。尽管被溅射出来的膜材原子所具有的能量与普通磁控溅射时相差不大，但是由于大量原子被同时溅射出来，膜材原子穿过等离子体区时相互之间碰撞增强，原子定向运动速度降低，从而与电子碰撞概率增大。因为常用的金属靶材原子的第一电离能为 6～8eV，比惰性气体小很多，所以金属原子优先电离。另一方面，峰值功率对应的放电电压也很高，放电电压大时，热电子温度高，较高的电子温度进一步促使膜材原子电离。所以，高功率脉冲磁控溅射镀膜时，膜材原子离化率高，能达到 70%，而且能形成双电荷离子。

由于靶面磁场不足以约束高密度等离子体，所以大量离子逃离靶面，到达基体表面，增强离子镀效果。另有部分离子在靶面电场力作用下，返回靶面，引起靶的自溅射。不过，由于脉冲的占空比很小，离子回到靶面的概率小，也就是大部分离子都能到达基体，增大基体上离子流密度。用 Ar^+ 离子轰击 Cr 靶，峰值功率为 1.5kW/cm^2 时，在与靶相距 9cm 的基体上探测到 Cr^+ 的含量为 30%。

对传统的直流磁控溅射来说，靶的最大功率受限于靶上热负荷，而热负荷主要来源于辉光放电形成的氩离子的轰击。大的热负荷会导致靶面开裂，或靶材熔化而蒸发。当采用脉冲电源时，通过减小占空比，可以在脉冲期间，在靶上施加高功率，因为产生的热量能在非脉冲期间耗散，而不至于导致靶熔化或开裂。HIPIMS 脉冲占空比只有 1%～5%，瞬时功率密度可以加到 $1MW/cm^2$。尽管瞬时功率密度很高，但是由于脉冲占空比小，所以平均沉积速率依然不大，高功率密度的主要作用是提高靶材原子离化率。

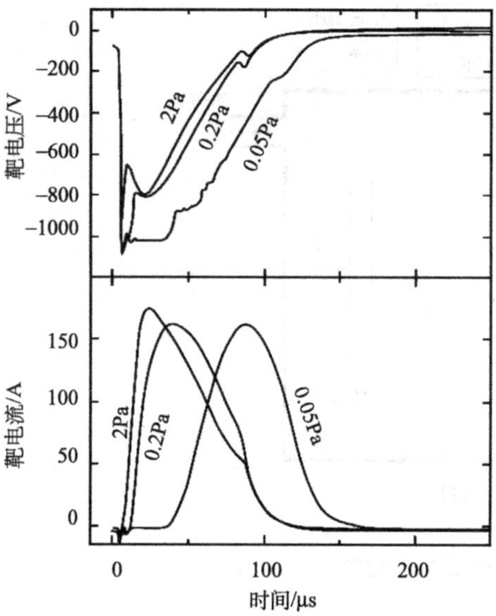

图 5-27 HIPIMS 中放电电压和放电电流随脉冲时间的变化

3. HIPIMS 相关参数[20,21]

HIPIMS 是一种比较新的技术，现有的教材中很少谈到，因此本书用较大的篇幅介绍相关参数及其在空间和时间上的变化，不过由于到目前为止，对 HIPIMS 的研究还不完善，所以这里也只是零散地介绍一些参量及其影响因素。涉及的实验所用脉冲频率为 50Hz，脉冲持续 100μs。

1）靶电压与放电电流波形关系

高功率脉冲磁控溅射离子镀的靶电压波形不仅由电源决定，还取决于放电空间、靶的磁体构造、靶材料，以及放电类型和工作气体压强等参量。图 5-27 示出靶电压和放电电流随放电空间气体压强变化关系。

根据图 5-27，尽管电源提供的是矩形脉冲，靶上实际的电压波形更像三角形脉冲，气体放电具有时延，且与放电时气体压强有关。气体压强高时，放电响应很快，而气体压强低时，具有较长的延时。如工作压强为 0.2Pa 时，放电电流几乎没有延时，而当压强为 0.05Pa 时，延时近 40μs。

2）*I-V* 特征曲线

磁控溅射靶电压和放电电流之间关系可以表示为

$$I = kV^n \qquad (5\text{-}11)$$

实验表明，对于普通的直流磁控溅射镀，$n=8$。根据图 5-28，高功率溅射离子镀包括两个过程，当功率比较低时，$n=7$，与普通磁控溅射基本相同；当靶上电流密度接近 $1A/cm^2$ 时 $n=1$，放电电流随放电电压变化不大。

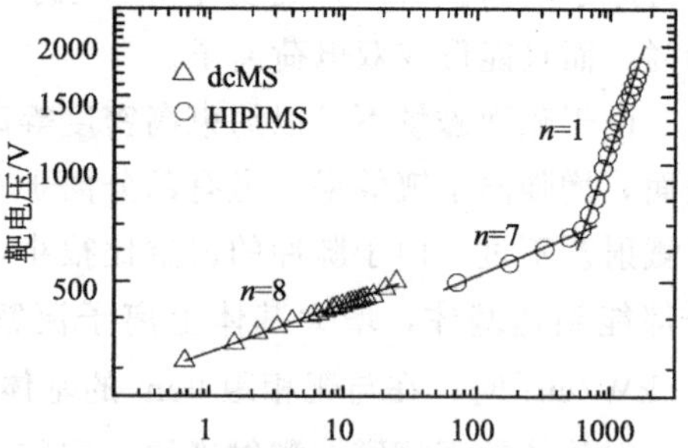

图 5-28 磁控溅射靶电压和靶电流密度的关系

第四章已经讨论过，n 值越大，说明磁场对等离子体约束越强，而 n 值越小，说明磁场对等离子体的约束越小。在普通磁控溅射镀中，等离子体密度较低，电子基本上被磁场约束在靶面附近，所以 n 值大。对于高功率磁控溅射离子镀，当功率小时，与普通的磁控溅射离子镀相差不大。当施加高功率时，由于靶近表面瞬时产生大量等离子体，磁场不足以约束这些高密度等离子体，所以 n 值较小。也就是说只有当功率足够大时，才能体现出高功率的优点。

3）电子密度随脉冲时间的变化

研究表明，在 100μs 之前，也就是在脉冲结束之前，电子密度达到一个峰值，峰值大小随着惰性气体压强降低而减小，一般为 $(2\sim8)\times10^{18}\,m^{-3}$。说明在脉冲期间，电离不断进行。

4）高密度等离子体扩散速度

放电开始时，在靶表面跑道上方形成等离子体团，密度达到 $10^{18}\,m^{-3}$。高密度等离子体以固定速率向基体方向膨胀，扩散速率与气体压强有关，随着放电气压的增加而降低。

5）HIPIMS 放电过程及靶材原子电离

Ehiasarian 等研究了高功率下，用 Ar^+ 离子溅射 Cr 靶的情况。将探测器放在离靶面 1cm 处，探测原子发射的光谱。研究结果表明，放电有三个阶段。第一个阶段，从脉冲加上到 40μs，是高能放电和高密度等离子体形成阶段，氩原子被电离成氩离子，Ar^+ 离子轰击靶材，靶材原子被溅射出来，这与普通磁控溅射相当。伴随这个过程，Cr 和 Cr^+ 在脉冲施加后的几微秒内相继被探测到，说明最先放电过程由 Ar 原子引起，溅射出来的 Cr 立即参与放电，形成高密度膜材等离子体。第二阶段，是从 40～80μs，放电电压和电流都逐渐降低，放电不再处于高能状态，探测到的 Cr 原子含量逐渐比 Cr^+ 含量大，磁场慢慢恢复约束作用。第三阶段为 Ar 气放电阶段，Ar 原子信号逐渐增强，而 Cr 和 Cr^+ 含量降低为零。

Bohlmark 等用质谱仪定量测量等离子体成分随时间变化来对比研究 HIPIMS 和直流磁控溅射两种过程中膜材原子的离化情况。采用 Ar 气溅射 Ti 靶，HIPIMS 放电时，脉冲阶段等离子体中大约是 50% Ti^+、24% Ti^{2+}、23% Ar^+ 和 3% Ar^{2+}。脉冲能量大于 2J 时，Ti 离化率达到 90%，而在直流磁控溅射离子镀中，钛原子电离率非常低，只有 1%左右。

6）离子能量分布

Bohlmark 等用质谱仪研究在 HIPIMS 和直流磁控溅射两种情况下，用 Ar 气溅射 Ti 靶，Ti 离子能量分布。HIPIMS 所用脉冲能量为 3J，脉冲宽度为 100μs，频率为 50Hz，而直流磁控溅射中，功率为 1kW。在 HIPIMS 情况下，金属离子能量分布在 0～100eV 之间很宽的范围内，大约有 50%的钛离子能量在 20～100 eV，而直流磁控溅射镀中，Ti 离子最大能量低于 40eV。

7）基体接受的离子通量

Vlček 等研究了 HIPIMS 镀膜时铜原子离化机制，以及 Cu^+ 和 Ar^+ 在到达基体的离子流中所占的比例。在脉冲阶段，铜离子通量随功率密度增加而增大，峰值放电电流为 50A（300～500W/cm^2）时，Cu^+ 是主导离子，占到达基体总通量的 82%。当放电电流是 5A 时，70% 的离子是 Ar^+，这时已经接近普通直流磁控溅射镀膜的状态。

8）沉积速率

如果沉积时平均功率相同，HIPIMS 镀膜时沉积速率约是直流磁控溅射速率的 25%～35%。Konstantinidis 等发现沉积速率与脉冲长度有关，当脉冲长度从 20μs 减小到 5μs 时，在溅射功率相同的情况下，沉积速率从 20%增加到 70%。

一种理论认为，HIPIMS 中溅射出来的靶原子离开靶材后很快被离化成离子，而靶是带负电位的，所以部分靶离子将在电场力作用下返回靶面，总的有效溅射速率就会减小，特别是对于那些自溅射速率低的材料来说，影响更大。脉冲长度越短，返回靶面的离子越少，所以沉积速率越大。

4. HIPIMS 优点

HIPIMS 镀膜最显著的特点是在没有弧光放电的情况下得到高密度等离子体，而且没有电弧镀的大颗粒现象（5.4 节会讨论这个问题）。普通磁控溅射镀时，Ti^+/Ti 接近于零，而 ICP-MS 情况下，约为 0.9，但是在 HIPIMS 情况下，能达到 5。由于离化率大，通过调节工件偏压，可以很容易调节定向离子的能量和通量，所以非常适合半导体集成电路中大深宽比沟槽的填充，还可以提高靶的利用率，以及获得与基体之间超强附着力的硬质膜。为了适应高功率大电流，靶必须具有良好的导电性，所以 HIPIMS 一般限于沉积金属膜。但是，反应的 HIPIMS 可以制备纳米复合粒子、纳米多层膜，如 TiO_2、Al_2O_3、CrN、TiAlCN、ZrO_2、ITO 和 AZO 等。

5.3.4 自溅射[22]

自溅射是指靶上溅射出来的靶材原子电离后形成离子，靶材离子在靶面电场作用下，返回靶面并溅射靶材的现象。首先用惰性气体在高功率下引起空间放电和靶的溅射，一旦溅射开始后，停止供应惰性气体，完全依靠溅射出来的膜材离子维持放电和溅射。

能发生自溅射的金属通常溅射产额很高，溅射出来的原子穿过等离子体区时被部分电离成离子，离子在鞘电位作用下返回靶，引起靶的溅射。对于溅射产额大的金属，返回靶面的离子的溅射产额大于 1，所以在没有惰性气体的情况下，放电和溅射可以维持。

在实际应用中，可以用一个脉冲激光烧蚀一个设在靶附近的小靶来引燃放电和自溅射，还可以用时间短于 10μs 的真空弧引燃自溅射。

自溅射只可能发生在功率非常大的时候，发生自溅射的条件表示为

$$\eta=\alpha\beta\gamma_{ss}=1 \tag{5-12}$$

式中，α 是溅射原子的离化率，β 是新形成的离子回到基体的概率，γ_{ss} 是自溅射产额。

最容易发生自溅射的靶材是铜，虽然过渡金属，如 Ti、Cr、Nb、Hf、Zr 和 Y 在 HIPIMS 情况下溅射产额很大，但是不会发生自溅射；石墨也不可能发生自溅射。当 $\eta=\alpha\beta\gamma_{ss}>1$ 时，发生逃逸自溅射，铜、银和锌都可能发生逃逸溅射。逃逸是一种正反馈过程，离子越多，溅射越强；溅射越强，可以被离化的原子越多。逃逸也可以说是一种失控溅射，靶被高速溅射，电磁场无法约束大量离子，溅射出来的离子或原子瞬间大量离开靶区，到达基体或真空室壁等部件。

自溅射虽然是一种溅射过程，但是自溅射镀膜归类为离子镀，因为自溅射的膜材原子在自溅射过程中被大量离化后才沉积到基体上，这个过程是离子镀的过程。

最后说明一下 HIPIMS（high power impulse magnetron sputtering）、PDCMS（pulsed DC magnetron sputtering）和调制的脉冲溅射镀（modulated pulse power sputtering，MPPS）区别。

（1）MPPS 指使用相对长的脉冲，但是功率不太高，且每个周期内功率不同。这种镀膜使用一种特别的电源，电压可以任意调节。

（2）HIPIMS 使用的频率是 50～1000Hz，占空比非常小，只有 1%～5%。

（3）PDCMS 一般频率在 20～350kHz，占空比为 50%～95%。

相对来说，PDCMS 是一种很成熟而且被广泛应用的技术，HIPIMS 虽然有很多优点，但是目前还不如 PDCMS 应用广。表 5-4 比较各种磁控溅射的相关参数。

表 5-4　磁控溅射类型、特征和应用[23]

	典型的名义功率密度	脉冲持续时长	典型的脉冲频率	电离度	等离子体成分	注释
常规磁控溅射	1～10W/cm^2	数分钟到数小时	—	很低（～1%）	惰性气体离子（通常为 Ar$^+$）和活性气体	轰击薄膜主要是中性粒子，因为离化率低偏压起的作用小
磁控溅射+射频离化	10W/cm^2+射频电离（>1W/cm^2）	数秒到数分钟	—	金属原子显著电离	惰性气体和金属等离子体混合体	压强高时，被溅射出来的粒子能量低，碰撞离化概率大

续表

	典型的名义功率密度	脉冲持续时长	典型的脉冲频率	电离度	等离子体成分	注释
直流自溅射	$100W/cm^2$	数分钟到数小时	—	高，可能超过50%	惰性气体关闭后为纯金属等离子体	只适合自溅射产额高的金属，如铜。初期用惰性气体放电
中频自溅射	$500W/cm^2$	$10\mu s$，占空比80%	60～90kHz	高，可能超过50%	惰性气体关闭后为纯金属等离子体	只适合自溅射产额高的金属，如铜。初期用惰性气体放电
高功率脉冲磁控溅射	$1\sim5kW/cm^2$	$10\sim100\mu s$	0.05～10kHz	脉冲期间迅速增加	起初为气体等离子体，脉冲阶段以金属等离子体为主	多使用短脉冲以减少弧的产生量。放电峰值电流与等离子体及膜的参数有关
高功率脉冲逃逸磁控溅射	$1\sim5kW/cm^2$	$100\sim1000\mu s$	0.01～1kHz	可能超过50%	金属等离子体（除最初阶段）	高自溅射产额的材料通常是单电荷离子，而低溅射产额的金属，如过度金属多是双电荷离子
无气体高功率脉冲磁控溅射	$1\sim5kW/cm^2$	$100\sim1000\mu s$	0.01～1kHz	高，可能超过50%	纯金属等离子体	只适用高溅射产额金属，需要短脉冲或触发等离子体引起靶的溅射
调制脉冲磁控	$100\sim500$ W/cm^2	1～5ms	0.01～0.5kHz	每个脉冲里初始阶段中等，之后变高	以金属等离子体为主，可能含有反应气体离子	长脉冲、中等功率，每个脉冲有两个或多个电压和功率值

注：表中数值仅供参考，各具体真空系统的值受靶材料、气体类型、磁场强度及是否平衡等因素影响。

5.3.5 空心阴极辅助的高密度溅射离子镀

前面讨论的溅射离子镀基于磁控溅射，磁控溅射利用磁场束缚电子并延长电子路径。本节讨论空心阴极辅助的高密度溅射离子镀（high density plasma assisted sputtering source，HiPASS），使用的靶虽然也含有电磁线圈，但是电磁线圈产生磁场的主要作用不是用来约束电子，而是用来约束氩离子。另外，氩离子也不是通过辉光放电产生，而是定向高密度电子束碰撞 Ar 原子的结果。

1. HiPASS 原理

这是一种用空心阴极放电产生高密度低能电子束电离 Ar 原子，形成 Ar^+ 离子，再用 Ar^+ 离子溅射靶材的镀膜方法。其原理如图 5-29（a）所示[24]，真空室的左边安装空心阴极放电组件，真空室的下方安装溅射靶组件，在靶的下方安装聚焦线圈 2；基体在靶的上方，基体位置可调。抽气口在真空室的右边。靶接负电位，而 HCD 枪接地。

HCD 枪的原理前面已经学过，这里不再赘述。HCD 枪产生的高密度低能电子束从枪体中被引出，与真空室 Ar 原子碰撞，使大量 Ar 原子激发或电离，形成 Ar^* 或 Ar^+，Ar^+ 离子经聚焦线圈 2 聚焦，在枪体与靶之间电场力作用下，入射到靶上，使靶溅射。由于 Ar^+ 离子密度高，所以靶溅射速率大。当基体与靶距离为 150mm 时，沉积速率达到 200nm/min。由于大量电子与 Ar 原子碰撞，部分 Ar 原子被激发，所以在真空室内除了能看到 HCD 枪口的高温热点外，还能看到一条从 HCD 枪到靶面的明亮通道，如图 5-29（b）。

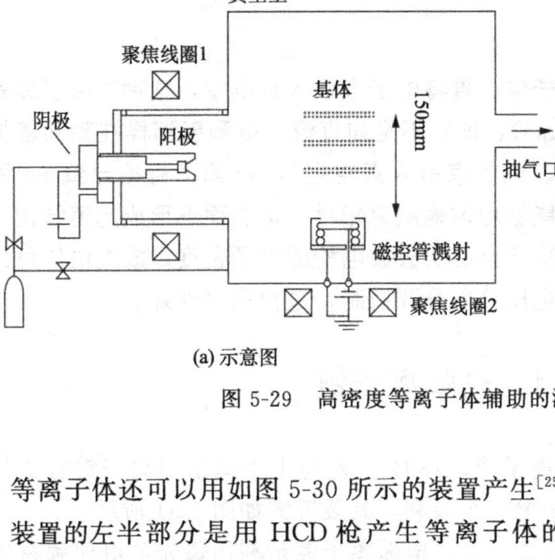

(a) 示意图

(b) HCD枪到靶材表面的放电通道

图 5-29　高密度等离子体辅助的溅射离子镀

等离子体还可以用如图 5-30 所示的装置产生[25]。

装置的左半部分是用 HCD 枪产生等离子体的组件，称为 EBEP 源（electron beam excited plasma，EBEP)。EBEP 源包含 Mo 阴极和水冷的三个中间带孔的 Mo 电极（直径 10mm)，带孔电极之间的距离为几毫米，电极间施加直流电压，引起辉光放电。通过 Mo 电极之间的电阻 R_1 和 R_2 分配放电功率，如放电功率为 2.4kW，阴极和 A_1、A_2 和 A_3 间电压分别为 0V、13V、21V 和 63V。电极间电压差用于产生和加速电子，加速的电子从 EBEP 引出后，经磁源线圈整形聚焦，与从 A 点附近充入的 Ar 气碰撞，使其离化形成氩离子。氩离子经过外部控制磁场线圈产生的磁场整形后，在靶表面负电位的作用下，轰击阴极靶表面，引起靶溅射。控制磁场线圈产生的磁场需要优化，使氩离子在靶表面既不产生扩散损失，也不散焦。溅射镀膜时，真空室 Ar 气压强是 0.05 Pa，溅射电压约为 400V，溅射电流约为 40A。

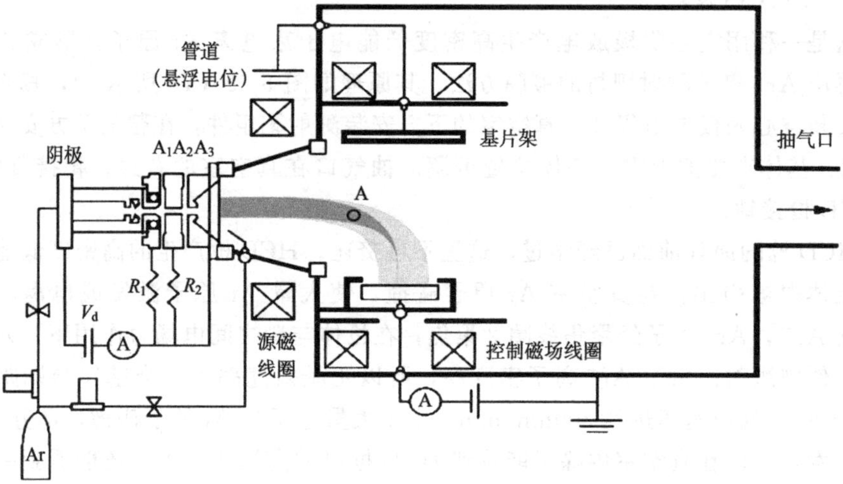

图 5-30　高密度等离子体辅助的溅射离子镀

2. HiPASS 特点

使用空心阴极放电产生等离子体，再将电子束引入真空室，这种等离子体是一种远距离等离子体（remote plasma），即它不是如直流二极溅射那样在靶和基体之间的放电空间直接形成等离子体。电子束引入真空室与 Ar 原子碰撞导致 Ar 原子电离，氩离子再通过线圈聚焦，能够均匀地溅射靶材，靶表面不形成跑道结构，所以靶的使用效率高。溅射电流取决于空心阴极放电枪的电子密度，放电电压可以单独调节，从而使溅射电流和溅射电压可以分开控制，过程稳定性好。

5.4　电弧离子镀

电弧离子镀是最早被发明的离子镀，1894 年爱迪生申请了与离子镀有关的一个专利，其装置图如图 5-31 所示。

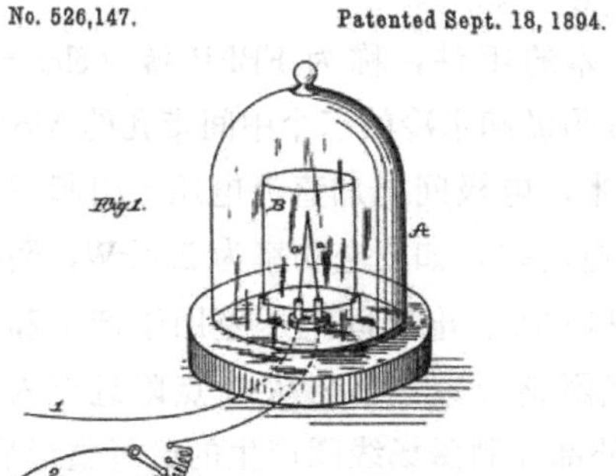

图 5-31　爱迪生离子镀专利图
（专利号 526147，1894 年）

电弧离子镀是利用弧光放电使膜材气化并电离，而进行镀膜的一种技术。气化的膜材原子可以来自于熔化的阳极或者来自于固态阴极表面，分别称为阳极弧（anodic arc）和阴极弧（cathodic arc）镀膜。通常所说的电弧离子镀指阴极电弧离子镀，若是阳极电弧离子镀，则会特别指明。

1954 年，D. E. Bradley 利用点状碳弧蒸发源沉积碳膜[26]；1965 年，Lucas 等利用弧蒸发沉积高熔点金属；1965 年，Wolter

用阳极弧方法沉积 Ag、Cu 和 Cr 膜。工业上广泛使用的是阴极电弧离子镀，这种技术由美国 Multi-Arc（多弧）和 Vac-Tec（真空技术）公司联合开发，1981 年达到工业实用化阶段。阴极电弧离子镀具有离化率高、沉积速率快和膜-基结合强等优点，占有薄膜市场很大份额，是工业领域沉积硬质膜、抗磨损、抗腐蚀膜和制备装饰性薄膜的最优方法之一。

5.4.1 阴极电弧离子镀

1. 阴极电弧离子镀原理

阴极电弧离子镀系统示意图如图 5-32 所示，主要由弧源、基体及附件、真空系统及电路控制部分组成。基体和弧源对置于真空室，真空室接地，弧源相对于真空室接负电位，基体与真空室绝缘，并接负高压。真空室抽到压强约 10^{-3} Pa 后，充入适量氩气，通过引弧电极引燃电弧，在靶材表面与辅助阳极之间引发弧光放电，放电电流为几安到几十安培，而放电电压为 10～25V。此时，在靶材表面可看到弧光放电形成的弧光斑点（spot），简称弧点，弧点经过的地方，膜材以等离子体形式喷射而出，在基体负电位的作用下，沉积到基体上，形成薄膜。

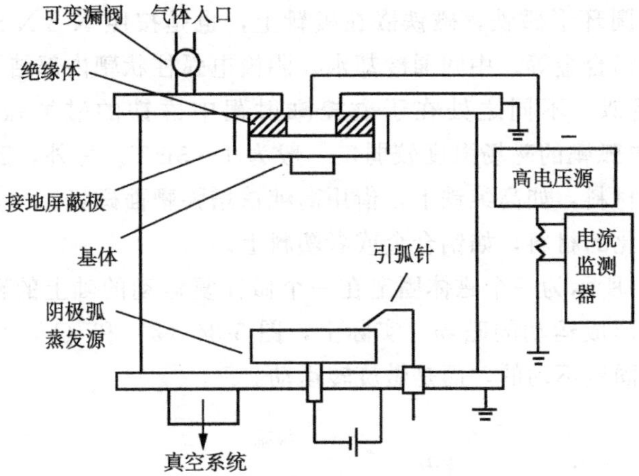

图 5-32 阴极弧离子镀示意图

1）弧源结构

弧源由阴极靶、辅助阳极、电磁线圈或磁体及其他附件组成，靶有圆形平面、矩形平面、圆柱、圆台状等结构。阴极靶必须高度致密，表面粗糙度低。图 5-33 是阴极强制水冷式真空弧光蒸发源的结构示意图，主要由圆形平面阴极靶、圆锥形辅助阳极、电磁线圈、引弧电极和水冷系统等组成。阴极和阳极之间用绝缘材料隔开，引弧电极在弧源不工作时与阴极表面不接触，需要引燃电弧时，引弧针与靶面接触，然后迅速分开，分开的瞬间引发弧光放电。

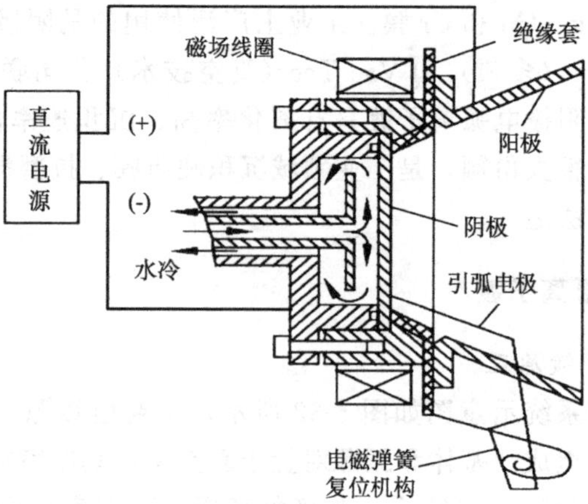

图 5-33　强制冷却的电弧离子镀蒸发源

图 5-34 是多弧柱状靶的结构图，由圆管状靶材、磁铁及固定磁铁的空心极靴组成，磁铁及其固定组件放置在圆管形靶材内部。图 5-34（a）使用的是条形磁铁，磁铁的一极端嵌在极靴中，另一极端悬空，悬空端按照 N-S-N-S 排布。图 5-34（b）使用的是斜圆环形磁铁，磁铁嵌在极靴上，也是按照 N-S-N-S 排布。极靴多为非磁性材料如铝合金等，中间通冷却水。阴极电弧柱状靶内部结构和外形与磁控溅射柱靶基本相似，不同之处在于磁控溅射靶中磁铁的磁场强度大，为 10～50mT，而阴极电弧靶的磁场强度较弱，一般为 1～5mT。另外，磁控溅射靶的磁铁嵌在易磁化的材料，如高纯铁上，借用高纯铁增强靶面磁场。而多弧靶的磁铁可以是嵌在不易磁化的材料，如铝合金或者塑料上。

图 5-34（c）所示为一个磁体固定在一个做往复运动的轴上的靶，磁铁高速往复运动，在靶面形成运动的磁场。实际上，图 5-34（a）和（b）所示的靶磁场在靶工作时也不是固定不动的，而是做旋转运动。

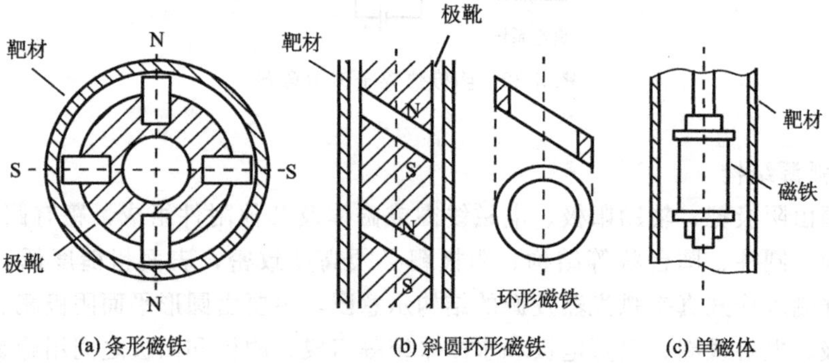

图 5-34　多弧柱状靶结构图

阴极电弧柱状靶外形图及与真空室连接方式如图 5-35 所示。

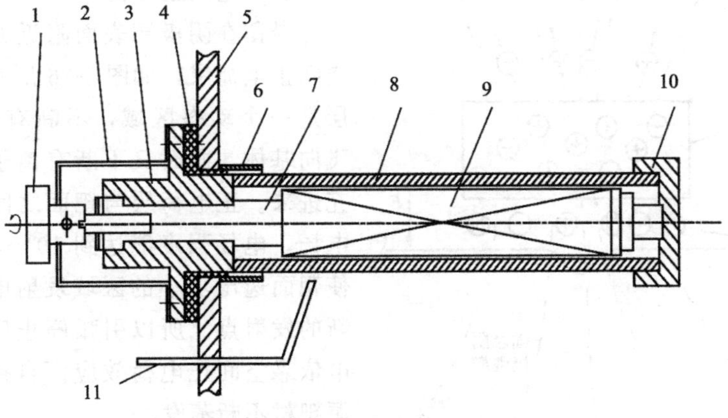

图 5-35　阴极电弧柱状靶外形图及靶与真空室的连接

1-电机接口；2-保护罩；3-靶座；4-密封圈；5-法兰；6-屏蔽罩；7-旋转轴；8-阴极靶；9-磁轴；10-螺帽；11-引弧针

2）弧源蒸发原理

弧源工作时，首先通过引弧电极引弧，在弧源和辅助阳极之间产生弧光放电，使弧源靶材蒸发。弧源蒸发的主要原理是场致电子发射和空间正电荷效应，分述如下。

（1）引弧。

引弧是指在弧源表面引起弧光放电的过程。尽管可以从辉光放电过渡到弧光放电，但通常不采用这种方法，而是用更简单的引弧方式。常用的引弧方式有机械引弧、高电压脉冲引弧和脉冲激光引弧（与图 5-26 相似）。工业生产中最常用的引弧方式是机械引弧，引弧针通常做成钝针状，其工作原理是采用电动或磁动方式使引弧针接触靶表面并迅速离开，由于引弧针和靶面之间施加电压，这样在引弧针离开表面的瞬间，在纳米级间隙产生强大的电场，强电场使靶材表面逸出功小的地方，如尖状突起或其他缺陷等位置处，大量发射电子，形成强电流，该电流产生的巨大热量使靶材局部地熔化形成熔融状态，随即气化和电离，以等离子体形式向空间喷发出来，该处成为放电斑点。高压脉冲引弧时，瞬时高电压（达到几千伏）加在阴极和辅助阳极之间，产生火花放电，实现引弧。

（2）熔化物质的运动。

从靶面喷射出来的物质主要是电子和离子，另外有少量的中性粒子和熔融液滴。电子以极高的速度飞离靶表面。离子由于质量大，飞行速度较小，同时受到靶电场力作用，部分返回靶材表面，部分滞留在靶材表面附近。

（3）离子流。

返回到阴极表面上的离子形成离子流，携带的能量增加阴极表面温度，加剧阴

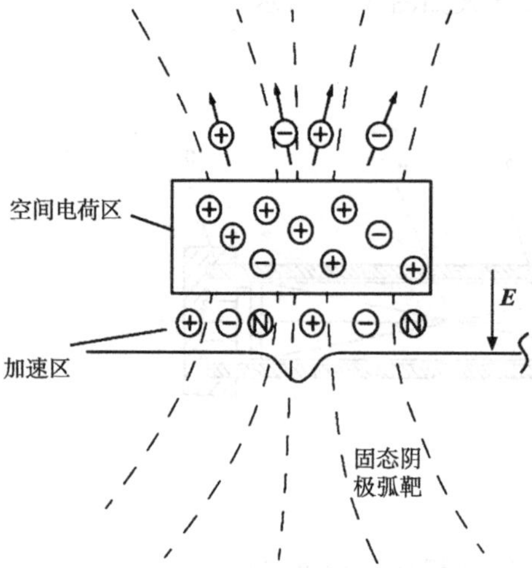

图 5-36 弧光放电靶面烧蚀及空间正电荷层建立

极表面金属熔化、离化和喷射。

(4) 空间正电荷。

滞留在阴极靶表面附近的离子形成空间正电荷层，如图 5-36 所示。正电荷层是一个动态区域，不断有离子离开，飞向基体，同时又不断有离子从靶面补充进来。正电荷层与靶面之间形成强的电场，电场强度能达到 $10^6 \sim 10^8$ V/cm，使靶面逸出功小的区域发射电子，形成新的发射点。所以引弧停止后，弧光放电依靠空间正电荷效应而自持，实现弧源靶材不断蒸发。

3) 弧光放电时发生在靶面上的现象

从现象上看，弧光放电时在阴极表面看到由细小弧点构成的明亮的弧。图 5-37 (a)所示是圆形靶表面某一瞬间弧的图像[27]，弧呈枝状结构。肉眼看去像是弧在弧源表面快速爬行，实际上是弧点在靶表面剧烈而无规则地跳动，其“跳行”速度达到 10～10000m/s[28]。弧爬行其实是“弧点生成—熄灭—移位—新弧点生成”的一系列微观电弧过程。在弧点“经过”的地方会留下放电蒸发的痕迹，通常是无数直径只有 1～100μm 的凹坑。

弧的数量与放电电流的强度成正比，当放电电流一定时，阴极表面爬行的弧的数目基本不变；放电电流增大时，靶面上形成的弧数量增多。对于同样大小的电流，不同靶材上形成的弧数量也不同，另外弧的数量还与放电方式有关。图 5-37 (a)所示为采用直流电弧放电蒸发 Ti 靶时，靶面运行的弧的图像，放电电流为 100A，有两条弧。图 5-37 (b) 所示为采用高电流脉冲电弧源时铜靶表面的弧的图像，放电电流为 5000A。图 5-37 (c) 和 (d) 是柱状靶表面运行的弧图像[29]，分别对应条形磁铁靶（如图 5-34 (a) 所示）和斜环形磁铁靶（如图 5-34

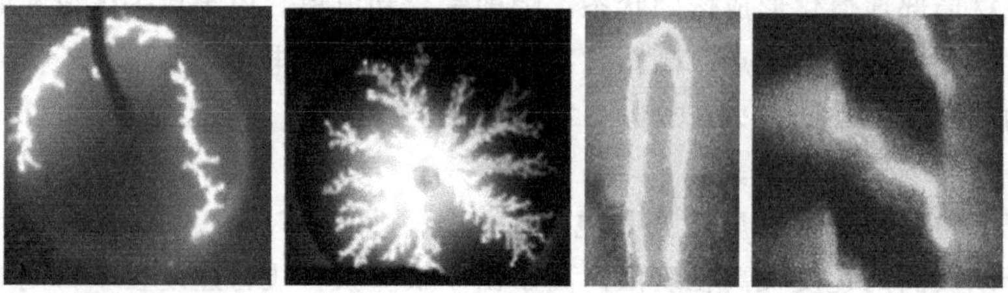

(a) 圆形靶一　(b) 圆形靶二　(c) 柱状条形磁铁靶　(d) 柱状斜环形磁铁靶

图 5-37 弧光放电的图像

(b) 所示)。放电时可以看到弧在靶面以一定的速度不断窜行。

4) 限弧

弧光放电时,弧不能离开靶面,否则不仅靶上弧会熄灭,而且弧在非靶材料上爬行会引起非靶材料的蒸发而造成污染。可以用限弧环或者屏蔽环阻止弧离开靶面,称为限弧。图 5-38 (a)[30] 和 (b)[31] 采用限弧环结构,而图 5-38 (c) 采用屏蔽环结构。限弧环通常用绝缘材料,最好由陶瓷材料制成,限弧环与阴极直接接触,介于阴极和阳极之间,不仅将阴极和阳极隔开,而且限制弧离开靶面,同时避免靶材被蒸镀到阳极上。图 5-38 (a) 所示限弧环是斜面结构,具有退弧功能,即如果弧点落到限弧环上,会自动退回到靶面上。屏蔽环通常用引弧电压很高的金属制作,使用时接阳极电位,与靶之间有 1.5mm 的间隙,如图 5-38 (c) 所示。屏蔽极接阳极电位,具有斥弧作用,弧难以越过间隙,即使弧跑到屏蔽环上,由于屏蔽环引弧电压高,弧也会自动熄灭。这种结构寿命长,使用得更多。

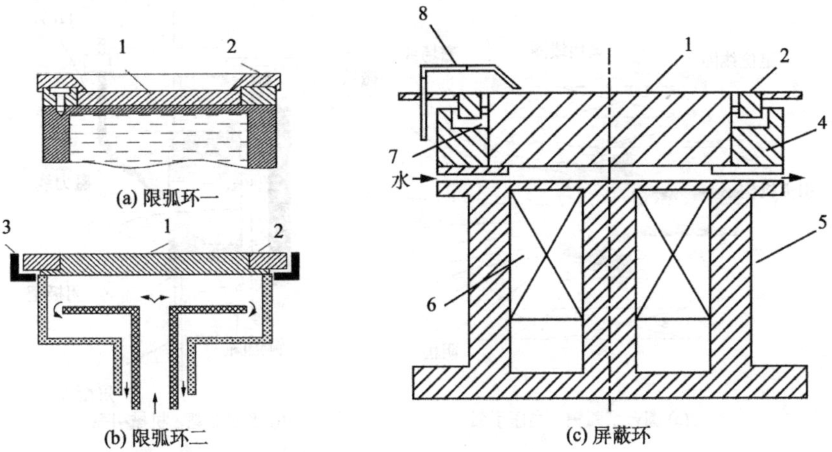

图 5-38　两种限弧方式

1-靶材;2-限弧环或屏蔽环;3-阳极;4-导磁环;5-弧源座;6-线圈;7-BN 绝缘环;8-引弧针

5) 匀弧

任一瞬间,只有弧点处靶材才会蒸发。如果不加控制,弧在靶面随机运动,通常逸出功小的地方优先蒸发,而且弧很容易熄灭或跑到靶面以外的地方,从而使镀膜过程不稳定。另一方面,如果弧点运行速度慢,可能会导致局部靶面过度熔化,所以通常采取匀弧措施,使弧点在靶面均匀分布且高速运动。这就要求适当增加靶面弧的数量,并且使弧细碎,以使弧点在靶面分布更加均匀,另外需要加快弧点在靶表面跳行速度。

匀弧最好的方法是采用磁场,因为弧光放电的发射物主要是电子和离子,因而可以用磁场进行约束和控制。合理设计电磁场构型,可以使电弧在靶面均匀分布。

磁场还可以使弧细碎，并且驱动电弧加快其运动速度[32]。

图 5-39 是两种磁场分布形式[33]，对于圆台型弧源多采用两级电磁线圈结构：定位线圈和聚焦线圈，而对于小的平面靶，多采用永磁体结构。磁体大小和强度都必须适中，否则不能很好地发挥作用。当磁铁直径过大时，弧会偏向靶外侧；如果磁铁直径过小，弧会集中在靶材的中心部位。同理，磁场强度不能太强，否则弧会向靶的中心聚集；磁场强度又不能太弱，否则起不到束弧作用。只有磁场强度和尺寸大小适中，弧才会在靶表面均匀分布，也就意味着靶会均匀蒸发。

没有磁场时，发射的电子、离子分别飞向辅助阳极和基体；有磁场后，电子和离子的运动受磁场约束，分别绕磁力线作螺旋线运动。磁场分布形式决定带电粒子的空间分布形式，同时带电粒子之间相互碰撞，增加粒子的电离度，从而使靶表面的空间正电荷区域更加均匀。阴极弧点因此分离成无数小弧点，避免由于弧点集中而产生大颗粒。

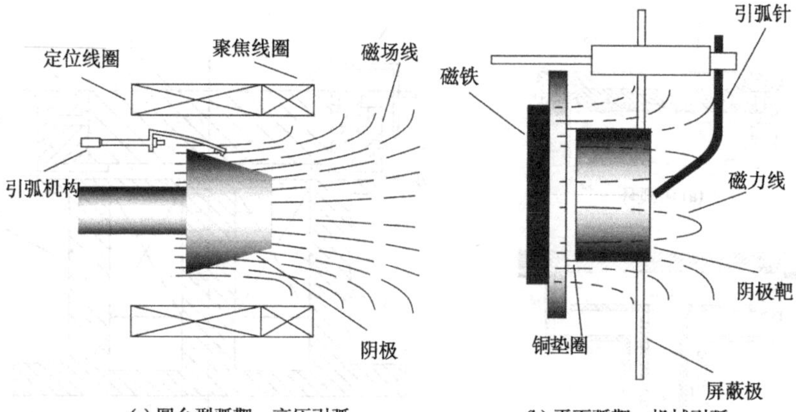

(a) 圆台型弧靶，高压引弧　　(b) 平面弧靶，机械引弧

图 5-39　电弧靶磁场分布

永磁体一般置于靶材后方，形状可以是圆柱形、圆环形，通过调整磁体与靶面之间的距离来调整靶面磁场强度。新靶材比较厚，可以将磁体推向靶面，随着靶的使用，靶的厚度逐渐减薄，这样靶面磁场强度逐渐增强。所以随着靶的使用，需要将磁铁向远离靶面的方向调整。电磁线圈的好处是可以根据靶的实际情况通过调整线圈中电流大小来调整磁场强度，操作起来比较方便。特别是矩形大平面弧靶，可以通过改变线圈中通入的电流，合理设计电磁线圈的结构，如选用单电磁线圈或多电磁线圈串联等手段，实现弧斑在靶面均匀扫描，以及局部细调弧斑的运动等。可以利用动态负反馈约束弧斑实现智能控弧，使大面积靶均匀蒸发。

2. 阴极电弧离子镀优点

(1) 在镀膜过程中，金属阴极不熔化，只是微区蒸发，所以弧源可以在任意位置、朝任意方向安置，且可以同时采用多个弧源，提高薄膜的均匀性，并提高生产率。

(2) 金属离化率高，可达到 60%～100%，沉积的粒子能量在 20～100eV 之间，膜与基体之间形成伪扩散层，可获得附着力特强、硬度高、耐磨性好的金属或化合物薄膜。

(3) 沉积速率大，通常是每秒几百纳米，镀膜效率高。

(4) 一弧多用，既是蒸发源、加热源，又是离化源。

(5) 设备结构简单，主要由旋片泵或滑阀泵串联罗兹泵和扩散泵组成，有些装置一室设置两门和两个工件架，交替使用，提高效率。工件架采用自转和公转结合的方式，适于各种形状零件的镀膜。

(6) 低电压工作，操作安全。

3. 阴极电弧离子镀装置

电弧离子镀在工业上得到广泛应用，一般是一个真空室放置多个弧源，根据真空室大小可以设有 4、6、8、24 和 40 个或更多弧源，这些弧源按照一定的方式排列，可以一次均匀镀制批量产品，提高生产力。

图 5-40 (a) 是工业用阴极电弧离子镀装置原理图，装置由真空系统和辅助系统构成。真空系统由真空室、抽气机组和充气系统组成，真空室依据所需要镀制的膜，设置惰性工作气体和反应气体充气口。真空室内样品架上可以放置多个样品，由电机带动做公转并自转。弧源相对于真空室处于负电位，弧源的个数根据真空室大小确定。一种弧源的排列方式如图 5-40 (b) 所示，在竖直方向上沿直线均匀排布，但是在水平方向上各弧源高度不等，这样的排布方式可以提高工件上所沉积薄膜的均匀性。真空室内壁设有加热元件，用以对工件加热，如图 5-40 (c) 所示。每个弧源上设置有进气口、进水管及电输入端口，如图 5-40 (d) 所示。电弧离子镀的真空系统通常是用机械泵或滑阀泵和扩散泵机组，真空室特别大时，可以增设罗兹泵，以缩短抽气时间。真空机组如图 5-40 (e) 所示。真空室外形图如图 5-40 (f) 所示。

4. 阴极电弧离子镀的镀膜过程

以氮化钛为例，说明阴极电弧离子镀的镀膜过程和工艺。

(1) 安装好钛靶，再将清洁后的基体或刀具挂到工件架上，送入真空室，然后对真空室抽气，直到压强低于 10^{-3}Pa。在这个过程中对工件进行烘烤，达到预定温度。

(2) 对基体进行轰击清洗：基体上施加高的负偏压，通常在 800～1000V；开启弧源引弧装置，在高真空度下引弧；靶表面发射钛离子，钛离子到达基体表面，轰击基体；清除表面吸附的气体，溅射掉表面氧化层，并且形成过渡层。

(3) 向真空室充入 N_2气，或氮气与氩气的混合气体，使真空度降低到 10^{-1}Pa 左右；同时降低基体上施加的偏压，再次引燃电弧，在工件表面沉积氮化钛层。

(4) 达到一定镀层厚度后，关闭弧源，停止抽气，按常规方式停真空系统。

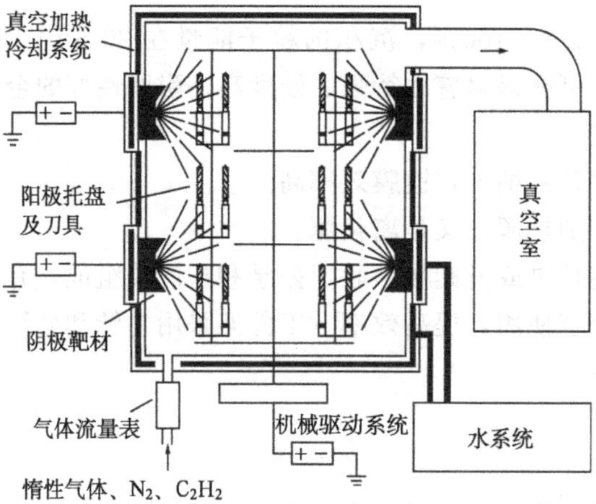

(a) 多个弧源的电弧离子镀系统示意图

(b) 弧源排列方式

(c) 真空室加热源

(d) 弧源引线

(e) 电弧离子镀真空机组

(f) 真空室外形

图 5-40　多个小弧源的阴极电弧离子镀装置图

(5) 真空室充气，取出工件。

5. 阴极电弧离子镀的应用

阴极电弧离子镀特别适合镀制高硬度、抗磨损、抗腐蚀性膜，以及镀制多种色彩的装饰性薄膜，主要应用在刀具、模具、发动机用耐磨零件表面，各种塑料表面及家用零件装饰镀等方面。最常镀制的薄膜是高熔点金属膜、氮化物薄膜、碳化物薄膜和类金刚石薄膜，如 Ti、Cr、Al-Ti 及 Zr 等金属膜，TiN、CrN、Ti（C、N）、（Ti、Al）N、TiAlN 和 ZrN 及金刚石薄膜，或这些膜的复合膜等。

由于阴极电弧离子镀基体加负偏压，所以入射到基体的粒子能量高。高能量离子轰击，在膜基界面形成伪扩散层，所以膜的附着力极好，而且形成的膜致密度高、硬度高，能够显著提高抗冲击能力、耐磨性能和耐腐蚀性。冲孔和冲头镀上 TiN 后，抗冲击能力提高 5 倍以上。高速钢刀具上最常用的是 TiN 或 TiC 涂层，镀上氮化钛涂层后，硬度提高 2～3 倍。刀具的摩擦系数降低，刀具寿命延长，而且一次进刀量可以加大，所以不仅大大提高刀具或钻头寿命，并且提高生产率。航空发动机涡轮叶片上通常用阴极电弧离子镀工艺镀制 NiCrAlY 热障涂层，这层薄膜可以明显提高叶片的寿命，增强其抗高温烧蚀的能力。另外，装饰镀的各种薄膜多用阴极电弧离子镀方法制备。关于装饰镀的应用实例参见第一章。

6. 阴极电弧离子镀中存在的问题

如前所述，弧蒸发过程非常剧烈，除了发射出电子、离子和少量中性原子外，还有微熔池内熔融态金属的喷发。喷射出来的液滴的直径能达到几十微米，这些液滴会以“大颗粒”的形式沉积在膜层中，减小膜层致密度，并使薄膜表面粗糙化，从而降低薄膜耐磨性和耐腐蚀性，限制阴极电弧离子镀的应用。细化或消除液滴是提高薄膜质量的关键。可以采取的比较好的措施有以下 5 个。

（1）采用电磁场细化电弧。通过调节外加电磁场强度可以改善电弧放电均匀性，一方面使电弧细碎，另一方面驱动电弧，加快其在靶材表面的运动速度，两方面共同作用，减少并细化阴极发射的大颗粒。

（2）采用过滤装置。5.4.2 小节将详细讨论。过滤装置有多种，磁过滤是最有效的抑制大颗粒的方法，不过这种方法会使沉积速率降低很多，只有当制备高端薄膜时，才会采用。

（3）采用高能脉冲电弧离子镀（high-current pulsed arc deposition，φ-HCA）[34]。在弧靶上加大电流，由于脉冲大电流作用，阴极斑点分离成无数的小的斑点，从而减小熔融颗粒的尺寸。

（4）使靶快速旋转。实验研究表明，快速转动靶材能够增强靶材刻蚀均匀性，而且还可以减少大颗粒尺寸和数量[35]。

（5）采用无斑点弧光放电，见 5.3 节。

7. 比较阴极电弧离子镀与磁控溅射镀制备的薄膜

1）薄膜形貌[36]

图 5-41（a）是用磁控溅射技术制备的 TiN_x 薄膜，薄膜表面细腻，而图 5-41（b）是用阴极电弧离子镀技术制备的 TiN_x 薄膜，可见阴极电弧离子镀制备的薄膜表面聚集着大颗粒，这些颗粒严重影响着薄膜的性能。

(a) 采用磁控溅射技术　　(b) 采用电弧离子镀技术

图 5-41　TiN_x 薄膜表面形貌 SEM 图

2）薄膜表面显微硬度[37]

如图 5-42 所示为阴极电弧离子镀（MAIP）和磁控溅射镀（MS）制备的薄膜的表面显微硬度随载荷的变化关系，阴极电弧离子镀制备的薄膜比用磁控溅射方法镀制的薄膜硬度高。

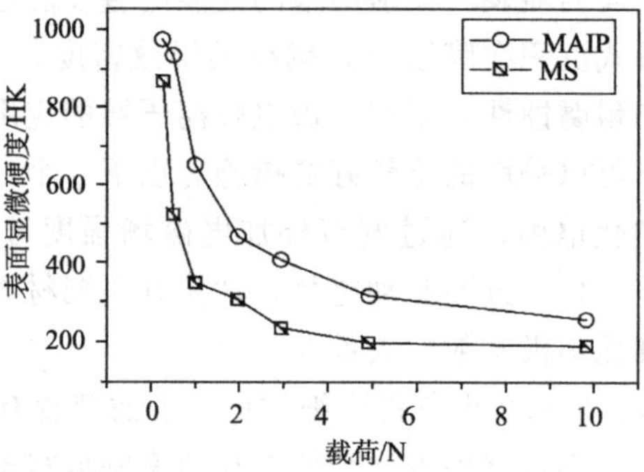

图 5-42　表面显微硬度随载荷变化曲线

3）表面划痕实验

如图 5-43（a）和（b）所示分别为用磁控溅射镀和电弧离子镀沉积的 TiN 薄膜做表面划痕实验的结果，可见阴极电弧离子镀制备的薄膜耐磨性好。图 5-43（c）是两种膜与钛合金表面摩擦因子随时间变化的关系图，可见两种薄膜的摩擦因子都比钛合金的小。

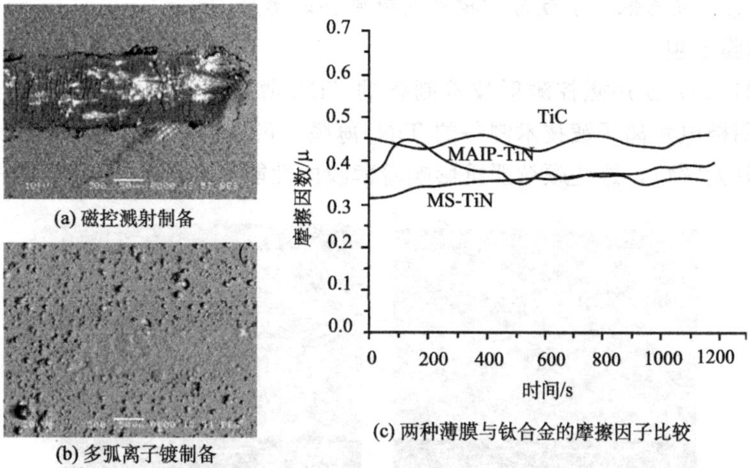

图 5-43　不同方法制备的 TiN_x 薄膜表面硬度和摩擦因子对比

通过以上分析，可知阴极电弧离子镀的突出优点是能够镀制高硬度、耐磨性好的薄膜，但是，薄膜表面大颗粒影响阴极电弧离子镀的应用。

8. 过滤的弧源（filtered arc source）

消除熔融大颗粒影响的有效方法之一是采用过滤装置，过滤装置主要有机械过滤型和磁过滤型两种。图 5-44（a）为简单的挡板型过滤装置，该装置的挡板能拦截大颗粒，有效减少到达基体的大颗粒数量，但薄膜的沉积速率会降低很多。在此挡板型过滤装置基础上，发展出百叶窗式过滤装置，如图 5-44（b）所示。图 5-44（c）是弯管型磁过滤装置示意图，磁偏转线圈产生的磁场使弧靶表面喷射的离子偏转，离开源的轴线方向，沉积到工件上，而不带电的中性粒子和熔滴不受磁场约束，保持直行，从而将大颗粒与膜材离子分开。该装置能有效过滤掉大颗粒，是阴极电弧离子镀制备高质量薄膜常采用的技术。

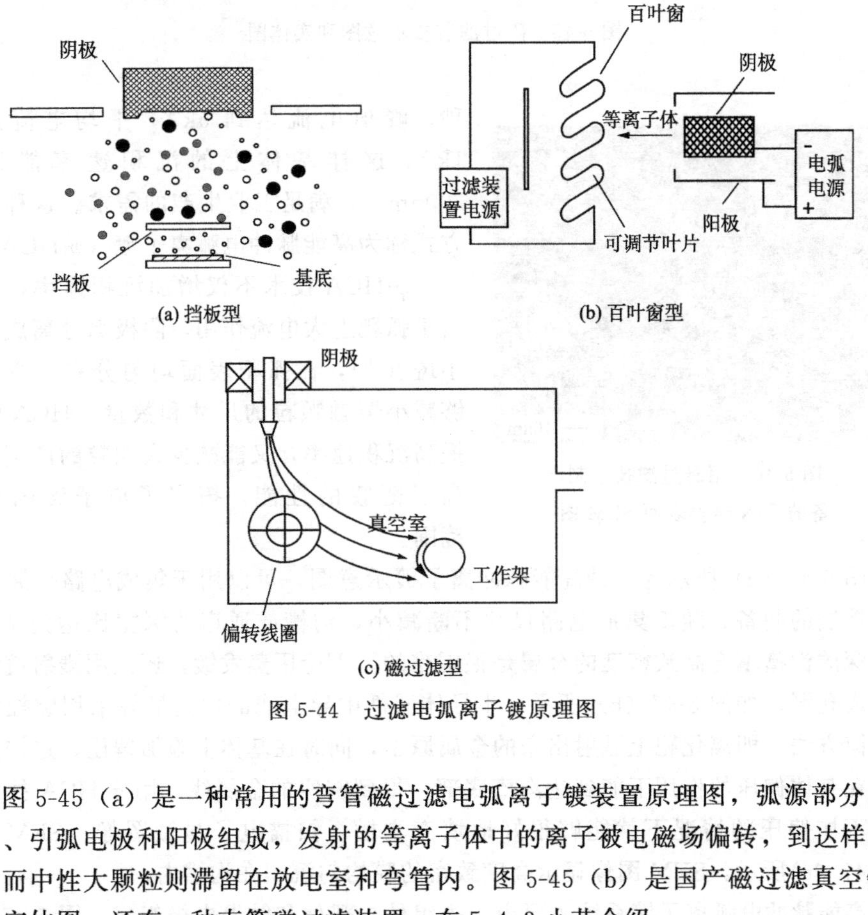

图 5-44　过滤电弧离子镀原理图

图 5-45（a）是一种常用的弯管磁过滤电弧离子镀装置原理图，弧源部分由阴极靶、引弧电极和阳极组成，发射的等离子体中的离子被电磁场偏转，到达样品表面，而中性大颗粒则滞留在放电室和弯管内。图 5-45（b）是国产磁过滤真空镀膜装置实体图。还有一种直管磁过滤装置，在 5.4.3 小节介绍。

图 5-46 是使用磁过滤装置制备的 TiN 薄膜表面形貌图，可见这种方法可以消除大颗粒。

采用磁过滤技术时，由于离子会落到弯管壁上，导致沉积速率小，工业化使用成本高。采用高能脉冲技术，可以提高沉积速率。高能脉冲弧源的脉冲时长为几毫

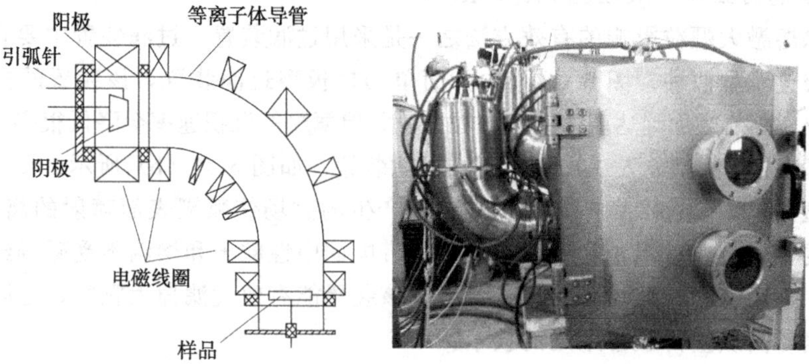

(a) 磁过滤装置示意图　　(b) 国产磁过滤系统实体图

图 5-45　磁过滤装置示意图和实体图

图 5-46　用磁过滤技术制备的 TiN 薄膜表面 SEM 图

秒，峰值电流达到 5kA，平均电流达到 1kA，这样基体上的沉积速率能达到 200nm/s，满足工业生产的需求。这种镀膜方式称为高能脉冲电弧离子镀（φ-HCA）。

φ-HCA 技术不仅增加沉积速率，而且由于弧靶上大电流作用，阴极弧分离成无数小斑点[38]，在弧靶表面均匀分布，所以能够减小熔融颗粒的尺寸和数量。HCA 既能提高沉积速率，又能减少大颗粒的产生，提高了薄膜的性能，拓广了离子镀的应用范围。

图 5-47（a）所示为一种高能脉冲离子镀示意图，可以用于集成电路金属铜线和阻挡层的制备。随着集成电路尺寸不断减小，沟槽或通道的深宽比达到 7～8，这么深的沟槽填充高致密度的金属是很困难的。不论用蒸发镀，还是用溅射镀都容易形成孔洞，如图 5-47（b）所示。半导体器件中导电线的填充最好采用磁控溅射离子镀方法，即离化靶上溅射出来的金属原子，同时在基体上施加偏压，这样金属离子在基体偏压的作用下能到达沟槽底部，得到密实的金属线。用 φ-HCA 技术在基体不加偏压的情况下就能够很好地填充沟槽，扫描电子显微图像（SEM）如图 5-47（c)所示，SEM 图像显示高度致密的膜均匀沉积在沟槽内。

高能脉冲电弧离子镀系统主要由阳极组件、靶材和触发电极组成。图 5-47（a）中触发电极位于弧靶中心，用高压脉冲引弧。真空室本底压强低于 10^{-3}Pa，在引弧之前，阴阳两极间施加 600V 电压；引弧后，电路输出正弦脉冲电压，加在弧源上，脉冲频率为 300Hz，持续时间 0.5～1ms。脉冲电流峰值达到 3～5kA，基体在源正上方，当基体与弧源之间垂直距离为 150～350mm 时，沉积速率达到 100nm/s。

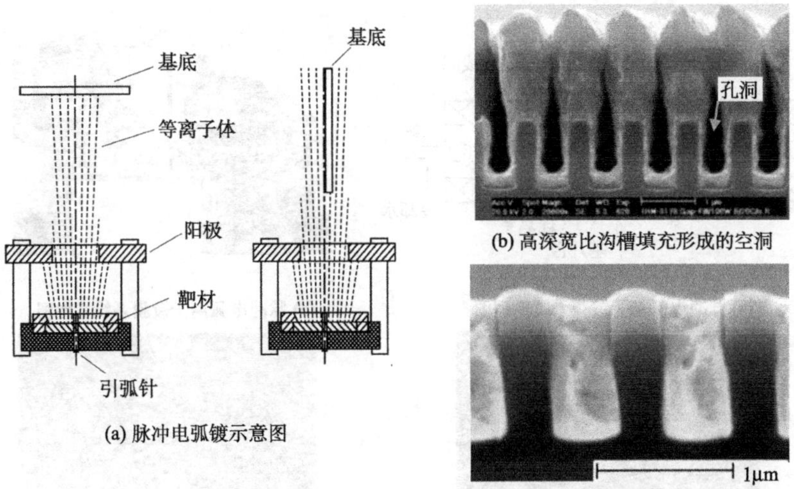

(a) 脉冲电弧镀示意图

(b) 高深宽比沟槽填充形成的空洞

(c) 高深宽比沟槽填充的密实金属线的SEM图像

图 5-47　高能脉冲电弧离子镀示意图及对高深宽比沟槽填充的效果图

5.4.2　脉冲偏压电弧离子镀

1991 年，Olbrich 和 Fessmann[39] 等在电弧离子镀技术中引入脉冲偏压，施加在基体上，以取代传统直流偏压，从此产生了脉冲偏压电弧离子镀（pulsed bias arc ion plating，pBAIP）技术。尽管引入脉冲偏压只是改变了偏压形式，但却带来了直流偏压工艺所不具备的功能及特点。脉冲偏压有效地改善了直流偏压电弧离子镀沉积温度高、薄膜应力大、不能沉积厚膜、无法在绝缘基体上沉积薄膜及无法沉积绝缘薄膜等不足。同时，在弧源靶前，等离子体通道周围设置直线磁过滤装置，有效减少了大颗粒数量。

1. 脉冲偏压电弧离子镀装置及原理

图 5-48（a）和（b）所示为一种脉冲偏压电弧离子镀系统示意图及实体装置图，系统配备 4 个弧源，对向平行分布。弧源具有高压脉冲引弧、动态负反馈约束弧斑等功能，可以保证连续获得高离化率的金属等离子体。基片台和样品架与真空室壁及底部绝缘，分别通过转轴与真空室下方电机连接，电机带动基片台和金属杆分别以不同速度旋转，以保证镀膜均匀。

脉冲偏压电弧离子镀配备了具有磁过滤功能的弧源。弧源采用两级线圈：第一级线圈用于产生稳弧磁场，其实包含了两级线圈，如图 5-39 所示，代替在阴极后放置的永磁铁，以约束弧点运行轨迹，使引燃的电弧在靶表面均匀放电，持续提供等离子体；第二级线圈具有磁过滤功能，线圈设在通向基体的通道上，产生的电磁场用以约束和压缩等离子体，增加飞行的等离子体密度，同时增加粒子间互相碰撞概率，使大颗粒碎化甚至消失，从而减少或消除到达基体的大颗粒。

脉冲偏压电弧离子镀用脉冲电源取代普通电弧离子镀的直流偏压电源，有效减

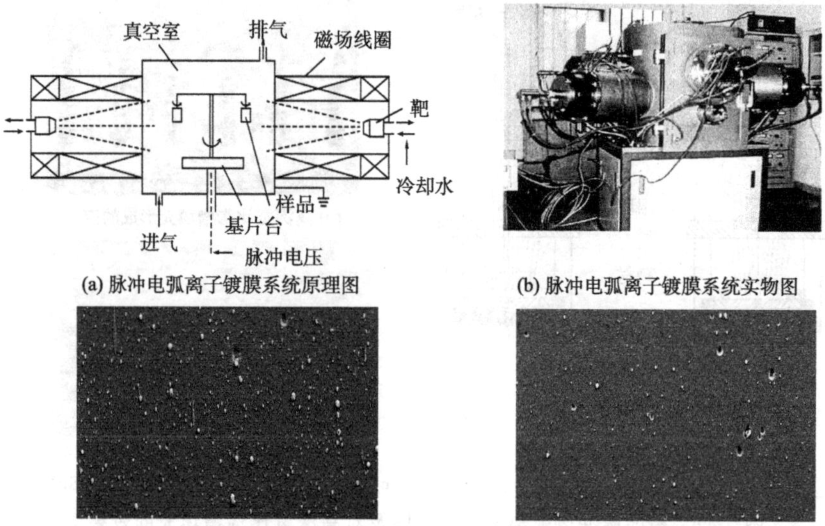

(a) 脉冲电弧离子镀膜系统原理图　　(b) 脉冲电弧离子镀膜系统实物图

(c) 偏压−100V　　(d) 偏压−600V

图 5-48　脉冲电弧离子镀系统及制备的薄膜 SEM 图像

少薄膜中的大颗粒，并且降低沉积温度，制备优质薄膜。图 5-48（c）和（d）所示分别为偏压为－100V 和－600V 时制备的 TiCuN 薄膜[40] SEM 图，可见增大脉冲偏压可以减少大颗粒。周期性地在基体上加偏压，通过调整脉冲偏压幅值和占空比，可以对基体进行短促而激烈的轰击，这种短而强的离子轰击，不仅减少大颗粒的尺寸和数量，而且可以在低温下使薄膜组织从柱状结构转变为纤维结构，提高薄膜的硬度和致密度。相比于直流偏压，在脉冲偏压离子镀中，由于基体接受离子轰击的时间短，所以基体温升低。即脉冲偏压电弧离子镀一方面可以通过提高偏压幅值来获得高能离子的轰击效应，以改善薄膜的组织和性能，另一方面可以通过降低偏压的占空比来减小因离子轰击而产生的热效应，降低沉积温度。

直流偏压离子镀通常不能镀制绝缘膜，因为离子会在基体表面积累，当场强超过绝缘膜的击穿电压时，膜被击穿，发生打火现象，使膜受到损伤。但是当基体上施加的负偏压时间足够短时，电荷的积累不足以破坏膜层，在没有偏压时段，积累的电荷得到调整或被电子中和，这样就可以消除打火现象，并且膜的应力得到弛豫。

2. 脉冲偏压电弧离子镀特点

根据前面分析，脉冲偏压电弧离子镀具有以下优点。

1）提高薄膜质量及性能

脉冲期间离子轰击基体，消除柱状晶的生长。同时，结合直线过滤系统，脉冲偏压电弧离子镀能明显地减少大颗粒的尺寸和数量，提高薄膜硬度和致密度，改善薄膜质量。

2）沉积过程中薄膜温升小

高能离子周期性地而不是持续轰击基体表面，所以成膜过程中，基体温升小。

3）有效控制薄膜内应力

在基体不受轰击的时段内，薄膜中的应力得以释放，从而可以镀制厚膜。

3. 脉冲偏压电弧离子镀镀膜过程

以在M2高速钢基体上用反应气体氮气和Ti靶制备氮化钛薄膜为例说明脉冲偏压电弧离子镀镀膜过程和工艺[41]。

(1) 安装好阴极弧靶，再将清洁后的基体固定到工件架上，送入真空室，然后对真空室抽气，直到压强低于10^{-2}Pa。在这个过程中需要同时对工件进行烘烤，达到240℃。

(2) 对基体进行轰击清洗。充入氩气到0.5Pa，开启弧源引弧装置，产生Ti离子，基体施加－900V脉冲偏压，脉冲频率为20kHz，占空比为30%，钛离子流I_{Ti}＝80A，对基体清洗5min。

(3) 然后将偏压降低到－300V，其他参数不变，在基体表面沉积Ti层，作为过度层增强薄膜对基体的附着力。

(4) 5min后，对真空室抽真空到压强低于10^{-2}Pa，向真空室充入氮气到0.4Pa，脉冲偏压为－300V，占空比30%，I_{Ti}＝80A，在Ti层表面沉积的TiN膜，达到要求的厚度后，关闭弧源，停止供气，按照通用的程序停止设备运行。

(5) 真空室充气，取出工件。

5.4.3 阳极电弧离子镀

阴极弧光放电镀膜的一个致命缺点是有大的液滴形成，影响了膜的质量，从而限制了阴极弧光放电离子镀的应用。阳极弧离子镀能够克服这样的缺点，制备出优质的薄膜。阳极离子镀利用阴极弧靶弧光放电产生的电子加热阳极，使阳极材料蒸发、离化来实现镀膜。阴极不是活性的。

1. 阳极离子镀装置[42]

阳极弧光放电镀膜装置由供电系统和弧光放电真空室组成，图5-49 (a) 是一种阳极弧光放电镀膜系统示意图，真空室内主要部件是阴极、阳极和基体架，电极的构型如图5-49 (b) 所示。阴极是一个碳盘，与真空室绝缘并固定在一个合适的位置，碳盘的边缘嵌一个陶瓷圆筒，限制引弧阶段阴极斑点和小液滴喷到基体上。阳极由两支高熔点金属钨棒构成，两支棒靠近阴极附近的一端焊接在一起，丝状膜材就缠绕在阳极棒交叉点上。阳极可在水平方向滑移（长100mm，直径1.5mm），基片架与阳极顶端相距约110mm。放电始于阴极，引弧之前，真空室本底真空达到10^{-6}Pa。引弧后阴极表面出现一些阴极弧点，并发射等离子体，阳极吸收阴极发射的电子，并被电子加热，在几秒钟内金属丝熔化，形成熔融的液滴，液滴被限制在两个阳极棒交叉区域。当阳极温度升高到一定温度时，放电发生突变，阳极发生弧光放电，阳极熔融的金属快速蒸发并离化，在液滴附近放电颜色发生巨大变化。放电的颜色由金属的等离子体可见光谱决定，如铝是蓝紫色，而铜是绿色。系统中还设有两个辉光电极，是为了镀膜之前清洗基体而设置。

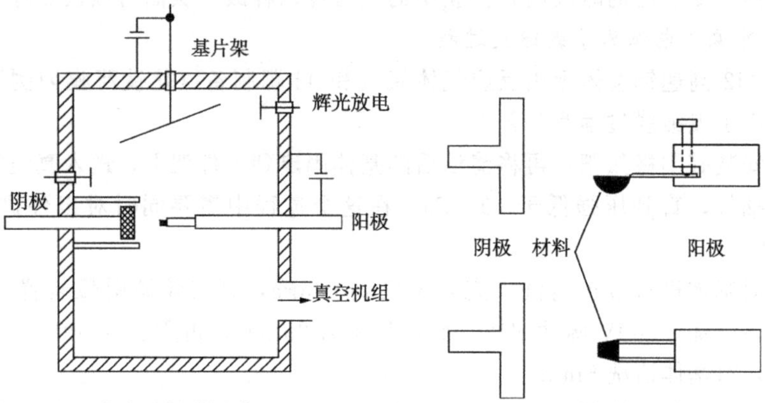

(a) 阳极电弧离子镀示意图　　(b) 电极结构及膜材

图 5-49　阳极离子镀系统示意图及电极结构示意图

2. 引弧

主要是机械引弧，引弧原理同阴极电弧离子镀。具体方式有两种：可以将带电电极相互接触，然后快速分开，这种情况下阳极钨消耗得多；或是先接触电极，再通电，然后突然分开电极，这种情况下阳极钨消耗得少。

3. 阴极弧

在引弧阶段，有两种不同的阴极斑点。在引弧电极接触之后，阳极蒸发之前，一些明亮的阴极斑点在阴极表面慢慢地移动，阴极表面出现烧蚀；一旦阳极蒸发，阴极受到阳极材料的轰击，斑点快速运动，阴极表面腐蚀速率降低。

4. 等离子体输运过程

阳极点状源附近产生的阳极等离子体向真空室膨胀，电子与离子双极输运，并由此产生一个电场，使电子减速，离子增速。中性粒子自由输运，由于电荷载流子与中性粒子碰撞，使得中性粒子能够加速到几个电子伏特，而且这个能量可以通过在基体与阳极之间加偏压进行调整。电荷输运碰撞对中性粒子输运起着非常重要的作用。等离子体输运过程中，库仑碰撞、离化和复合同时发生，电荷和能量输运使得粒子分布达到一个动态平衡。随着与阳极距离的增大，金属的蒸气密度快速降低。

5. 改进型阳极电弧镀[43]

一种改进型阳极电弧镀原理如图 5-50 所示，真空系统由基体、阳极、阴极和真空抽气系统及附属设备组成，如图 5-50 (a) 所示。

阴极主要由水冷金属靶、密封环和锥形辅助阳极组成，如图 5-50 (b) 所示。

辅助阳极（Mo）与阴极之间用一个表面镀有黄铜的玻璃圆筒隔开。阳极是一个水冷坩埚。工作时，首先点燃阴极弧，即在钼辅助阳极和阴极靶之间施加电压，玻璃筒表面薄薄的金属黄铜层由于欧姆热而蒸发，点燃阴极弧光放电，产生等离子体。引弧后，离开阴极的电子被阴极和阳极之间的电压加速，到达阳极，导致阳极材料快速升温、蒸发。当温度升高到临界值时，阳极弧点燃，这时辅助阳极电路可以关闭。

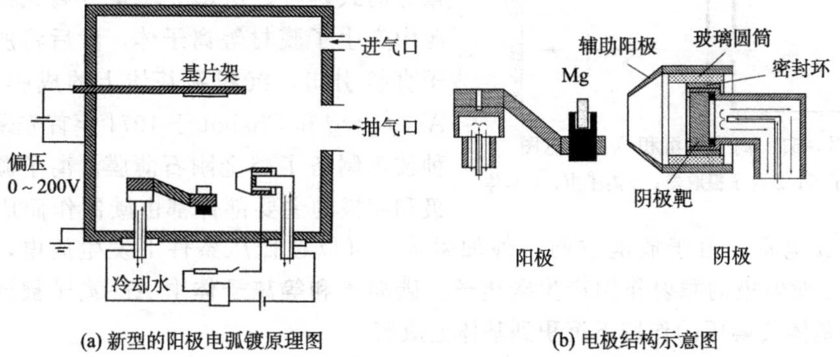

图 5-50　改进型阳极电弧离子镀原理和结构图

为了保证得到稳定的沉积速率，阳极得到的功率密度必须保持常量，这就要求阴极弧斑必须限制在阴极盘中心区域。可以有两种方法来实现：①使用密封环限弧；②利用磁场控制阴极弧。密封环如同前面讨论的限弧环，引弧电压必须比阴极材料高，可以用黄铜（brass），不仅引弧电压高，而且易于冷却。

辅助阳极材料通常是钼，因为它的熔点高，阴极弧点不易在其表面引起烧蚀。为了减少阴极材料耗蚀，减小阴极等离子体膨胀对阳极弧的影响，锥状辅助阳极必须尽可能小。在等离子体运行状态下，辅助阳极的温度非常高，沉积在辅助阳极表面的阴极材料会再蒸发回到阴极，减少阴极材料的耗蚀。

可以通过在基体上施加偏压来改变沉积的薄膜的形貌和性质，一般偏压范围为0～200V。用该技术制备 Mg 纳米颗粒膜，零偏压时，组成薄膜的颗粒约为 50nm，施加偏压可以将纳米颗粒尺寸降到 18nm。

5.5　束流离子镀

利用离化的粒子作为沉积材料，在比较低的基体温度下，形成具有良好特性薄膜的技术称为束流离子镀或束流沉积。常用的束流离子镀有三种：一种是用离子源直接离化膜材，然后离化的膜材粒子喷射到基体上形成薄膜，称为离子束沉积；第二种是膜材气化并形成团簇，团簇带上电荷，在电场力作用下沉积到基体上，称为团簇束流沉积（ionized cluster beam，ICB）；第三种是在膜材粒子沉积过程中用离子束不断轰击薄膜，这种方法称为离子束辅助沉积（ion beam assisted deposition）。

5.5.1 离子束沉积

离子束沉积是利用离子源①产生膜材等离子体，将其中的离子引出，沉积到基体上形成薄膜的技术。其原理示意图如图 5-51 所示。

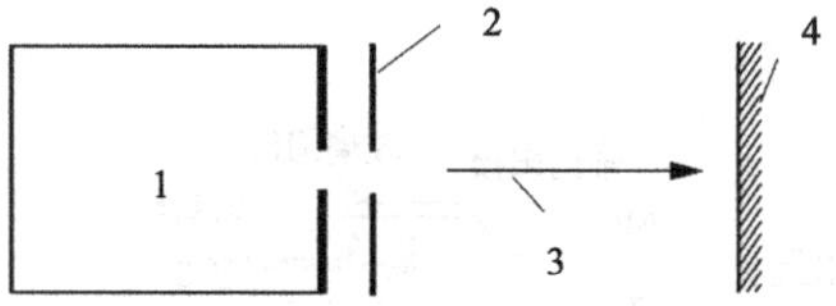

图 5-51 离子束沉积原理示意图

1-离子源；2-离子提取器；3-离子束；4-基体

离子束沉积通常有质量分离式和非质量分离式两种。所谓非质量分离式指离子源中产生了膜材等离子体，然后将所有离子直接引出，沉积到基体上的成膜方式。Aisenberg 和 Chabot 于 1971 年首先采用这种技术制备了类金刚石薄膜。离子源中阴极和阳极的主要部件都由碳制作而成。Ar 气引入放电室，由于放电空间有外加磁场，可以在低压条件下发生放电，依靠 Ar^+ 离子对电极的溅射作用产生碳离子。碳离子和等离子体中 Ar^+ 离子被同时引出，在基体负偏压的作用下沉积到基体上成膜。

用能量为 50～100eV 的碳离子，在 Si、NaCl 和 Ni 等基体上，可以制备出透明的、电阻率高达 $10^{12}\Omega\cdot cm$、折射率约为 2 的单晶碳膜。薄膜机械强度好，化学性能稳定，不溶于各种酸，与金刚石薄膜非常类似。这种方法因为设备简单，至今还有一定的应用。

质量分离式是指在离子源中形成了膜材等离子体，引出离子，并让离子通过磁场空间，这样各离子按照荷质比分开，只让某一种荷质比的离子进入沉积室，沉积到基体上成膜。如沉积 Si 时，可将 $SiCl_4$ 引入离子源，这时可产生 Si^+、Cl^+ 和 $SiCl^+$ 等多种离子，依靠质量分离器，选择出 Si^+ 离子，沉积到具有相同结构的单晶基体上，可以制备单晶 Si 薄膜。

利用这种方法可以在 Si、Ge 基体上外延生长单晶 Ge、Si 和 Ag 膜，由于沉积到基体的离子具有能量和动量，所以外延生长温度比用化学气相沉积方法制备外延膜时的温度低很多，普遍低于 300℃。

5.5.2 团簇离子束沉积

在离子镀中，到达基体的离子的能量可以通过改变基体偏压来调控，通常为几百伏特，有时接近千伏特，高能离子轰击基体能够获得附着力好、致密性好的薄膜，但是高能离子轰击基体时会出现注入现象，导致薄膜中缺陷较多，因此离子镀

① 离子源是产生离子束的装置，通常可以分为固体表面离子源、气体离子源两大类。粗略地说，凡是利用气体放电产生离子束的基本是气体离子源，其他的基本是固体表面离子源。镀膜行业中最常用的是考夫曼离子源，阳极层离子源。潘宁离子源通过冷阴极放电产生离子，离子流密度比较小，束斑比较小，而考夫曼离子源，离子密度较大，束斑也很大。

通常不用于半导体行业。如果能够降低到达基体上的离子的能量，就能降低离子对基体的掺杂和对膜的损伤，1972 年产生的团簇离子束沉积技术解决了这些问题。团簇离子束沉积是用蒸发的方法气化膜材，并使气化的膜材原子凝成团簇，再使团簇带电荷，带电的团簇通过电场加速到达基体表面形成薄膜。团簇是几十或几百，甚至上千个原子或分子的聚集体，这样的团簇与电子碰撞容易离化，带电荷后可以利用电场加速。团簇从电场获得的能量由组成团簇的粒子均分，如用 10kV 的电压加速 500 个原子组成的团簇，每个原子获得的能量是 20eV，这样的离子不可能注入基体内部，只会分散在基体表面或近表面，并且每个粒子携带的能量不大，因此形成的薄膜缺陷少。

用团簇离子束沉积技术能在半导体基体上外延薄膜，如在 Si、Ge、GaAs 和 CaF_2 基体上外延 Al，或者在 Si、GaAs 表面外延 GaAs 薄膜等。尽管晶格失配很大，但是外延膜的质量很好。在光学膜方面，用 ICB 技术制备出具有高反射率的 X 射线镜。另外，这种方法比较适合大规模集成电路中的 TiN 薄膜的制备。

1. 团簇离子束沉积原理

团簇离子束沉积原理如图 5-52（a）所示，由 3 个部分组成：第一部分是坩埚和蒸气喷射系统；第二部分是电离器，包括加速电极和挡板；第三部分是基体支架和基体温度控制部分。其中，第一、第二部分安装在一个水冷不锈钢壳体内。

膜材放在坩埚内，真空室真空度为 10^{-4} Pa 左右时，加热膜材，在坩埚内形成蒸发物质的蒸气，蒸气压为 1－10Pa 之间。蒸气分子通过细小的坩埚喷口射向真空室时，由于绝热膨胀，蒸气分子或原子急剧冷却而过饱和形成原子团。这是一种松散的团簇，其中原子或分子间的结合力比固体原子间或液滴内的原子或分子间结合力小。当这些团簇经过离化区时，受到灯丝发射的电子轰击而离化，形成带正电荷的离化团簇。蒸发源和基体之间施加有电压，基体接负电位，离化的团簇在电场力作用下朝基体加速运动，当它抵达基体时，松散的团簇立即粉碎成原子或分子状态。这时，原子或分子团在加速电场中得到的能量转换成原子或分子在基体上的扩散能量，大大增强了原子在基体表面的迁徙运动，增加了原子的活性。尽管加速电压很大，由于组成团簇的原子数目多，每个原子获得的能量并不高，对基体和薄膜的损伤都很小，所以团簇离子束能制备高质量的外延薄膜，而且沉积速率比分子束外延时大。两个成膜过程对比如图 5-52（b）所示。

2. 团簇离子束沉积的特点

（1）团簇离子束沉积有别于其他成膜方式主要特征是有团簇形成，并且团簇被离化。

（2）与其他离子镀相比，具有更小的荷质比，当离子能量低、密度大时，不会使聚焦发生困难，还能减少或消除在半导体或绝缘体基体上的电荷积累，所以用这种技术可以在半导体和绝缘体上高速生长优质外延薄膜。

（3）通过改变加速电压可以改变薄膜形貌，改善薄膜对台阶的覆盖，改变薄膜

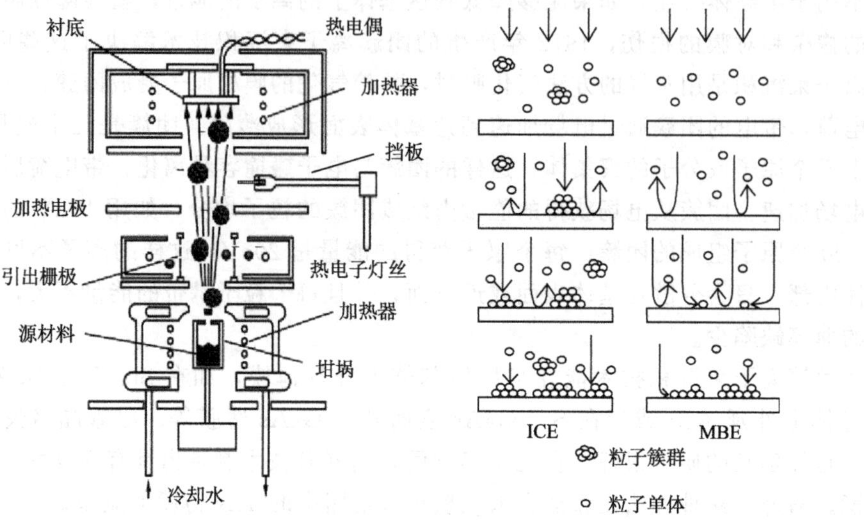

(a) 团簇离子束原理图　　(b) 团簇离子束外延与分子束外延沉积速率对比示意图

图 5-52　团簇离子束沉积

生长的取向，控制表面层的缺陷和原子位移，从而使薄膜获得很多特殊性质。

团簇离子束沉积制备的膜具有独特的性质。实验表明，随着基体偏压的增大，膜与基体的附着力增大，如当加速电压从零增大到 10kV 时，Cu 团簇离子束对玻璃基体的附着力增大 20 倍。随着基体偏压的增大，膜的致密度提高。如用金团簇离子镀在铜基体上沉积金薄膜，当基体偏压达到 10kV 时，形成的金膜密度接近于块体金。在 Si 表面制作 Ag 电极时，通常需要退火才可以得到好的欧姆接触，但是当利用团簇离子束沉积时，通过提高偏压，由于扩散层的形成及膜致密度高，不用退火就形成好的欧姆接触。

迄今为止，人们利用 ICB 技术已经生长出多种优质薄膜，包括金属、化合物、半导体、电热材料、绝缘介质、光学介质、磁性材料和有机材料等，如表 5-5 所示。

表 5-5　团簇离子束沉积中，外延生长所需要的最佳加速电压和外延温度

外延生长膜/基片	团簇离子的加速电压/kV	基片温度/℃	坩埚方式
Si/(100) Si	8	730	单坩埚方式
Si/(1102) 蓝宝石	4	760	单坩埚方式
InSb/(0001) 蓝宝石	6	450	单坩埚方式
GaAs/Ge 掺杂的 GaAs	6	550	多坩埚方式
GaP/GaP	4	550	多坩埚方式

续表

外延生长膜/基片	团簇离子的加速电压/kV	基片温度/℃	坩埚方式
GaP/Si	4	>450	多坩埚方式
CdTe/CdTe、GaAs	1	300	单坩埚方式
ZnS/NaCl	1	200	单坩埚方式
C 轴取向 MnBi/玻璃	0	300	多坩埚方式（反应性 ICB）
Li 掺杂 ZnO/(1102) 蓝宝石	0.5～1	230	单坩埚方式
C 轴取向 ZnO/玻璃	0～0.5	150	单坩埚方式
C 轴取向 BeO/玻璃	0	400	单坩埚方式
C 轴取向 BeO/(0001) 蓝宝石	0	400	单坩埚方式

5.5.3 离子束辅助沉积

1. *离子束辅助沉积原理*

离子束辅助沉积即在真空蒸发或真空溅射镀膜基础上，再增设一个离子源，成膜过程中，用离子源发射的离子直接轰击正在生长的薄膜，获得所需结构和性能薄膜的一种技术。离子束辅助沉积的真空蒸发和真空溅射镀膜原理图分别如图 5-53（a）和（b）所示，在图 5-53（a）中，用 e 型枪加热膜材，膜材受热蒸发，沉积到基体上。在膜沉积的同时，离子源发射的离子轰击正在成长的膜。在图 5-53（b）中，从主离子源引出的离子溅射靶材，溅射出来的靶材原子沉积到基体上形成薄膜。在靶材原子沉积的同时，用一个辅助离子源辐照正在生长的膜。

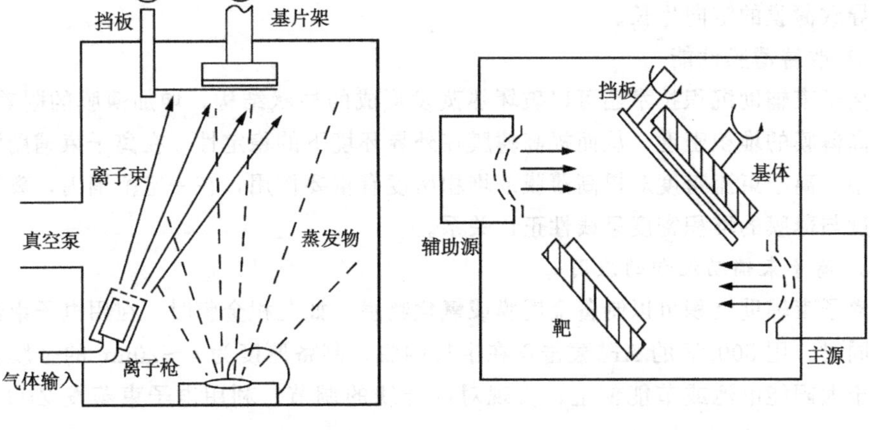

图 5-53　离子束辅助沉积原理图

2. 离子轰击的作用

离子束辅助沉积是一种离子镀技术，具有离子镀的优点和缺点，同时由于从离子源引出的离子定向性更好，所以该技术有以下独特的优点。

1）易于控制薄膜的晶态结构

在薄膜沉积过程中，利用离子束辅助技术，通过荷能离子和薄膜粒子之间的碰撞，传递额外的能量给薄膜粒子。通过控制离子种类、离子能量、束流密度、离子入射角度等参数，能够控制薄膜微观形态，制备出无定型、单晶态或多晶态等符合各种要求的薄膜。例如，对于 TiO_2 材料，当其用于光学滤光片时，往往希望所镀出来的膜是无定型结构的 TiO_2，以减少散射和各向异性对薄膜光学特性的影响；在镀制硬膜时，则希望镀出来的 TiO_2 膜都是金红石相，以达到金红石的硬度；当 TiO_2 用于光触媒领域时，又希望所镀出来的 TiO_2 膜都是锐钛矿相，以便达到最大的光催化效果。这些薄膜微观结构的变化都可以通过调整离子辅助沉积工艺参数来实现。

2）易于制备特定取向的薄膜

离子束辅助沉积技术在控制薄膜生长取向方面有显著的作用。用一定能量与角度的离子束轰击正在沉积的薄膜，可大大减少晶粒方位角的随机排列，即使在某些非晶衬底上，也能产生显著的择优取向效应。如在垂直离子束轰击下，bcc 结构的金属易出现（111）择优取向，而 fcc 结构的金属易出现（110）择优取向。

目前，主要有两种理论解释择优取向现象，一种理论认为轰击多晶薄膜的离子束也有沟道效应[①]，薄膜中低指数晶向对准轰击离子束方向的晶粒会受沟道效应的影响，离子沉积的能量密度较低，保持最冷状态，成为晶体定向生长的核。另一种理论则认为，在受到离子束轰击的薄膜形成过程中，晶粒的溅射产额存在各向异性，那些低指数晶向对准离子入射方向的晶粒，由于其溅射率较小能保存下来并继续生长，而其他的晶粒由于其溅射率较大，生长受到抑制。即晶粒溅射产额的各向异性导致薄膜的定向生长。

3）改善薄膜性能

离子束辅助沉积技术还可以破坏热蒸发形成的柱状结构，增加薄膜的附着力，并提高薄膜的堆积密度，从而提高薄膜在外界环境下的稳定性。在离子束辅助沉积过程中，离子束流密度对提高薄膜的堆积密度有重要作用，在一定范围内，离子束流密度与薄膜的堆积密度呈线性正比关系。

3. 离子束辅助沉积的应用

离子束辅助沉积可以制备金属膜或氧化物膜，如沉积金膜时，在用电子束蒸发金的同时，用 500eV 的 Ar^+ 轰击正在生长的膜，制备厚度为 4～20nm 的金膜，可以用于太阳能电池或节能窗上，实现对红外线的调节。利用电子束蒸发 ZrO_2 时，

---

① 当入射离子沿着基材的晶向射入晶体时，则注入离子与晶格原子发生较少的碰撞而可能进入离表面较深的位置，这一现象称为沟道效应。

用 600～1000eV 能量的 Ar^+ 轰击正在生长的膜，离子入射角与基体成 30°，经过氩离子轰击，二氧化锆的折射率增大，密度增大，在基体温度较低时形成立方相，而在高温时形成单斜相。电子束加热源也可以换成激光加热源，如在 GaAs 基体上利用二氧化碳激光加热 CaF_2，可在室温下制备出优质的 CaF_2 薄膜。

利用离子束辅助反应方法可以获得高致密度的化合物薄膜，如密实的 YSZ (yttria-stabilized zironia) 薄膜。这种薄膜通常用作燃料电池的电解质，必须高致密度，以防止气体直接穿过电解质。图 5-54 给出离子束辅助反应沉积制备 YSZ 薄膜示意图[10]。系统主要由高功率轴向电子枪、等离子体源、气体入口、坩埚、基体和镀膜窗口组成。高功率电子枪发射的电子束偏转后打到膜材（Y_2O_3 和 ZrO_2 混合物）上，膜材受热蒸发，蒸发的膜材原子和反应气体（O_2）经过等离子体轰击被激活，在基体上成膜。由于膜在形成过程中受到离子轰击，所获得的 YSZ 薄膜致密度高，满足工业需求。

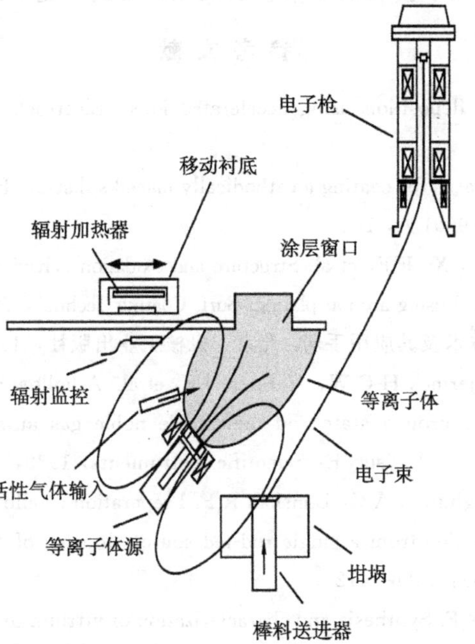

图 5-54　离子束辅助反应沉积原理图

离子束放电电压对薄膜的形貌有显著影响[45]，如用氧氩混合气体放电形成氧氩混合等离子体辐照用反应磁控溅射方法在聚酰亚胺基体上制备的高纯铝膜，当电压增加到 200V，薄膜基本达到完全化学计量比且为非晶结构。薄膜表面粗糙度随着离子束放电电压的增加而减小，当电压达到 300V 时，薄膜具有最小的表面粗糙度。另外，薄膜的沉积速率在电压增加到 300V 时达到最大值 70nm/min，是未采用离子束辅助时沉积速率的 5 倍。

离子束辅助技术不断发展，如将脉冲离子束与电弧离子镀结合起来的脉冲离子束辅助电弧离子镀，可在高速钢 W18Cr4V 基材上沉积 TiAlN 膜层[46]。利用脉冲 N 离子束轰击电弧离子镀方法制备的 TiAlN 膜层，能够明显地减少大颗粒，提高薄膜的耐磨性。总之，离子束辅助沉积技术能够制备密实的金属和化合物薄膜，辐照离子的能量可以通过控制离子源参数独立调控，从而获得不同晶态结构和特定取向的薄膜，因此在工业生产中发挥重要作用。

总　结

本章学习了各种离子镀包括等离子体离子镀、电弧离子镀和离子束辅助沉积的原理、特点及应用。等离子体离子镀是把蒸发镀、溅射镀和辉光放电结合起来的一种镀膜方式，电弧离子镀利用弧光放电沉积薄膜，而离子束辅助沉积则在蒸发、溅射和电弧镀基础上增设离子源，增强离子镀效果。这些方法在工业生产中发挥着重要作用，尤其是电弧离子镀和离子束辅助沉积，得到广泛应用。

参考文献

[1] Mattox D M. Film deposition using accelerated ions，Electrochemical. Technology，1964，2：295

[2] Mattox D M. Apparatus for coating a cathodically biased substrate from plasma of ionized coatingmaterial，US 3329601 A，1967

[3] Zhang M，Kim K H ，Xu F F，et al. Structure and oxidation behavior of compositionally gradient CrN_x coatings prepared using arc ion plating. Surf. Coating Technol，2013，228：S529-S533

[4] 钱苗根. 材料表面技术及其应用手册. 北京：机械工业出版社，1998，732

[5] Theuws P G A，Beijerinck H C W，Verster N F，et al. A hollow cathode arc as a high intensity beam source for ground state and metastable noble gas atoms in the eV translational energy range. Journal of Physics E：Scientific Instruments，1982，15 (5)：573-579

[6] Nimmagadda R，Raghuram A C，Bunshah R F. Preparation of alloy deposits by continuous electron beam evaporation from a single rod-fed source. Journal of Vacuum Science and Technology，1972，9 (6)：1406-1412

[7] Colen M，Bunshah R F. Synthesis and characterization of yttrium oxide (Y_2O_3) deposits. Journal of Vacuum Science and Technology，1976，13 (1)：536-539

[8] Bunshah R F. Handbook of Deposition Technologies for Films and Coatings . 2nd. NewYork：Noyes Publications，1994

[9] 田民波. 薄膜技术与薄膜材料. 北京：清华大学出版社，2006

[10] Mattausch G，Scheffel B，Zywizki O，et al. Plasma-activated electron beam physical vapor deposition-novel technologies and tools. 2013 Technology Conference，Society of Vacuum Coaters，2013，40-45

[11] www. fep. fraunhofer. de

[12] Reinhold E，Faber J. Large area electron beam physical vapor deposition (EB-PVD) and plas-

ma activated electron beam (EB) evaporation—Status and prospects. Surface and Coatings Technology，2011，206 (7)：1653-1659

[13] 常健，郑蕾，彭徽等. 等离子体激活电子束物理气相沉积 NiCoCrAlY 涂层的制备及微观组织结构研究. 真空科学与技术学报，2012，32：746-751

[14] Scheffel B，Metzner C，Goedicke K，et al. Rod cathode arc-activated deposition (RAD) —a new plasma-activated electron beam PVD process. Surface and Coatings Technology，1999，120-121：718-722

[15] Musil J，Kadlec S. Reactive sputtering of TiN films at large substrate to target distances. Vacuum ，1990，40：435-444

[16] Wang H L，Zhang S，Li Y B，et al. Bias effect on microstructure and mechanical properties of magnetron sputtered nanocrystalline titanium carbide thin films. Thin Solid Films，2008，516：5419-5423

[17] Rossnagel S M，Hopwood J. Metal ion deposition from ionized magnetron sputtering discharge. Journal of Vacuum Science and Technology B，1994，12 (1)：449

[18] Wang W，Foster J，Snodgrass T，et al. An RF sustained argon and copper plasma for ionized physical vapor deposition of copper. Journal of Applied Physics，1999，85 (11)：7556-7561

[19] Kouznetsov V，Macák K ，Schneider J M，et al. A novel pulsed magnetron sputter technique utilizing very high target power densities. Surface and Coatings Technology，1999，122 (2-3)：290-293

[20] Helmersson U，Lattemann M，Bohlmark J，et al. Ionized physical vapor deposition (IPVD)：a review of technology and applications. Thin Solid Films，2006，513：1-24

[21] Ehiasariana A P，Newa R，Munza W D，et al. Influence of high power densities on the composition of pulsed magnetron plasmas. Vacuum，2002，65：147-154

[22] Hosokawa N，Tsukada T，Kitahara H. Effect of discharge current and sustained selfsputtering. Proceedings of the 8th International vacuum Congress. 1980，22-26

[23] Anders A. High power impulse magnetron sputtering and related discharges：scalable plasma sources for plasma-based ion implantation and deposition. Surface and Coatings Technology，2010，204 (18-19) ：2864-2868

[24] Kim D G，Lee S，Kim J K. Development of high density plasma assisted sputtering source for high growth rate deposition process. Current Applied Physics ，2011，11：S169-S171

[25] Lee S，Kim J K ，Kang J W，et al. High density plasma assisted sputtering system for various coating processes. Surface and Coatings Technology，2012，206 (22)：4489-4494

[26] Bradley D E . Evaporated carbon films for use in electron microscopy. British Journal of Applied Physics，1954，5：65-66

[27] Witke T，Schuelke T，Schultrich B，et al. Comparison of filtered high-current pulsed arc deposition φ-HCA/ with conventional vacuum arc methods. Surface and Coatings Technology，2000，126 (1)：81-88

[28] Siemroth P，Schülke T. Copper metallization in microelectronics using filtered vacuum arc deposition—principles and technological development. Surface and Coatings Technology，

2000, 133-134: 106-113
[29] 王福贞，马文存. 气相沉积应用技术. 北京：机械工业出版社，2006
[30] 李云奇. 真空镀膜技术与设备. 2 版. 沈阳：东北工学院出版社，1992
[31] 郑伟涛. 薄膜材料和薄膜技术. 2 版. 北京：化学工业出版社，2010
[32] Siemroth P, Schülke T, Witke T. High-current arc—a new source for high-rate deposition. Surface and Coatings Technology, 1994, 68-69: 314-319
[33] Walkowicz J, Smolik J, Słomka Z, et al. Influence of the vacuum-arc source configuration and arc discharge parameters on the evolution and location of arc spots on the cathode surface. J. Achievements in Materials and Manufacturing Engineering, 2009, 37: 719-724
[34] Witke T, Schuelke T, Schultrich B, et al. Comparison of filtered high-current pulsed arc deposition (φ-HCA) with conventional vacuum arc methods. Surface and Coatings Technology, 2000, 126 (1): 81-88
[35] Kang G H, Uchida H, Koh E S. Macroparticle-free TiN films prepared by arc ion-plating process. Surface and Coatings Technology, 1994, 68/69: 141-145
[36] 李鹏，黄美东，佟莉娜等. 磁控溅射与电弧离子镀制备 TiN 薄膜的比较. 天津师范大学学报（自然科学版），2011，31：32-37
[37] 奚运涛，刘道新，李美英等. 钛合金表面磁控溅射与多弧离子镀 TiN 膜的摩擦学性能比较. 中国表面工程，2007，20：14-19
[38] Siemroth P, Wenzel C, Klimes W, et al. Metallization of sub-micron trenches and vias with high aspect ratio. Thin Solid Films, 1997, 308-309: 455-459
[39] Olbrich W, Fessmann J, Kampschulte G. Improved control of TiN coating properties using cathodic arc evaporation with a pulsed bias. Surface and Coatings Technology, 1991, 49 (1-3): 258-262
[40] Wang X Q, Zhao Y H, Yu B H, et al. Deposition, structure and hardness of Ti-Cu-N hard films prepared by pulse biased arc ion plating. Vacuum, 2011, 86: 415-421
[41] Wei Y Q, Gong C Z. Effects of pulsed bias duty ratio on microstructure and mechanical properties of TiN/TiAlN multilayer coatings. Applied Surface Science, 2011, 257 (17): 7881-7886
[42] Wang R G. Investigation of the properties of an anodic vacuum arc. Vacuum, 1999, 52 (3): 315-319
[43] Ehrich H, Hasse B, Mausbach M, et al. The anodic vacuum arc and its application to coating. Journal of Vacuum Science and Technology A, 1990, 8 (3): 2160-2164
[44] Filipov O, Schipporeit S, Buck V. Anodic arc evaporation of nanocrystalline Mg films. Journal of Optoelectronics and advanced materials, 2012, 14: 418- 424
[45] 王金晓，王志民，冯煜东等. 真空科学与技术学报，2012，32：705-709
[46] 吕树国，刘常升，张罡. 脉冲 N 离子束轰击对 TiAlN 膜层耐磨性的影响. 科技创新导报，2012，5：6-8

第六章　化学气相沉积

6.1　概　　述

前面几章讨论的真空镀膜方式基本是固态膜材在真空室气化，然后输运到基体上成膜的过程。为了制取化合物薄膜，有时也会向真空室输入反应性气体，反应性气体和膜材原子在基体上发生反应，生成化合物薄膜，这些方法通常都称为物理气相沉积。本章讨论一种新的制备薄膜的方法，即化学气相沉积法。

1. *化学气相沉积定义*

化学气相沉积（chemical vapor deposition，CVD）指真空状态下，利用热能、等离子体或光能等能源，促使气态原料在固态基体上经过化学反应，生成固态薄膜的一种制膜方式。任何 CVD 都必须满足以下 3 个条件：①在沉积温度下，反应物必须有足够高的蒸气压；②产物中除了生成的薄膜是固体外，其他必须均为气态；③沉积的薄膜必须具有足够低的饱和蒸气压。

2. *化学气相沉积特点*

化学气相沉积最明显的优点是能够在形状复杂的工件表面均匀地沉积薄膜，同时薄膜中缺陷少，因此特别适合于半导体器件、太阳能电池及有机发光等光电器件的制备，因为这些器件缺陷捕获光生载流子，降低电流或光电流强度。化学气相沉积最大的缺点是尾气处理装置昂贵。

3. *化学气相沉积分类*

根据不同的真空度，化学气相沉积分可以分为：常压 CVD（atmospheric pressure CVD，APCVD）、近常压 CVD（sub-atmospheric CVD，SACVD）、低气压 CVD（low pressure CVD，LPCVD），以及超高真空 CVD（ultrahigh vacuum CVD，UHVCVD）。根据能量提供的方式不同，化学气相沉积可以分为：热 CVD（thermal CVD）、等离子体增强型 CVD（plasma enhanced CVD，PECVD）和光 CVD。另外，根据反应机理、反应气体等的不同，化学气相沉积又有很多不同的命名，如原子层沉积（atomic layer deposition，ALD）、金属有机物 CVD（metal organic CVD，MOCVD），以及混合物理化学气相沉积（hybrid physical-chemical vapor deposition，HPCVD）等。

4. *化学气相沉积技术的起源和发展*

化学气相沉积的起源可以追溯到古人类在取暖或烧烤时熏在岩洞壁或岩石上的黑色碳层。现代 CVD 技术发展的开始阶段是在 20 世纪 50 年代，主要着重于刀具涂层的应用，如在刀具上镀 TiN、TiC 等薄膜能够延长刀具寿命。从 20 世纪 60～

70年代以来，由于半导体和集成电路技术发展和生产的需要，CVD技术得到了更迅速和更广泛的发展，半导体单晶硅、砷化镓、发光器件中常用的磷砷化镓和氮化镓等薄膜都可以用CVD方法外延生长（又称为气相外延，vapor phase epitaxy）。各种掺杂的半导体单晶外延薄膜、多晶硅薄膜、半绝缘的掺氧多晶硅薄膜，以及绝缘的二氧化硅、氮化硅等薄膜也可以用CVD技术制备[1~3]。20世纪80年代，CVD技术制备金刚石薄膜在全世界掀起热潮，用热丝（2000℃以上）热解氢气和碳氢化合物，就能够得到金刚石，生长速率已经达到毫米/小时量级[4~7]。从20世纪末开始，硅太阳能电池进一步拓宽了CVD技术的应用领域，太阳能电池中晶体硅或非晶体硅、掺杂、异质结等的制备，都用到CVD技术[8,9]。目前，在集成电路及半导体器件中用到的CVD技术方面，美国和日本，特别是美国占有较大的优势。在蓝色发光器件中起关键作用的氮化镓外延膜生长方面日本取得突出进展，已实现了批量生产。中国在用CVD技术生长高温超导薄膜和CVD基础理论方面取得了一些开创性成果。

降低CVD沉积温度是其发展的一个方向，等离子体增强型化学气相沉积（PECVD）是应用最广的一种CVD技术，能够有效降低沉积温度，如用PECVD方法制备SiC薄膜，沉积温度能从1000℃降到600℃，甚至300℃以下。这大大扩展了CVD的应用范围。

本章将从化学气相沉积的动态过程入手，重点介绍几种常见的化学气相沉积技术的原理、特点和应用。

6.2 化学气相沉积的动态过程

尽管化学气相沉积镀膜可以分成很多类型，但是它们都有一些共同的特点，如各种化学气相沉积都包含反应气体输送、衬底或基体表面成膜和反应副产物导出等动态过程。另外，每种化学气相沉积方法又有自己的特点，本节先介绍各种方法的共性，在后续章节再分别介绍各种方法的独特之处。

典型的CVD过程通常包含5个步骤，如图6-1所示：①反应气体进入真空室（腔体）；②气体分子附着于衬底或基体表面（adsorption）；③气体分子间发生化学反应，形成固态薄膜；④化学反应的副产物脱离反应表面（desorption）；⑤反应副产物，以及未反应的气体被真空泵抽出腔体。

下面分步骤详细介绍这5个过程。

1. 反应气体进入腔体

反应气体可以是一种气体，也可以是两种或多种气体。通常反应气体由非活性气体，如氮气、氦气或氩气携带进入真空室，以防止反应气体在到达衬底表面之前相互之间发生化学反应，这种反应称为气相反应（gas phase reaction）。混合非活性气体的另一个重要原因是由于反应物得到有效的稀释，可以更均匀地在衬底表面

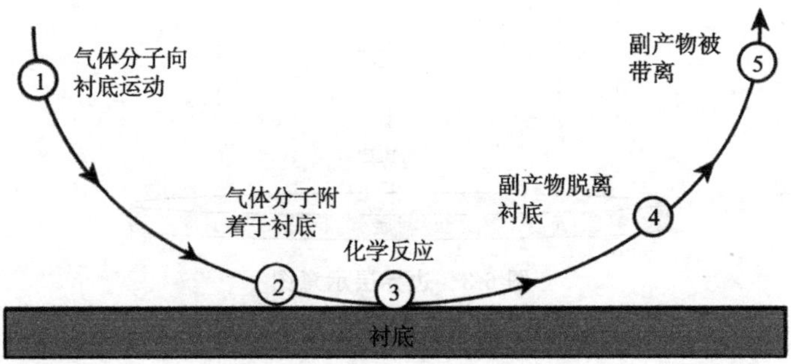

图 6-1　典型的 CVD 过程示意图

反应，从而提高成膜的均匀性。绝大多数半导体 CVD 设备中设有气体喷淋装置，气体通过类似淋浴喷头的装置，如图 6-2 所示，被均匀地“喷”到衬底表面，从而保证了薄膜在整个衬底表面均匀分布。在气体输送环节，一些重要的参数对沉积速率、膜的化学组成，以及膜的性质有着重要的影响，特别是反应气体的总流量(total flow rate)和不同反应气体之间的比率(gas ratio)。

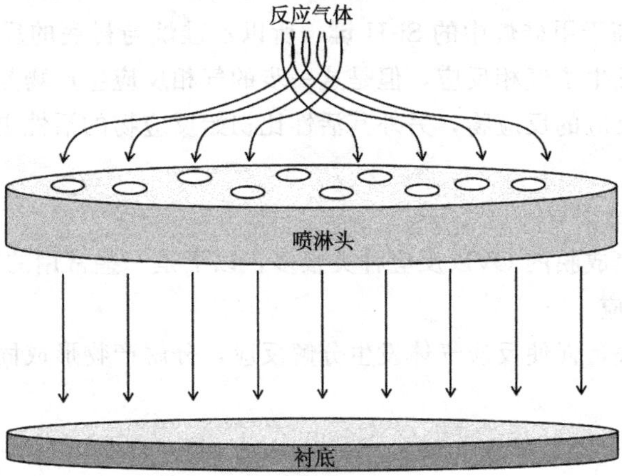

图 6-2　喷淋头示意图

2. 气体分子附着于基体表面

气体分子到达基体上方时，会遇到相对静止的一层界面，通常称为边界层(boundary layer)，如图 6-3 所示。气体分子必须穿过这一边界层，才能附着于基体表面而与其他分子发生反应，形成固态膜。未能穿过边界层的分子最终将被真空泵排到腔外，导致气体不完全反应，以及沉积速率降低。通过调节腔内的气压可以使尽可能多的气体分子穿过边界层而附着于基体表面。另外，等离子体辅助方法也可以提高气体分子的附着效率，在 6.3.3 小节具体介绍。

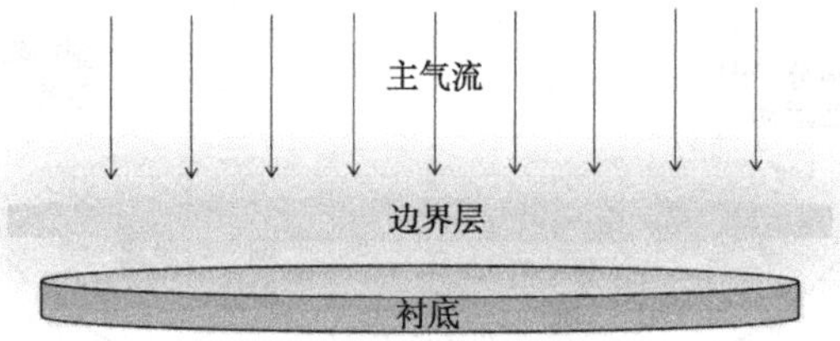

图 6-3　边界层示意图

需要特别说明的是气相反应，通常气相反应不利于薄膜的生长，因为气相反应发生在空间，会造成气相凝结（gas phase nucleation），形成的颗粒或者镶嵌于薄膜之中，造成薄膜不均匀生长；或者落在薄膜的表面，形成表面大颗粒。这两者都会影响薄膜的质量。除了采用惰性气体稀释反应气体外，还可以通过优化真空腔的硬件设计，如改变反应气体导入真空腔的路径；或者优化反应过程，如改变反应气体抽出速率，来减少气态凝结颗粒的形成。但是，某些情况下气相反应有助于成膜，如用甲硅烷（SiH_4）沉积多晶硅或无定形硅时，甲硅烷会在气态时互相反应形成乙硅烷（Si_2H_6），然后乙硅烷在基体表面分解形成硅薄膜。由于乙硅烷中 Si-H 键的化学活性高于甲硅烷中的 Si-H 键，所以乙硅烷与衬底的反应速率高于甲硅烷。这里，虽然发生了气相反应，但是这一步的气相反应生产物是气相而不是颗粒状，并且是后续反应的反应物，另外其活性比初始反应物的活性更高，因此利于总体反应的进行。

3. 固态薄膜的形成

在固体基体上成膜的 CVD 反应种类很多，以下是一些常用的化学反应。

1）热分解反应

通过加热衬底，促使反应气体发生分解反应，分解产物形成固态薄膜，如用甲硅烷制备单晶硅

$$SiH_4(g) \longrightarrow Si(s) + 2H_2(g) \tag{6-1}$$

2）还原反应

氢气分子与气态化合物分子反应生成固态薄膜，如用四氯化硅制备单晶硅

$$SiCl_4(g) + 2H_2(g) \longrightarrow Si(s) + 4HCl(g) \tag{6-2}$$

3）氧化反应

氧气分子与气态化合物分子反应，生成固态薄膜，如用甲硅烷制备二氧化硅

$$SiH_4(g) + O_2(g) \longrightarrow SiO_2(s) + 2H_2(g) \tag{6-3}$$

4）反应沉积型

反应物之间发生复杂的化学变化，生成固态化合物的反应

$$4Fe(s) + 2TiCl_4(g) + N_2(g) \longrightarrow 2TiN(s) + 4FeCl_2(g) \tag{6-4}$$

5）固相扩散反应

如在钛表面用 BCl_2 通过钛原子的扩散生长 TiB_2 薄膜

$$Ti(s) + 2BCl_2(g) + 2H_2(g) \longrightarrow TiB_2(s) + 4HCl(g) \tag{6-5}$$

一般都需要利用加热或者等离子体促进化学反应的进行，在工业界有非常广泛的应用。气体分子附着于基体表面后，会在表面扩散，直到发生化学反应，生成物在表面成核（nucleation site），后续到达表面的分子会扩散到这些核点处发生反应，使核不断长大，直到长大的核接合到一起，形成网状结构的薄膜。之后的反应会在薄膜表面继续进行，最终形成连续均匀的薄膜。

4. *化学反应的副产物脱离反应表面*

CVD 的化学反应通常伴随副产物的形成，如果这些副产物不能及时有效地脱离反应表面，它们有可能进入薄膜从而影响薄膜的化学纯度及性质。副产物脱离的主要障碍是其分子和薄膜表面的结合力（范德华力或化学键），以及薄膜与气体之间的界面层。较高的基体温度可以使副产物分子获得足够高的能量而脱离薄膜表面并穿过界面层进入腔内主体气流中被及时排出。

5. *反应副产物及未反应的气体被真空泵抽出腔体*

副产物分子穿过界面层之后，便扩散进入真空腔内，加入到从气体入口到出口形成的主气流中。反应副产物如果不能及时导出，会降低反应气体浓度，从而影响薄膜的沉积速率。气体的导出速率主要通过改变真空腔内气压来调节，降低腔内气压可以使副产物气体随着主气流更快地被导出。但是，由于主气流中同时包含反应气体，所以降低气压必然导致反应气体浓度降低，因此也降低薄膜的沉积速率。所以，合理调节腔内气压对于薄膜的生长速率，以及气体的利用率至关重要。

由于 CVD 的反应气体和副产物通常都具有一定的毒性，不能直接排放到大气中，所以 CVD 系统必须包括相应的尾气处理装置。

6.3 几种常见的化学气相沉积

6.3.1 热化学气相沉积

1. *热化学气相沉积原理*

热化学气相沉积是依靠热能促使反应物之间发生化学反应从而在固体表面形成薄膜的技术。热化学气相沉积发生时，基体温度比较高，真空室内压强比较高，甚至接近大气压，所以又称为常压 CVD 或近常压 CVD。

化学气相沉积的反应物可以是固体、液体或是气体。如果是固体或液体，则必须先气化，然后由载气携带进入真空室。图 6-4 是常压 CVD 法制备碳化钛（TiC）薄膜的示意图，原料 $TiCl_4$ 是液体，首先经过汽化器气化，然后由氢气携带，在进入反应室之前和甲烷混合，再一起进入反应室中，反应室内工件温度保持在 700～

1000℃，气体自下而上经过反应室，反应物在工件表面经历吸附、扩散、反应（如式（6-6））以及反应产物的脱附等过程，在工件表面形成碳化钛薄膜。产生的废气经真空机组排出腔体，并经过尾气处理装置，再排到大气中。

$$TiCl_4(g) + CH_4(g) \longrightarrow TiC(s) + 4HCl(g) \tag{6-6}$$

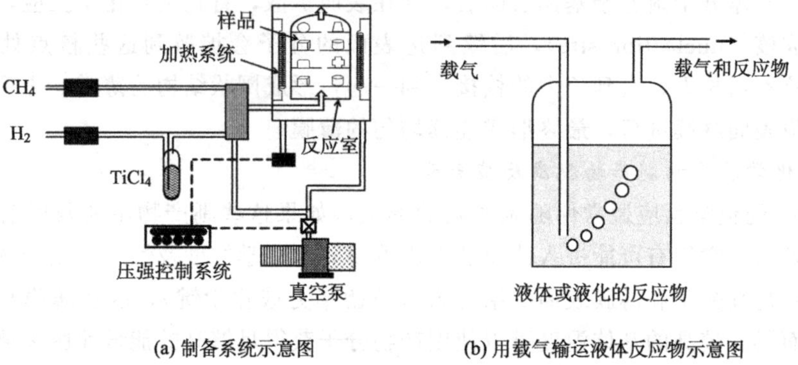

图 6-4　常压 CVD 法制备碳化钛（TiC）薄膜示意图

2. 热化学气相沉积特点

热化学气相沉积制备薄膜的优点如下：

（1）可以制备金属或非金属薄膜，通过控制组分气体的流量可以在较大的范围内调节薄膜的成分。

（2）成膜速度快，一般达到每分钟几微米，而且同一批次中可以同时放置很多样品，效率高。

（3）薄膜均匀性好。由于成膜时腔体内压强较高，气体的绕射性能好，所以镀制的薄膜均匀性好。不仅大面积基体上能获得非常均匀的膜，而且具有孔洞结构的工件表面也能得到均匀沉积，不同样品之间均匀性好。这是物理气相沉积所不能媲美的优点。

（4）在有些反应中，基体也参与反应，在膜基之间出现过渡层，从而膜与基体之间的附着力大，这对于制备耐磨性薄膜、抗腐蚀性薄膜尤为重要。

3. 应用举例

常压化学气相沉积和近常压化学气相沉积是非常常见的两种热化学气相沉积方式，它们被广泛应用于半导体电介质材料（如氧化物、氮化物等）的制备中。以氧化物为例，半导体器件拓扑结构（即局部的空间结构和布局）中的间隙或孔洞，一般用 APCVD 或者 SACVD 方法制备的氧化物填充，以增强器件的机械强度和电学性能。反应物一般是正硅酸乙酯（$Si(OC_2H_5)_4$，tetraethylorthosilicate，简称 TEOS）和臭氧（ozone，O_3），化学反应式为

$$Si(OC_2H_5)_4(l) + O_3(g) \xrightarrow{\text{加热}} SiO_2(s) + \text{副产物（如 } CH_3CHO、O_2、H_2O \text{ 等）} \tag{6-7}$$

由于 TEOS 以液体形式存在，所以必须由载气带入反应室中。这种方法的优点是近常压强下，反应物绕射性能好，所以镀制的薄膜均匀性好，间隙或者空洞结构可以得到均匀沉积，如图 6-5 中箭头所指处，硅基片拓扑结构的间隙已经被二氧化硅完全填充。

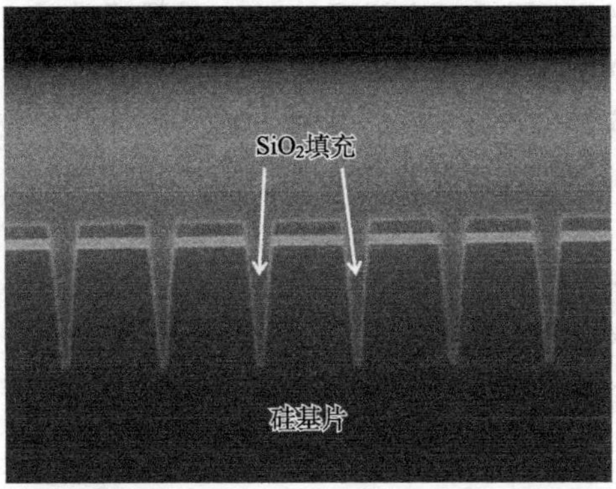

图 6-5　SACVD 制备的二氧化硅作为硅基片拓扑结构的电介质材料

6.3.2　低压化学气相沉积

热化学气相沉积的动力是热能，所以沉积薄膜时，基体温度通常很高，一般在 700～1200℃。有些工件不能承受这么高的温度，所以被镀工件会受到限制。而且高温下沉积的薄膜晶粒粗大，耐磨抗压性能均不好。另一方面，由于气体压强较高，气体扩散速度慢，反应速度慢，生产物扩散也慢，不同样品之间的均匀性会受到影响。

最简单的改进方法是降低反应室内压强，增加气体自由程，使气体在反应室内快速扩散，这种方法称为低压化学气相沉积（low pressure chemical vapor deposition，LPCVD）。早在 1962 年，Sandor 等就报道了 LPCVD[10]，1973 年 Maeda 报道 LPCVD 方法制备多晶硅、氮化硅和二氧化硅等薄膜[11]。1975 年，Motorola 公司首先公开 LPCVD 相关专利[12]，次年投入生产。我国于 1979 年采用该技术。该技术被誉为 20 世纪 70 年代末集成电路制造工艺中的一项重大突破。

1. LPCVD 原理

LPCVD 中反应室压强降低到大约 1000Pa 以下，很多情况下只有 100Pa 左右，由于

$$n=\frac{P}{kT} \tag{6-8}$$

$$\bar{\lambda}=\frac{1}{\sqrt{2}\pi\sigma^2 n} \tag{6-9}$$

式中，n 为气体原子密度，P 为气体压强，T 为气体绝对温度，k 为玻尔兹曼常数（$k=1.0356\times10^{-22}$ Torr-liter/K），$\bar{\lambda}$为分子的平均自由程，σ 为分子直径。

根据式（6-8）和式（6-9），相比于常压 CVD，在温度不变时，单位体积内分子数减小至百分之一到千分之一，平均自由程相应增大 100～1000 倍，所以分子输运速度大大加快。在 APCVD 和 SACVD 中，由于频繁碰撞，气体分子沿程能量不断损失，而在 LPCVD 情况下，由于碰撞次数减少，沿程各处分子携带的能量相差比较小，所以各处反应速率比较一致。同样，由于气体分子密度小，生成物的平均自由程大，扩散快，加速了反应的进行，提高了沉积速率。

2. LPCVD 系统

LPCVD 系统包括进气系统、反应室、排气系统和尾气处理系统，如图 6-6 所示。气体通常从炉管的前端送入炉管内，基片置于石英舟上，再放入炉管内适当位置。反应产生的废气经尾气处理装置处理后，由真空泵排出。LPCVD 反应腔细节示意图如图 6-7 所示。

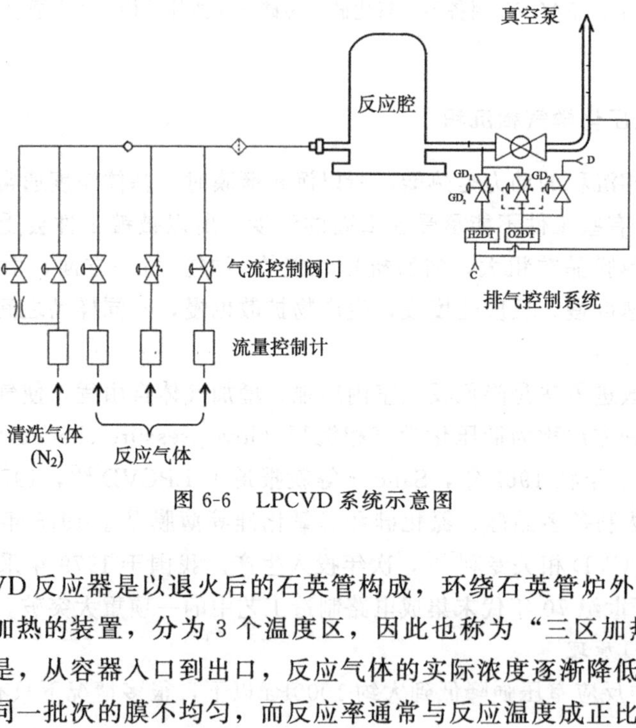

图 6-6　LPCVD 系统示意图

（1）LPCVD 反应器是以退火后的石英管构成，环绕石英管炉外围的是一组用来对炉管进行加热的装置，分为 3 个温度区，因此也称为“三区加热器”。分成 3 个温区的原因是，从容器入口到出口，反应气体的实际浓度逐渐降低，从而反应速率降低，导致同一批次的膜不均匀，而反应率通常与反应温度成正比，所以采用逐渐升温的方式弥补因为浓度降低导致的沉积速率降低，以保持整个装置内沉积速率一致。

（2）LPCVD 采用直立插片增加了硅片容量。由于通常只要求在硅片上单面沉积薄膜，所以每一格可以背靠背地安插两片硅片。如果每格的片间距为 5mm，那

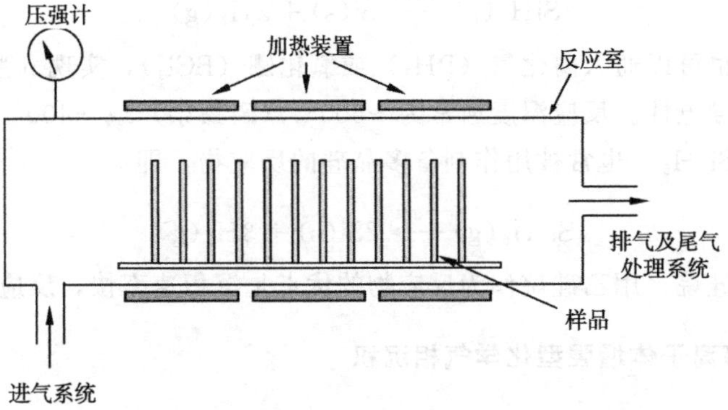

图 6-7 LPCVD 反应腔细节图

么在 600mm 长的反应区就能放置 200 片基片。

(3) LPCVD 沉积压强为几百至几十帕，低压下沉积，气体分子的平均自由程比常压下大得多，相应的分子扩散速率也大得多。由于气体分子输送过程大大加快，反应气体分子能迅速扩散到所有硅片表面，从而成膜均匀。

LPCVD 的本质是提供一个低压环境，对于真空室的形状没有特定要求。LPCVD 沉积温度为 400～850℃，整个反应室都处于反应温度，因此管壁也会有相应的沉积，所以炉管必须定期清洗。

3. LPCVD 特点

(1) 低压下分子平均自由程增加，气相反应物与副产品的质量传输速度加快，从而薄膜沉积速率加快。

(2) 气体分布的不均匀性在很短时间内可以消除，所以薄膜均匀性提高。

4. LPCVD 应用

LPCVD 在半导体制备中有广泛的应用，按照所制备的薄膜的材料，可制备氧化物（如 SiO_2，AlO_x 等）、氮化物（如 Si_3N_4，TiN 等）、氮氧化物（如 SiO_xN_y）、多晶硅等多种薄膜。由于制备工艺（如反应物、压强、温度、气体导入顺序等）的不同，每种薄膜材料又有各自不同的性质和相应的应用，可以作为电介质层、掺杂阻挡层、扩散阻挡层、保护层等。比如 LPCVD 沉积的氧化物或氮化物，由于其反应物绕射性好，沉积的薄膜具有良好的保型覆盖性（conformal step coverage，即薄膜保持基体或工件外形结构），通常用于拓扑结构中衬层沉积，即在拓扑结构的表面，包括孔隙侧壁和底表面沉积一层很薄的薄膜，通常只有几纳米，以增强后续薄膜沉积的均匀性，提高附着力等。LPCVD 制备的氮化硅具有较高的电阻率和介电强度，所以通常用作介电层。多晶硅通常作为晶体管中的栅极（transistor gates）和电接触点（contact）等。以多晶硅的制备为例，在 LPCVD 中，通常用甲硅烷（SiH_4）作为反应物，通过加热分解成固态的硅和氢气，即

$$SiH_4(g) \xrightarrow{\text{heat}} Si(s) + 2H_2(g) \tag{6-10}$$

反应物中也可以通入磷化氢（PH_3）或氯化硼（BCl_3），实现 n 型或 p 型掺杂，增强多晶硅的导电性。反应温度通常为～500℃（磷掺杂）或～400℃（硼掺杂）。

乙硅烷（Si_2H_6）也常被用作制备多晶硅的反应物，即

$$Si_2H_6(g) \xrightarrow{\text{heat}} 2Si(s) + 3H_2(g) \tag{6-11}$$

相对于甲硅烷，用乙硅烷作为反应物的优点是沉积速率快，反应温度低。

6.3.3 等离子体增强型化学气相沉积

几乎所有的化学气相沉积过程都包括以下 3 个要素：①一种或者几种化学反应气体或者液体的蒸气；②促使气体发生化学反应的热源；③真空系统，用于保持特定的压强，并及时排出化学反应的副产物。等离子体增强型化学气相沉积引入第 4 个要素：等离子体（plasma）。等离子体使得 CVD 反应可以在较低的基体温度下高速进行，并且制备的薄膜具有新的特点。

1. PECVD 原理

等离子体增强型化学气相沉积（PECVD）是借助辉光放电提高反应气体的活性，高速、低温沉积薄膜的一种镀膜技术。常见的等离子体增强型化学气相沉积系统如图 6-8 所示，主要包括气体输运系统（进气系统）、等离子体发生系统（主要包括射频发生装置、上电极和下电极）、喷淋头、基座和气体排出系统等。其中喷淋头和上电极可以做成一体，基座和下电极可以做成一体。

真空室内氩气和反应气体通过辉光放电（glow discharge）被分解、激发或电离，在反应室内形成很多电子、离子，以及活性基团，如自由基（free radicals）等，称为等离子体，这些粒子的反应活性比中性气体分子高很多，大大提高了反应

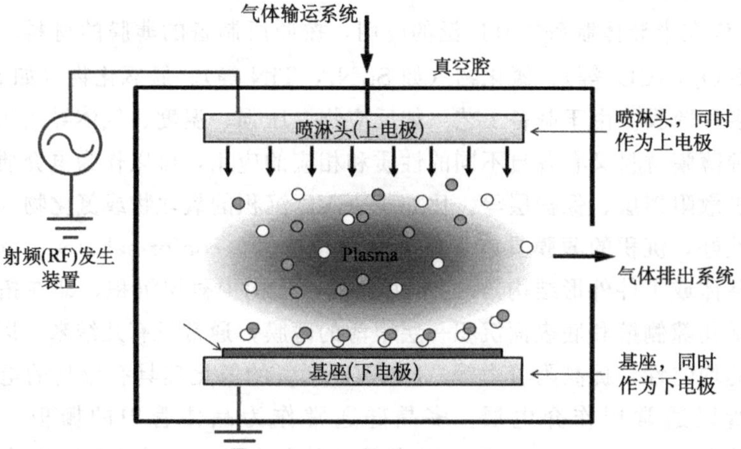

图 6-8 等离子体增强型化学气相沉积装置

发生的几率，从而在基体上高速沉积薄膜。同时，由于反应物活性增强，反应可以在较低温度下进行，所以等离子体增强型化学气相沉积如同磁控溅射镀膜一般具有“高速”和“低温”的特性。

在 PECVD 中，自由基或类自由基粒子是促使成膜化学反应最重要的成分，自由基一旦形成，化学反应就可以在相对低的温度（几百甚至几十摄氏度）下进行。例如，用 SiH_4 和 NH_3 制备氮化硅薄膜的热 CVD 反应式为

$$3SiH_4(g) + 4NH_3(g) \xrightarrow{\text{heat}} 3SiN(s) + 12H_2(g) \tag{6-12}$$

如果反应活性仅靠温度维持，那么反应温度需要超过 700℃，但是，如果通过辉光放电将氨气（NH_3）分子裂解形成单原子的氮自由基，即

$$NH_3 \xrightarrow{\text{plasma}} N + 3H \tag{6-13}$$

高活性的氮自由基可以很容易地与 SiH_4 中的 Si 在低温下反应形成 Si_3N_4，反应温度可以降低至 300℃以下。

2. PECVD 分类

PECVD 分类方法很多，根据辉光放电形式的不同，等离子体增强化学气相沉积通常分为两种。

1）电容耦合等离子体（capacitively coupled plasma，CCP）增强型 CVD

如图 6-9 所示，由两块平行电极构成的电容结构，通过电极间辉光放电形成等离子体。

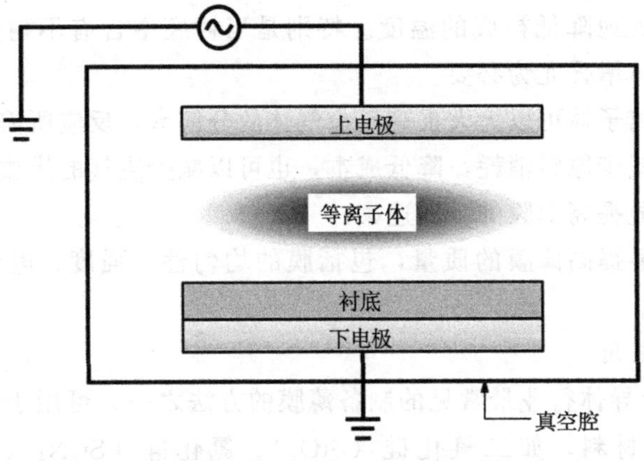

图 6-9　电容耦合等离子体 CVD 真空系统示意图

2）电感耦合等离子体（inductively coupled plasma，ICP）增强型 CVD

ICP-CVD 系统示意图如图 6-10 所示，线圈缠绕于腔外，射频（radio frequency，RF）电压作用于线圈，真空腔内感应生成交变电场继而产生等离子体。工业用等离子体通常分为低频（low frequency，LF）和高频（high frequency，

HF)。低频等离子体一般工作在100kHz～400kHz，需要几百伏的电压才可以保持放电，这样高的电压通常会导致等离子体内的高能量离子轰击表面，降低沉积速率。高频等离子体通常工作在13.56MHz，在这样的频率下，只需要较低的电压，大约几十伏，就可以保持放电并得到较高的等离子体密度。通常，PECVD工艺可以同时使用LF和HF。例如，在PECVD沉积氧化硅薄膜时，LF有助于提高薄膜的密度，HF有助于提高薄膜的沉积速率。通过调节两种等离子体的能量，可以实现对薄膜物理和化学性质的调节。

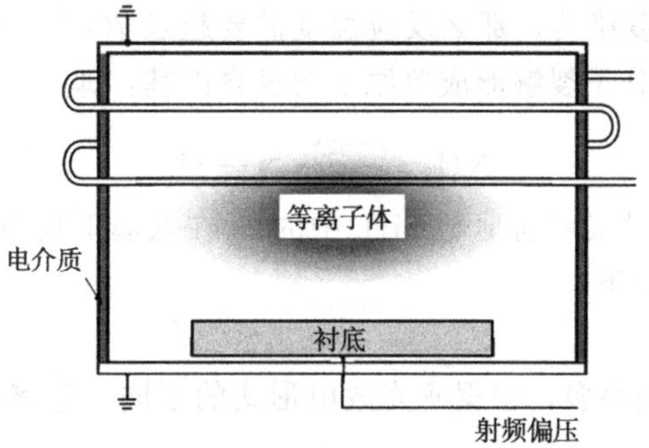

图 6-10　电感耦合等离子体CVD真空系统示意图

3. PECVD特点

PECVD的优点主要有以下4点。

(1) 可以极大地降低衬底的温度。特别是当衬底中含有不耐高温的材料（如铝）时，等离子体增强尤为必要。

(2) 由于等离子体可以大大提高反应气体的分解率，反应所需要的气体量就可以相应减少，既减少原料消耗，降低成本，也可以减少废气的排放量。

(3) 能够明显提高薄膜的沉积速率。

(4) 能够明显提高薄膜的质量，包括膜的均匀性、强度、电学特性、光学特性等。

4. PECVD应用

PECVD是半导体行业最常见的制备薄膜的方法之一，可用于制备大多数的电介质材料及掩模材料，如二氧化硅（SiO_2）、氮化硅（Si_3N_4）、硅的氮氧化物（SiO_xN_y）和碳（C）等。PECVD还可以用于某些金属及其化合物薄膜的制备，如钛（Ti）、氮化钛（TiN）和钨（W）等。

以碳膜在半导体领域的应用为例，由于现代半导体节点尺寸越来越小（十几到几十纳米），所以对细微结构的精确度要求越来越高，传统光刻胶制备的掩模粗糙度已经难以满足越来越小的拓扑结构尺寸。碳薄膜在这方面比传统光刻胶有更大的优势，图6-11分别图示光刻胶和碳薄膜制成的掩模，可以明显看出碳薄膜制备的掩模表面粗糙度小，轮廓分明，这样才能够保证刻蚀形成的拓扑结构具有良好的均匀性，所以碳薄膜已被广泛用做刻蚀技术中的掩模。碳薄膜的沉积过程如下：

$$C_3H_6(g) \xrightarrow{plasma} C(-H)(s) + C_xH_y(g) + H_2(g) \qquad (6\text{-}14)$$

$$C_2H_2(g) \xrightarrow{plasma} C(-H)(s) + C_xH_y(g) + H_2(g) \qquad (6\text{-}15)$$

具体反应过程如下：

(1) 放电导致反应物分子 C_3H_6 和 C_2H_2 气相解离和电离，形成等离子体；

(2) 等离子体中高活性基团吸附于加热的衬底表面；

(3) 表面反应和离子轰击进一步释放反应物中的氢原子，生成无定形碳薄膜。

(a) 光刻胶　　(b) 碳薄膜

图 6-11　不同材料制成的纳米级掩模

具体实验步骤通常包含以下几点。

(1) 将清洁的基体或衬底置于真空室基体架上，固定好，然后将真空室封闭，对真空室抽真空。

(2) 在抽气过程中，对衬底加热。当真空度达到 10^{-3} Pa、基体温度达到工艺要求的值时，向真空室通入反应气体及非活性气体（Ar，He，N_2等）。

(3) 开启等离子体发生装置，向真空室输入能量裂解反应物。通常碳膜沉积需要较高的射频能量以有效地解离 C_3H_6或C_2H_2，高速沉积薄膜。

(4) 一段时间后，关闭反应物气体，通入吹扫气体（purge gas），通常为氮气，保持真空室内等离子体状态，以减少由气相反应产生的固态微粒落在薄膜表面而引起表面杂质。

(5) 关闭等离子体发生器，进一步吹扫，直到反应气体及副产物被充分带离反应腔。

(6) 按照常规步骤停机，取出样品。

6.3.4　原子层沉积

随着半导体工艺技术持续推进，半导体制造技术的关键在于不断缩小芯片尺寸及线宽，同时不断提升器件的功能，这样对薄膜的厚度、均匀性及质量提出了更高、更苛刻的要求。如微电子和深亚微米芯片技术的发展要求器件和材料的尺寸不断减小，而器件的深宽比却不断增加，甚至超过 10，所使用材料的厚度降低至纳米数量级。传统的 CVD 沉积技术已无法有效地精确控制薄膜的特性，在这一背景下，最初由芬兰科学家于 20 世纪 70 年代中期引入工业应用的原子层沉积（atomic layer deposition，ALD）技术得到越来越多的青睐和越来越广泛的应用[13]。原子层沉积技术最初称为原子层外延（atomic layer epitaxy，ALE），也称为原子层化学气相沉积（atomic layer chemical vapor deposition，ALCVD）。它利用反应气体与基板或已形成的薄膜表面之间的气-固分步反应来完成薄膜生长，薄膜的厚度可以实现单原子层调控，因此被视为先进半导体工艺技术发展的关键环节之一。

1. ALD 原理

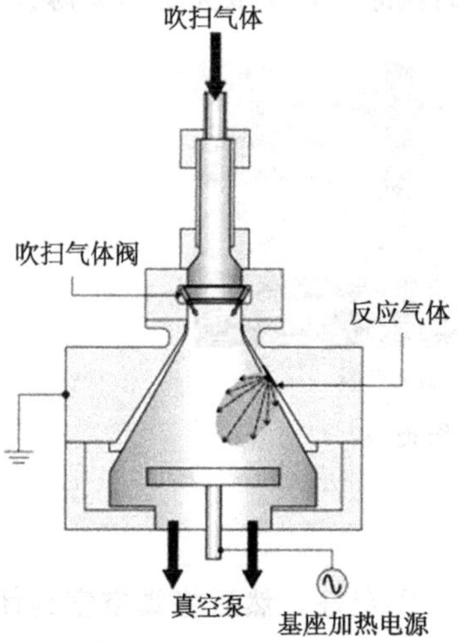

图 6-12　原子层沉积设备示意图

大多数 ALD 使用两种反应气体。两种反应气体定量、分时、交替地进入真空室，与衬底表面或已形成的薄膜表面原子反应，形成新的单原子层薄膜。常见的 ALD 设备如图 6-12 所示，主要由进气系统，包括反应气体和吹扫气体，以及可加热基体座和排气系统等组成。

ALD 与普通化学气相沉积（CVD）在化学反应上基本类似，最大的不同在于 ALD 技术将 CVD 的连续化学反应分成两个“半反应”交替进行，如图 6-13 所示。

在每个“半反应”过程中，只充入一种气体，充入的反应气体和表面原子反应，一旦交界面原子间反应完毕，反应便中止，这种特性称为 ALD 技术的自限性（self-limiting）。由于 ALD 的自限性，每个反应周期（reaction cycle）最小的膜厚可以达到～0.1Å（0.01nm）。当反应中止时，需要对真空室充入吹扫气体，通常为氮气或氩气，清除表面吸附的多余反应气体，然后停止吹扫气体的供应，再充入第二种反应气体，进行化学反应形成新的膜层。所以 ALD 技术中，成膜的化学反应是分步进行的，以一个反应周期为例，ALD 成膜过程分为 4 个步骤，如图 6-14 所示。

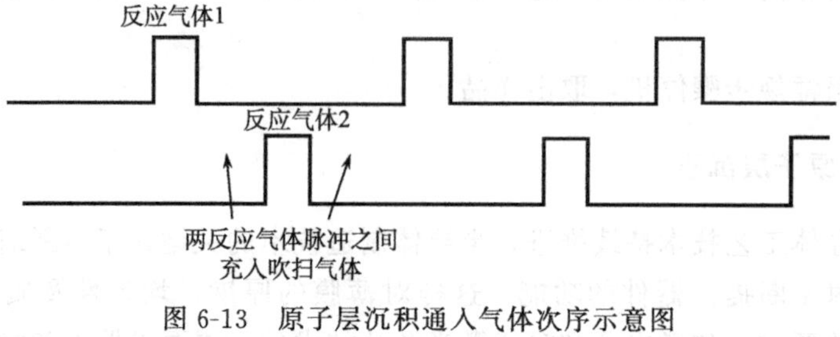

图 6-13　原子层沉积通入气体次序示意图

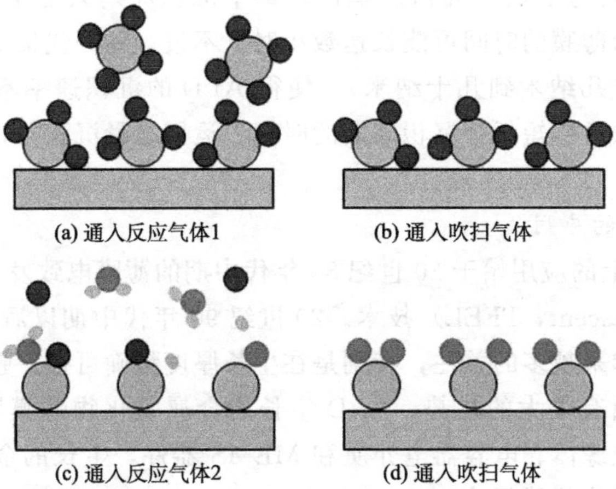

图 6-14　原子层沉积一个反应周期示意图

(1) 通入第一种反应气体，通常为金属有机物分子，与基体或衬底表面发生化学反应，形成膜层。

(2) 通入吹扫气体，通常为氮气或氩气，将未反应的气体分子，以及反应副产物（byproducts）带出腔体。

(3) 通入第二种反应气体，同时可对表面进行某种处理，如等离子体辐照或轰击，以加强膜层表面致密性，清除膜层杂质等。

(4) 再次通入吹扫气体，将未反应的气体分子，以及反应副产物带出腔体。

ALD 的成膜过程就是由多个这样的周期组成。每个反应周期在生长表面沉积一层薄膜材料，每个周期的时间在 0.5 秒到几秒之间，沉积的膜厚在 0.1 到 3Å 之间。由于其自终止特性，ALD 是一个表面自控制过程，即除了反应气体、反应表面以及温度之外，其他参数对薄膜生长过程的影响十分微弱。

2. ALD 特点

(1) 膜层厚度精确可控。使用 ALD，膜厚仅依赖于反应循环的数量，这使得厚度控制更加精确、简单。

(2) 具有高保形性。由于不需要考虑不同反应气体通量的同质性（即按照化学反应式的配比通入气体），使得大面积沉积高保形性和高均匀性薄膜成为可能，适合作为台阶覆盖和纳米孔的涂层，适用于各种形状的衬底。

(3) ALD 可生长多层结构的薄膜，可以沉积多组份纳米薄层和混合氧化物，这些优势使 ALD 被越来越广泛地应用于新一代集成电路制造中。

(4) 可沉积的薄膜材质范围广，制备的薄膜密度高，杂质含量低。

(5) 薄膜生长温度低，通常在室温到 400℃之间，较低的沉积温度使得 ALD 可以应用于温度敏感型衬底。

(6) ALD最大的不足是沉积速率低。每个沉积周期只能生长 0.1～3Å 的厚度，沉积几百纳米薄膜的时间可能长达数小时。不过，新一代集成电路需要的薄膜厚度通常比较小（几纳米到几十纳米），使得 ALD 的沉积速率不会过大地影响生产效率。另外，通过缩短每个沉积周期的时间，运用批量沉积等，可以进一步提高 ALD 的产率。

3. ALD技术的应用

ALD 在工业上的应用始于 20 世纪 80 年代中期的薄膜电致发光平板显示（thin film electroluminescent，TFEL）技术。20 世纪 90 年代中期以后，ALD 在硅基半导体行业得到了越来越多的关注，特别是在生长厚度精确可控、超薄、高保形或共形的薄膜材料方面有很大的优势。ALD 生长的金属氧化物薄膜用于栅极电介质、电致发光显示器绝缘体、电容器电介质和 MEMS 器件，生长的金属氮化物薄膜适合于扩散势垒。氧化物膜层有 Al_2O_3、TiO_2、SnO_2、ZnO 和 HfO_2等，金属氮化物膜层有 TiN、TaN、WN 和 NbN 等，金属膜有 Ru、Ir 和 Pt 等，以及金属硫化物（如 ZnS）膜层。原子层沉积作为 90nm 及以下 IC 芯片和电子存储器件生产的关键技术正在世界范围内被越来越广泛地接受。TEL（东京电子）、AIXTRON（爱思强）、Applied Materials（应用材料）、ASM Pacific Technology（ASM 太平洋科技公司）、Aviza Technology（Aviza 科技公司）、Oxford Instruments（牛津仪器）等世界领先的半导体设备供货商都先后推出不同类型的原子层沉积设备，这些设备已被世界范围内的许多客户用于生产关键、先进的元件，如 DRAM（dynamic radom access memory）、MESFET（metal-semiconductor field effect transistor）、LED（light-emitting diode）、Detector 和 VCSEL（vertical-cavity surface-emitting laser），这些元件被用于逻辑芯片、存储芯片、光纤通信系统、光纤存储装置、信号和照明等设备中。

6.3.5 其他化学气相沉积简介

1. 微波等离子体化学气相沉积（microwave plasma CVD，MPCVD）

工业上常用的等离子体分为低频（100～400kHz）和射频（RF，13.56MHz）。除此之外，还有一种比较常见的等离子体激发频率为 2.45GHz，即微波频率。微波等离子体化学气相沉积的优点主要有：①等离子体不与金属电极接触，所以可以大大减少薄膜的污染；②可以产生更高密度和更高温度的等离子体，从而可以有效裂解某些难以裂解的反应气体，如氢气和氨气等。微波等离子体也有局限性，由于产生的等离子体密度由内向外逐渐降低，所以不能用于大面积薄膜制备或者大体积的晶体生长。

2. 混合物理化学气相沉积

混合物理化学气相沉积，顾名思义，是结合了物理气相沉积和化学气相沉积两种薄膜生长方法。HPCVD 系统通常由水冷反应室、充气管导、阀门和控制系统、气压测量和控制系统、温度控制系统，以及排气和清洗系统组成。HPCVD 和其他 CVD 系统之间的主要区别在于加热单元。常规的 HPCVD 系统只有一个加热器，衬底和固体金属源安装在同一个基座上，同时通过感应电流加热或用电阻加热。在一定温度以上，块状金属源熔化并在衬底周围形成金属蒸气，然后反应气体被引入到腔室，在衬底高温作用下分解。反应气体分解的原子与金属蒸气原子反应，在衬底上形成薄膜。有的 HPCVD 使用两个单独的加热器分别对金属源和衬底加热，可以更灵活地控制生长参数。

以二硼化镁（MgB_2）薄膜的生长为例，HPCVD 方法使用乙硼烷（B_2H_6）气体作为硼元素的原料反应气体，同时通过加热固体镁的方式获得镁蒸气原子，乙硼烷气体在衬底表面受热分解，与到达表面的镁蒸气原子反应，形成二硼化镁薄膜。

3. CVD 法制备金刚石薄膜

金刚石是自然界中最坚硬的材料，在工业界中被广泛用于制作切割、打磨和抛光工具。同时，由于其高导热性、优异的光学特性（能隙高达 5.5 eV）和化学非活性，金刚石还具有很高的科研价值。人造金刚石最早由通用电气公司于 1954 年通过高压高温法（high pressure high temperature，HPHT）制备，并于次年在《自然》杂志上发表[14]。20 世纪 80 年代之后，用 CVD 方法生长金刚石薄膜日趋成熟并在工业界和学术界得到了广泛的重视。

CVD 方法制备金刚石本质上就是将气态的含碳化合物分解，生成高活性基团并与衬底表面反应，逐级形成金刚石单晶或多晶。最常见的反应气体是甲烷和氢气（$CH_4 : H_2 \sim 1 : 99$），也可以用其他碳氢化合物，如乙炔（C_2H_2）、乙烯（C_2H_4）、丙烯（C_3H_6）等和氧气的混合物（主要见于火焰法生长金刚石中）。产生含碳活性基团的方式可以是等离子体、高温加热、电弧放电和燃烧等，从而衍生出相对应的 CVD 方法，包括微波等离子体 CVD（microwave plasma CVD，MPCVD）、热丝 CVD（hot filament CVD，HFCVD）、直流电弧喷射等离子体 CVD（DC arc jet plasma CVD）和火焰喷嘴 CVD（flame torch CVD）。下面分别简要介绍这 4 种方法。

1）微波等离子体 CVD

MPCVD 方法生长金刚石的反应气体通常为氢气（H_2）和少量碳氢化合物气体（如甲烷，CH_4），其中碳氢化合物的体积含量约为 1%，它们在等离子体中形成原子、离子和大量的活性基团。单原子氢在金刚石 CVD 中起着非常重要的作用，首先，它可以刻蚀掉正在生长的薄膜表面上非金刚石碳，如石墨等，从而保持反应产物按金刚石结构持续生长。其次，它可以与金刚石表面的悬挂键结合，形成比较稳定的表面结构，防止形成非金刚石态的 C-C 键。实验装置如图 6-15 所示，由微波发生器、波导、可移动天线、微波腔和温度可控的衬底座等组成。其中，微波发生器用来产生微波，波导用于传输微波，而可移动天线是为了向真空室输入微波。微波穿过水晶玻璃进入真空室，裂解导入真空室的反应气体，在衬底上沉积金刚石。废气由排气系统排出。

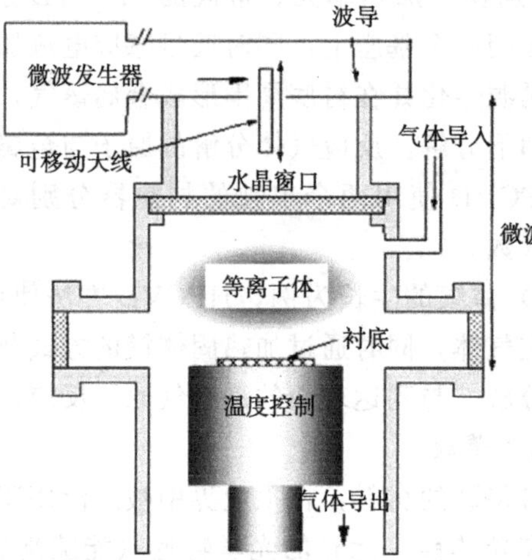

图 6-15　MPCVD 方法制备金刚石装置示意图

2）热灯丝 CVD

HFCVD 方法生长金刚石所用的反应气体通常也是 CH_4 和 H_2（CH_4/H_2～1%）。装置示意图如图 6-16 所示，主要由气体导入系统、热灯丝和样品台等组成。钨丝通入适当的电流，使其温度达到 2000℃以上，然后从钨丝上方的进气环向真空室通入反应气体，气体原子以一定的速度飞向衬底，经过热灯丝时被加热分解，产生高活性的碳氢基团，如 CH_3，以及单原子氢，这些活性基团在衬底表面反应生成金刚石。其反应的动态过程与上面所描述的 MPCVD 反应过程非常接近。

3）直流电弧喷射等离子体 CVD

直流电弧喷射等离子体 CVD 反应装置如图 6-17 所示，由等离子体喷射装置、反应气体注入通道、反应腔和样品台等组成，特别关键的元件是等离子体喷射装

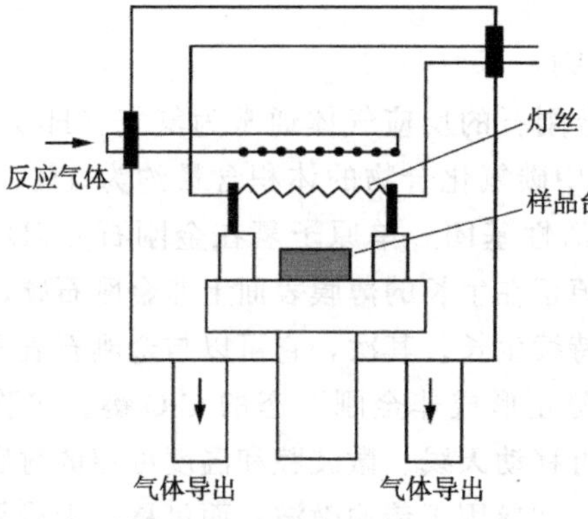

图 6-16　HFCVD 方法制备金刚石装置示意图

置，用于产生直流喷射电弧等离子体。等离子体一般由氩气弧光放电产生，由喷嘴处喷向衬底。碳氢化合物气体，如 CH_4、C_2H_2 等和混合气体，如 H_2、Ar 在电弧等离子体的路径上喷向等离子体，这些气体分子和原子被等离子体分解和电离，并被携带到衬底表面发生反应，形成金刚石薄膜。

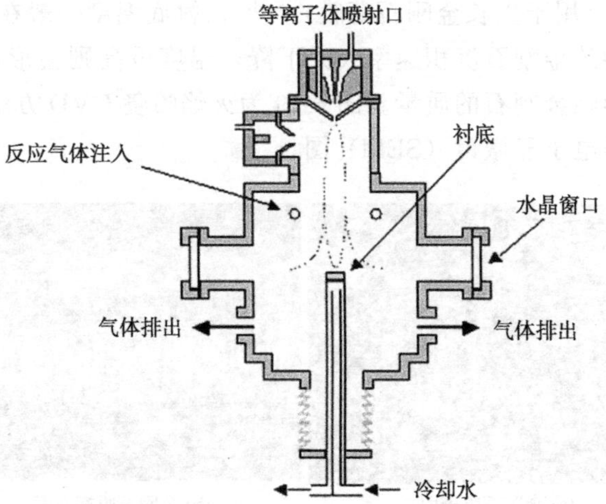

图 6-17 直流电弧喷射等离子体 CVD 方法制备金刚石装置示意图

4）火焰喷嘴 CVD

图 6-18 是用火焰喷嘴 CVD 方法制备金刚石的示意图，系统由气体混合装置、火焰喷嘴和样品台等组成。碳氢化合物（CH_4、C_2H_2、C_2H_4、C_3H_6 等）通过类似于气焊喷嘴的装置混合，在喷口处点燃，通过调整碳氢化合物与氧气的比例、火焰的形状及火焰内焰与衬底的相对距离等参量，就可以在合适的衬底上生长出金刚石。这种方法的优点是设备简单，可以直接在大气下生长，而且生长速率相对较高（仅次于直流电弧等离子体 CVD）。这种方法的缺点是所生长的金刚石膜面积比较小，但是如果将样品台设计成可以三维移动，再调整衬底与火焰的相对位置，就可以在大气下，在较大面积的衬底上均匀生长金刚石薄膜。

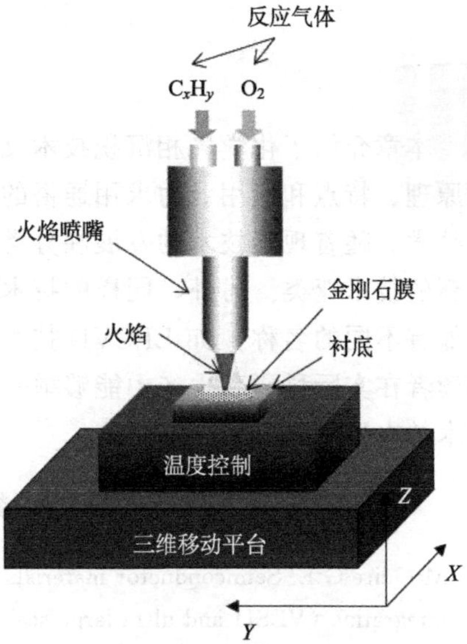

图 6-18 火焰喷嘴 CVD 方法制备金刚石装置示意图

人们对金刚石生长机理进行了大量的理论和实验研究，提出了很多理论，主要有以甲基（CH_3）为主要生长组元的表面生长机理；以甲基（CH_3）和乙炔（C_2H_2）为主要生长组元的生长机理，以及以 C 、C_2 或 CH 为主要生长组元的机理[15]。由于提出的生长机理各不相同，加上膜实际生长过程中的不确定性以及实验观测的难度，人们对金刚石膜的生长机理至今没达成共识。

金刚石 CVD 的衬底可以是金刚石（用于生长单晶金刚石），也可以是非金刚石材料，如硅（Si）、碳化硅（SiC），以及一些金属碳化物，如碳化钼（Mo_2C）和碳化钨（WC）等（用于生长金刚石薄膜）[16~18]。衬底温度一般在 600℃到 900℃之间。温度过低会导致金刚石沉积速率大大下降，温度过高则会形成大量的 sp^2 杂化的碳结构，从而影响金刚石的质量。图 6-19 为火焰喷嘴 CVD 方法制备的金刚石薄膜表面和断面扫描电子显微镜（SEM）图。

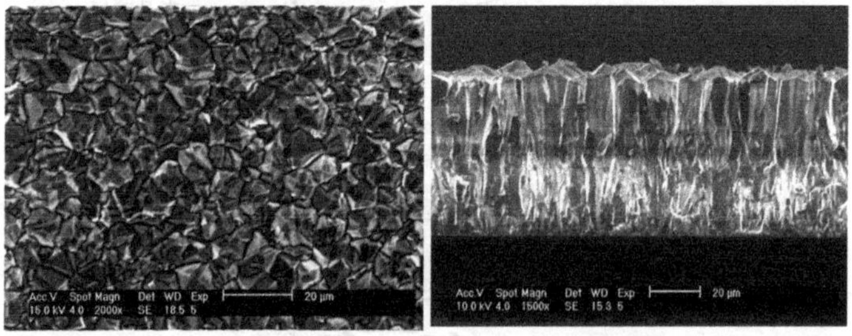

(a) 金刚石膜表面　　(b) 金刚石膜横断面

图 6-19　火焰喷嘴 CVD 方法制备的金刚石薄膜的扫描电子显微镜图

总　结

本章介绍了化学气相沉积技术反应过程，并分别介绍了各种常见化学气相沉积的原理、特点和应用。力求用通俗的语言介绍化学气相沉积这一古老而又充满创新的技术。随着现代技术的发展和分类的细化，每一种化学气相沉积又会不断地衍生出新的技术亚类。另外，同样的技术在不同的领域，甚至同一领域内不同的组织又可能有不同的名称，如 LPCVD 技术在某些行业又称为扩散（diffusion）。所以希望读者在实际科研和生产中能够举一反三，通过化学反应的实际原理及过程来认识技术的本质。

参考文献

[1] McGuire G E. Semiconductor materials and process technology handbook: for very large scale integration (VLSI) and ultra large scale integration (ULSI). Noyes Publications, 1988

[2] Badih El-Kareh. Fundamentals of Semiconductor Processing Technologies. Kluwer Academic Publishers, 1994

[3] May G S. Spanos C J. Fundamentals of Semiconductor Manufacturing and Process Control. John Wiley & Sons, 2006

[4] Haubner R, Lux B. Diamond growth by hot-filament chemical vapor deposition: state of the art. Diamond and Related Materials, 1993, 2 (9): 1277-1294

[5] Spea K E, Dismukes J P. Synthetic Diamond: Emerging CVD Science and Technology. John Wiley & Sons, 1994.
[6] Kobashi K. Diamond Films: Chemical Vapor Deposition for Oriented and Heteroepitaxial Growth. Elsevier, 2010
[7] Sussmann R S. CVD Diamond for Electronic Devices and Sensors. John Wiley & Sons, 2009
[8] Chopra K L, Das S R. Thin Film Solar Cells. Springer, 1983
[9] Hamakawa Y. Thin-Film Solar Cells: Next Generation Photovoltaics and Its Applications. Springer, 2004
[10] Sandor J. Pyrolytic growth of silicone oxide. Presented at The Electrochemical Society Meeting, Los Angeles, 1962
[11] Ban Y, Tsuchikawa H, Maeda K. Semiconductor Silicon . Princeton: Electrochemical Society, 1973, 292
[12] Kuhn G L. Method for filling grooves and moats used on semiconductor devices . US Patent, 3969168 A
[13] Antson J , Suntola T. Method for producing compound thin films. US Patent, 4058430 A
[14] Bundy F P, Hall H T, Strong H M, et al. Man-made diamonds. Nature, 1955, 176: 51-55
[15] Asmussen J, Reinhard D. Diamond Films Handbook. CRC Press, 2002
[16] Xie Z Q, He X N, Hu W, et al. Excitations of precursor molecules by different laser powers in laser-assisted growth of diamond films. Crystal Growth & Design, 2010, 10 (11), 4928-4933
[17] Xie Z Q, Zhou Y S, He X N, et al. Fast growth of diamond crystals in open air by combustion synthesis with resonant laser energy coupling. Crystal Growth & Design, 2010, 10 (4), 1762-1766
[18] Long F, Wei Q P, Yu Z M, et al. Effects of temperature and Mo_2C layer on stress and structural properties in CVD diamond film grown on Mo foil. Journal of Alloys and Compounds, 2013, 579, 638-645

